CORONA
DIVIDE

코로나 디바이드

CORONA DIVIDE

코로나 디바이드

초판 1쇄 인쇄 | 2020년 12월 31일
초판 1쇄 발행 | 2021년 1월 7일

지은이 | 김정호
펴낸이 | 박영욱
펴낸곳 | (주)북오션

편 집 | 이상모
마케팅 | 최석진
디자인 | 서정희·민영선

주 소 | 서울시 마포구 월드컵로 14길 62
이메일 | bookocean@naver.com
네이버포스트 | post.naver.com/bookocean
전 화 | 편집문의: 02-325-9172   영업문의: 02-322-6709
팩 스 | 02-3143-3964

출판신고번호 | 제2007-000197호

ISBN 978-89-6799-565-2 (93320)

이 도서의 국립중앙도서관 출판예정도서목록(CIP)은 서지정보유통지원시스템
홈페이지(http://seoji.nl.go.kr)와 국가자료공동목록시스템
(http://www.nl.go.kr/kolisnet)에서 이용하실 수 있습니다.
(CIP제어번호: CIP2020052910)

코로나는 어떻게 세계를 갈라놓았나

CORONA DIVIDE

코로나 디바이드

김정호 지음

북오션

PROLOGUE

 그야말로 급변하는 세상이다. 어디를 가든 마스크를 쓰고 다녀
야 한다. 공원에서 산책을 할 때도, 북한산 둘레길을 걸을 때도 마
스크를 쓰게 될 줄은 상상도 해보지 못했다. 불편한 데다가 화딱지
가 날 때도 많다. 그래도 그럭저럭 익숙해져 가는 것 같다.

 세계 정세도 너무나 달라졌다. 세계가 친중진영과 반중진영으로
확연히 갈라져 간다. 시진핑 이전까지만 해도 중국은 세계의 미래
였다. 그래서 미국과 영국, 독일, 프랑스 등 많은 나라들이 중국과
좋은 관계를 가지지 못해 안달이 날 정도였다. 중국에 물건을 팔고
중국의 투자를 받고 싶어 했다.

사실 나 자신도 중국에 환상을 가지고 있었다. 은퇴하고 나면 중국으로 건너가 미래가 펼쳐지는 것을 직접 몸으로 느끼며 살 생각을 했다. 하지만 이제는 가고 싶은 마음이 사라졌다.

시진핑 이후의 중국은 다른 나라가 되었다. 아니 그전까지 감추어 둔 발톱을 드디어 드러냈다고 보는 편이 맞다. 중국은 세계의 패권을 가지려는 야욕을 차츰 표면으로 드러내게 되었다. 트럼프 대통령이 처음으로 중국 제재에 나섰지만 처음에는 관세를 높여 무역 불균형을 고치겠다는 수준이었다. 그러다가 우한에서 코로나 사태가 터졌고 그 바이러스가 세계로 퍼져 나갔다. 한 번도 경험해 보지 못한 고통도 퍼져 나갔다. 초기에 사건을 은폐하지 않았더라면 이렇게 전 지구적 재앙으로 퍼지지 않았을지 모른다. 그런데도 중국은 적반하장으로 다른 나라에 큰 소리를 치고 마스크 외교를 한다며 선심을 쓰고 다녔다.

이런 모습이 미국뿐만 아니라 유럽의 많은 나라를 화나게 만들었다. 그들은 중국과 선을 긋기 시작했다. 하지만 더욱 중국에 의존하는 나라들도 많다. 중국에 빚을 진 개도국들, 독재국가들은 중국의 돈과 기술과 정치적 지원을 필요로 한다. 코로나는 이처럼 세상을 반중 선진국들과 친중 후진국으로 갈라놓고 있다.

미국은 왜 또 이런가. 선거날인 11월 3일이 지난 지가 언제인데 아직도 개표가 끝나지 않고 있다. 우편 투표용지를 개표하는 데 시간이 정말 많이 걸리나 보다. 코로나 때문에 우편투표를 확대한 주들이 많아졌기 때문이다. 트럼프 대통령은 거기에 부정표가 많다며 소송을 제기해 놓았는데 그 결말이 무엇인지 알 수 없다. 법원에서 선거결과가 뒤집혀 트럼프가 재임을 하게 된다면 어떤 일이 벌어질까. 세상은 정말 한 치 앞을 내다보기 어렵게 돌아간다.

한국은 중국과 더불어 코로나 사태의 최대 수혜국이 된 듯한 느낌이다. 국제적 위상과 함께 원화의 가치도 계속 올라간다. 아니 수혜자는 한국 국민이 아니라 문재인 정권이라는 생각을 감출 수 없다.

우리나라는 어떻게 될까. 세계는 어떻게 될까. 이 책은 코로나 이후 세상의 움직임, 글로벌 경제의 동향을 이해하기 위한 지난 1년 동안의 노력이다. 공부의 결과는 필자의 유튜브 채널 〈김정호의 경제TV〉에 방영했다. 이 책에는 그 내용들을 담았다.

나름 많이 노력했지만 독자들께서 어떻게 받아들여 주실지 모르겠다. 무엇보다 어려운 것은 글로벌 경제의 상황이 시시각각으로 변하고 있다는 것이었다. 글을 마무리 지으려 하면 상황이 달라져 있어서 탈고가 늦어지곤 했다. 가장 어려웠던 부분은 미국 대선 이후 미국 정세에 대한 분석이다. 누가 대통령이 되는지 아직도 확실하지 않으니 어떻게 마무리를 해야 할지 난감했다. 결국 바이든 시대를 가정하고 한 챕터를 새로 넣었다.

북오션 출판사에서 책을 내기로 약속을 한 지가 3년이 넘는데 이제서야 마무리를 한다. 기다리며 격려해주신 박영욱 사장님, 서정희 실장님, 그리고 많은 표와 그림을 다시 그리시느라 고생하신 분들께 감사드린다.

2020년 저자 씀.

CONTENTS

6장 | 편한 복종 대신 아픈 자유를 택한 나라들

7장 | 돈 풀어 사는 나라, 돈 풀면 죽는 나라

1장

한 번도
경험해 보지 못한 세상

2019년 12월 16일 중국 우한의 한 병원에 지금까지 알려지지 않은 폐렴 증상의 환자가 찾아왔다. 그후로 우한에서는 의문의 폐렴 환자가 증가하기 시작했다. 1월 20일 중국 당국은 우한발 폐렴이 사람 간에도 감염된다고 인정했다. 1월 23일 중국 정부는 우한시를 비롯한 중국 전역에 폐쇄령을 내렸다. 하지만 춘절을 맞아 많은 중국인들이 중국 전역으로, 또 세계로 퍼져 나갔다. 그중의 상당수는 바이러스 보균자들이었을 것이다. 바이러스는 중국 전역은 물론 이탈리아로, 스페인으로 퍼졌다. 3월 2일, 중국 내 확진자가 8만 명을 넘어 섰다. 3월 11일, 이탈리아에서 확진자가 1만 명을 돌파했

다. 그동안 팬데믹이 아니라고 유보적인 태도를 보이던 WHO가 3월 11일 드디어 팬데믹, 즉 세계적 대유행 단계에 들었음을 선언했다. 이글을 쓰는 11월 18일 현재 전세계에서 5500만 명이 코로나 확진 판정을 받았고 133만 명이 목숨을 잃었다.

코로나 사태가 터지면서 경제 영역에서 나타난 첫 번째 현상은 산업과 주식시장의 추락이었다. 미국의 다우존스 지수는 2월 21일부터 추락하기 시작해 한 달 넘게 하락장이 이어졌다. 그러다가 3월 23일 미국 연준이 개입하기 시작하면서 주가는 반등으로 돌아섰다. 그 한 달여 기간 동안 주가는 무려 36퍼센트가 떨어졌다.

주가 하락은 기업의 이익이 줄어들 것이라고 예상했기 때문이다. 대부분의 산업이 타격을 입었는데 가장 큰 타격을 입은 곳은 항공 및 관광산업이었다. 각국이 공항을 폐쇄하다 보니 비행기가 뜰 수 없게 된 것이다. 비행이 가능하다 해도 타려는 승객이 줄어서 좌석을 비운 채 다녀야 하는 지경이 되었다. 매출이 사라진 대다수의 항공사는 부도 위기에 직면했다. 호주의 버진항공, 홍콩의 캐세이퍼시픽 등은 부도 상태에 돌입했다. 우리나라의 대한항공, 아시아나 항공 등도 정부의 지원과 자산 매각 등으로 겨우 연명하는 신세로 전락했다.

석유산업도 심대한 타격을 입었다. 사람들이 돌아다니길 꺼려하고 공장도 돌리기 어려워지다 보니 석유 소비량이 급격히 줄었다. 석유 수요가 줄어들면서 국제유가는 곤두박질쳤다. 미국 서부 텍사스 중질유는 한때 선물가격이 마이너스를 기록하기도 했다. 웃돈을 얹어 주면서 석유를 가져가 달라고 사정하는 지경이 된 것이다.

석유 가격은 국가 간 갈등으로 번지기도 했다. 사우디가 감산으로 위기를 견뎌 보자고 제안했는데 러시아가 거부하면서 석유 가격 인하 전쟁이 벌어졌다. 그 후로 서로 감산에 합의했지만 여전히 석유 가격은 약세를 면치 못하고 있다. 그 때문에 석유 관련 산업들도 위기에 처해 있다. 자동차산업, 조선산업, 철강산업 등도 항공산업, 석유산업만큼은 아니지만 큰 타격을 입고 있다. 사람들의 이동이 줄고 물동량이 줄어들기 때문에 나타나는 불가피한 현상이다.

거의 모든 산업이 타격을 입고 있지만, 예외도 있다. 인터넷에 기반을 두고 영업을 하는 기업은 코로나가 오히려 성장의 발판이 되고 있다. 구글, 페이스북, 카카오, 네이버 같은 기업이 그들이다. 코로나가 사라지지 않는다면, 그리하여 인류가 코로나와 더불어 살아가야 한다면 생활 방식도 산업 구조도 새롭게 변해야 할 것이다. 사람들이 안심하고 돌아다닐 수 있을 때 형성된 산업은 새로운 상황이 맞이하며 사라지거나 축소될 것이다. 항공, 자동차, 여행 및 숙박업, 조선 및 해운업 등이 이 부류에 속한다. 반면 이동과 신체 접촉을 최소화하면서 살 수 있게 해주는 산업이 생겨나고 번

창할 것이다.

실물경제가 부진을 벗어나지 못하는 반면 주식시장은 3월 24일부터 실물경제와는 무관하게 급등하기 시작했다. 미국 연준이 기업들의 채권을 적극적으로 매입하겠다는 방침을 밝혔기 때문이다. 그로 인해 실물 경기와 주식 가격이 괴리를 보이기 시작한 것이다. 중앙은행이 기업의 채권을 매입한다는 것은 돈을 찍어서 기업을 살려준다는 말과 다를 바 없다. 그 이후 주가는 5개월 넘게 상승을 지속해왔다. S&P 500 지수는 11월 17일 지수값이 3610으로 코로나 팬데믹 선언 이전 최고치인 2월 19일의 3386보다 더 높은 수준이 되었다. 막대하게 풀려난 돈들이 코로나 탓에 실물 경제로 흐르지 못하고 주식 같은 자산으로만 흐르기 때문에 벌어진 일이다. 코로나 사태가 불러온 이상 현상이라고 봐야 한다.

코로나 이후 발생한 두 번째 현상은 모든 나라의 부채가 늘고 있다는 것이다. 일본은 GDP의 21퍼센트, 미국은 13퍼센트에 달하는 막대한 긴급 재정 자금을 풀어내고 있다. 독일, 스웨덴 등 평소 재정을 아끼기로 이름난 나라조차 재정 자금을 풀어내고 있다. 이 사태가 오래 갈수록 각 나라가 감당해야 하는 국가부채의 규모도 급증하게 될 것이다.

중앙은행의 역할도 상당히 달라지고 있다. 중앙은행의 가장 큰 역할은 통화량을 조절하는 것이다. 물가가 오를 듯하면 기준금리를 올려 시중은행이 가진 자금을 흡수하고 경기가 위축되거나 실업률이 높아지면 기준금리를 낮춰 시중은행에 돈을 풀어내곤 한다. 즉, 중앙은행은 은행의 은행이어서 시중은행과의 거래를 통해 통화량을 조절한다. 그런데 금리가 거의 0퍼센트 수준으로 떨어지다 보니 금리를 낮추는 방식으로는 통화를 풀어낼 수가 없게 되었다. 급기야 중앙은행은 시중은행을 거치지 않고 직접 경제에 개입하기 시작했다. 정부가 발행하는 국채를 직접 사들이고 심지어 기업이 발행하는 회사채까지 사들여 회사의 도산을 막는 일에 나섰다. 이런 일은 원래 일본은행만 해오던 것인데 다른 나라의 중앙은행도 따라 하기 시작했다. 이렇게 중앙은행이 정부와 기업의 부채를 떠 안는 현상을 '부채의 화폐화'라고 부른다. 또 일본만 하던 정책을 다른 나라들도 따라 하게 되었다고 해서 일본화(Japanification)라고도 한다. 코로나는 부채의 화폐화, 그리고 세계의 일본화를 촉진하고 있다.

하지만 부채의 화폐화를 통해 돈을 쓰는 것은 선진국이나 누릴 수 있는 사치다. 인도, 파키스탄, 이란, 브라질 등 신흥국 또는 개도국은 코로나로 처참한 상황을 겪는데도 재정자금을 많이 풀지 못하고 있다. 신흥국 개도국들은 국제 자금 시장에서 신용도가 낮기 때문에 국채를 발행하면 높은 금리를 지불해야 한다. 선진국에 비해 국가부채 비율이 높지 않더라도 더 이상 빚이 늘면 신용은 더 떨어질 것이고 빚을 갚으라는 독촉은 더 심해지게 된다. IMF가 신흥국 개도국에 돈을 많이 빌려준 중국 등의 나라에 1년 동안이라도 상환을 유예해 주라고 권고한 것은 이들의 상황이 얼마나 딱한지 말해준다. 코로나는 선진국과 신흥국 사이의 간극을 더욱 벌려놓고 있다.

코로나가 불러온 세 번째 변화는 세계가 친중과 반중으로 갈라서는 현상이다. 디커플링(Decoupling) 또는 신냉전 등으로 부른다. 아마도 코로나가 불러들인 가장 큰 변화일 것 같다. 원래는 미국과 중국 사이의 문제로 출발했지만 이제 세계적 현상으로 번져 나가고 있다. 2020년 6월 30일, 유엔인권위원회 회의장에서는 친중/반중 국가 사이의 대립이 극적으로 표출되었다. 중국이 홍콩의 국가안전법을 강행함에 따라 성명전이 벌어진 것이다. 영국 대표가 대표로 읽은 중국 비판 성명에는 27개의 나라가 이름을 올렸다. 쿠바 대표가 읽은 중국 지지 성명에는 53개국의 이름이 올라 있었다.

반중 진영에 선 나라로는 미국, 캐나다, 일본, 스웨덴, 호주, 인도 등이 있다. 영국, 독일, 프랑스 등 유럽 국가들은 원래 미·중 모두와 거래 관계를 유지해왔기 때문에 중국을 멀리하라는 미국의 요구에 시큰둥한 반응을 보여왔다. 그러나 코로나 사태 이후 중국이 보인 적반하장 식의 태도가 이들을 화나게 만들었다. 엎친 데 덮친 격으로 중국이 홍콩의 국가안전법을 강행한 것이 이들 서유럽 국가들로 하여금 중국의 본질을 되돌아보게 만들었다. 중국은 1984년 중·영 공동선언문을 발표하며 영국과 세계를 향해 홍콩의 자유경제체제를 지켜주겠다고 약속했다. 일국양제의 약속이었다. 홍콩 국가안전법은 일국양제라는 약속을 정면으로 어긴 것이다. 약속과 규칙에 기반한 국제관계를 당연하게 여기는 서유럽 국가들로서는 도저히 받아들일 수 없는 행동이었다. 그래서 그들도 반중국적 입장으로 돌아선 것이다.

숫자로 보면 친중 입장을 가진 나라들이 더 많다. 북한, 쿠바, 이란, 러시아, 베네수엘라 등 반미를 표방해온 나라들이 대표적 친중 진영의 국가들이다. 파키스탄, 미얀마, 캄보디아, 에티오피아 등 평소에 반미적이지 않은데도 중국을 지지하는 나라도 많은데 이들은 대부분 중국에 많은 빚을 졌거나 또는 중국의 투자를 기대하는 나라들인 것으로 알려져 있다. 이들 나라의 또 다른 공통점은 권위주의 독재정권이 장악하고 있다는 사실이다. 중국은 일대일로 정책을 통해 전 세계의 권위주의 독재국가의 종주국이 되어 가고 있는 듯하다.

반중-친중 디커플링 현상은 경제 영역에서 한창 진행 중이다. 경제적 디커플링은 트럼프 행정부가 중국 상품에 대해 25퍼센트의 고율관세를 매기는 것부터 시작되었다. 그것은 화웨이의 5G 장비에 대한 제재로 확대되었고, 중국으로의 기술 제공 행위 전반으로 번져가고 있다. 사정이 이렇기 때문에 중국에 공장을 둔 외국 기업은 중국에서 공장을 빼내거나 또는 베트남, 멕시코 등 다른 나라에 제2, 제3의 공장을 두면서 중국 비중을 줄일 필요성을 느끼고 있다.

트럼프 정부는 양면작전을 펴왔다. 한편으로는 기업들에게 중국을 떠나 미국으로 들어오라고 손짓을 하고 있다. 소위 리쇼어링(Reshoring) 정책이다. 하지만 미국 당국자들도 리쇼어링 정책의 한계를 잘 인식하고 있는 듯하다. 기업이 필요한 제조 인력을 찾기도 어렵고 인건비도 훨씬 비싼 미국으로 돌아가기는 힘들다. 그래서 미국 정부는 미국으로 안 와도 좋으니 미국의 동맹국들로 옮기라고 권하는 정책을 들고 나왔다. 미국과 가치를 공유하는 나라가 참여하는 경제번영네트워크(Economic Prosperity network)를 구성해서 기업이 중국을 떠나 이 네트워크 참가국으로 들어오게 유도한다는 발상이다. 아직 구체적 성과가 나오지는 않고 있지만 중국을 중심으로 구성돼 있던 세계 제조업 서플라이 체인을 미국 동맹국 중심으로 재구성하려는 압박이 거세지고 있는 것은 분명하다.

코로나 사태를 치르면서 한국도 큰 변화를 겪었다. 가장 큰 변화는 국제사회에서 한국의 위상이 올라갔다는 것이고 그 덕분에 문재인 정권이 큰 힘을 가지게 되었다는 사실이다. 코로나 확진자 및 사망자 숫자에서 한국은 선진국 어느 나라보다 낮은 수준을 유지했다. 그 덕분에 미국 등 선진국들도 한국의 진단과 방역 능력을 인정하게 되었고 한국이라는 나라 자체의 위상이 높아졌다.

미국은 위상이 올라간 대한민국에게 반중 네트워크에 들어오라고 적극적으로 손짓하고 있다. G7 플러스 회의에 초대한 것에 이어 미국이 주도하는 경제번영네트워크에도 참여해 달라고 손을 내밀었다. 그러나 문재인 정부는 친중과 반중 어느 진영에도 이름을 올리지 않았다. 경제는 중국, 안보는 미국에 의존한다면서 미−중 사이에서 줄타기를 해왔다. 하지만 이제 양다리 걸치기가 어려워져 가고 있다. 바이든은 당선자 신분으로 문재인과 가진 전화 통화에서 한국은 '인도−태평양 지역의 안보와 번영에 있어 린치핀'이라고 언급했다. 핵심축이라고 번역되는 린치핀은 어떤 집단이나 시스템에서 없어서는 안 되는 존재를 말한다. 인도−태평양 지역에서의 린치핀이란 언급은 '한반도의 비핵화와 평화'만을 언급한 문재인 대통령의 입장과 대비된다. 사실 한반도의 린치핀이라는 표현은 오바마 행정부 때 미국에서 나왔다. 바이든이 한국을 인도 태평양 지역의 린치핀이라고 고쳐 부른 것은 미국 주도의 중국 봉쇄 전략에 동참하라는 압력임이 분명하다. 일본과의 동맹관계를 복원하라는 압력이기도 하다. 박지원 국정원장이 일본의 스가 총리를 찾아가고 한일의원연맹 소속 여야 의원 일곱 명이 도쿄에 가서 일본 의원들과 회의를 가진 후 스가 총리를 예방하는 등, 갑자기 일본 방문이 잦아진 것은 바이든에게서 압력을 느낀 결과로 보인다.

트럼프는 소리가 요란하긴 했지만 한국을 반중전선에 동참시키는 일에 그리 적극적이지 않았다. 미국-일본-호주-인도 4개국의 반중 연합체인 쿼드에 한국의 동참을 권유하기는 했지만 그리 적극적이지 않았다. 탈중국 서플라이체인 네트워크인 경제번영네트워크에의 참여도 느슨하게 요구했을 뿐이다. 그런데 바이든은 취임 전부터 한국이 인도-태평양 지역의 안보 정책에 참여하라고 압박하고 나선 것이다. 곧 쿼드 플러스의 멤버로 참가해 달라고 요구받을 가능성도 커보인다.

미국 편에 서면 중국의 분노를 살 테니 당장은 괴로울 수밖에 없다. 한국의 산업구조가 중국에 맞춰져 있기 때문이다. 그래서 중국이 한국 물건을 사주지 않으면 당장 막대한 피해를 입을 수 있다. 하지만 장기적으로 보면 중국과 선을 긋는 것이 우리에게 좋다. 중국은 주변국에게 직간접적으로 자기와 같은 권위주의 체제를 가지라고 압박을 가한다. 자유민주주의-자유시장경제가 아니라 권위주의 일당독재, 사회주의체제 말이다. 북한, 베네수엘라, 캄보디아, 이란, 러시아 등 중국과 친한 나라들의 면면을 보면 분명하다. 한국도 계속 중국과 가까이 하면 자연스럽게 그렇게 될 가능성이 높다. 그리고 그것은 자유에 익숙해져 있는 우리 한국인들로서는 도저히 받아들일 수 없는 일이다. 장기적으로 보면 경제에도 좋을 것이 없다.

세계 여러 나라의 경제성장 경로에서 배울 필요가 있다. 미국, 스위스, 싱가포르, 아일랜드 등 국민소득 3만 달러, 4만 달러를 넘어 6만 달러, 8만 달러를 달성한 나라들은 모두 자유경제체제를 견고하게 지킨 덕분에 그렇게 됐다. 자유경제를 폐기하고 포퓰리즘이나 사회주의를 택한 나라들은 외국 자본이 탈출해 경제난, 급격한 소득 감소를 겪었다. 그리스가 반짝 성장으로 소득 3.2만 달러까지 달성했지만 2만 달러도 안 되는 수준으로 가라앉은 것은 포퓰리즘 때문이었다. 베네수엘라에 비하면 그리스는 그나마 나은 편이다. 포퓰리즘으로 망했다는 점에서 그리스나 베네수엘라나 마찬가지지만 그리스는 그래도 민주적 정권 교체의 가능성까지 닫아 버리지는 않았다. 그러나 베네수엘라는 이제 평화적 선거로는 정권 교체가 어려운 나라로 변해 버렸다. 그 모든 과정이 국민 다수의 지지를 통해서 이뤄졌다. 그야말로 대중독재 나라가 된 것이다.

대한민국은 촛불 시위로 정권을 교체했다. 그리고 한 번도 경험한 적 없는 새로운 길로 들어섰다. 코로나는 그 길을 더욱 낯설게 만들고 있다. 미국형의 자유민주주의 자유경제의 나라 또는 중국형의 전체주의 사회주의 경제의 나라 중에서 우리는 어디를 향하고 있는가?

2장

열리는
바이든 시대

미국인은
왜 바이든을 선택했나

조 바이든이 미국 제46대 대통령에 당선되었다. 그는 1942년생
으로 현재 나이 78세다. 미국 역사상 최고령 대통령 당선자다. 그
는 펜실베이니아주 스크랜턴에서 태어났고 열 살 때 델라웨어로
이주해서 쭉 그곳에서 성장하고 활동했다. 모두 역사가 오래된 동
부 지역이다. 델라웨어 대학에서 역사와 정치를 전공한 후, 시라큐
스 대학 로스쿨을 졸업했다.

바이든은 1966년 시라큐스 로스쿨 재학 시절 결혼해서 2남 1녀
를 두었다. 그러나 1972년 연방상원의원이 된 직후 자동차 사고로
부인과 딸을 잃었다. 1977년 현재 부인 질 바이든과 결혼했다.

바이든은 젊은 시절부터 정치에 입문했다. 1972년 델라웨어에서 연방상원의원으로 선출되었다. 당시 나이 29세로서 미국 사상 다섯 번째의 최연소 상원의원이었다. 그후 총 여섯 번의 상원의원을 지내면서 법사위원회와 외교위원회 일을 맡았다. 2008년 오바마의 제안으로 러닝메이트가 돼 대선을 치렀고 2009년부터 대통령 오바마와 함께 부통령으로 재직하다가 2017년 트럼프 대통령 취임과 함께 물러났다. 물론 현재는 대통령 당선인이다.

그의 외교 노선은 자유무역주의, 친중주의로 대표된다. 2000년 미국이 중국과의 교역을 정상화하고 2001년 중국을 WTO의 143번째 회원국으로 받아들이는 데 바이든은 중요한 역할을 했다. 트럼프 진영은 그를 친중주의자, 글로벌리스트, 딥스테이트 세력이라고 부른다. 하지만 중국에 대한 우호적 태도는 2020년 대선 기간 중에 급선회했다. 그 전까지와는 달리 중국에 매우 비판적인 발언들을 자주 했다.

그래도 여전히 트럼프와는 차이를 보인다. 10월 25일 CBS 뉴스 '60분(60 Minutes)'에 바이든 및 트럼프와의 인터뷰가 방영됐다. 미국에 가장 위협이 되는 나라가 어디인지를 묻는 질문에 바이든은 러시아가 첫 번째이고 중국이 두 번째라고 답했다. 중국에 대해서는 가장 큰 경쟁자(competitor)라는 표현을 썼다. 같은 질문에 트럼프는 중국은 경쟁자이면서 미국의 적(foe, adversary)라고 답했다. 답변으로 보면 트럼프보다는 바이든이 중국에 덜 적대적인 것으로 보인다.

바이든은 민주당 내 온건파(centrist)로 분류된다. 민주당 의원은 크게 온건파와 진보파(progressive)로 나뉜다. 진보파는 부자 증세와 대기업 및 금융산업 규제 등에 매우 적극적이다. 온건파도 경제적 평등과 증세를 통한 재분배를 표방하지만 진보파만큼 과격한 사회주의 정책을 추구하지는 않는다. 바이든과 더불어 오바마, 클린턴 등 민주당 출신 대통령들은 온건파였다. 하지만 최근 들어 샌더스, 엘리자베스 워렌처럼 사회주의 색채가 강한 진보파의 세력이 강해지고 있다.

미국인들은 왜 민주당 온건파인 바이든을 뽑았을까. 에디슨 리서치가 대선 투표일인 11월 3일 미국 전역에서 1만5590명을 대상으로 행한 출구 조사 결과가 실마리를 제공해준다.[1] 미국 유권자들이 지지자를 선택할 때 가장 중요게 영향을 미치는 요인은 원래부터 어떤 당의 지지자였는가였다. 다음 표에서 볼 수 있듯이 2016년 선거에서 민주당 클린턴 후보를 찍었던 사람 중 95퍼센트가 이번에도 민주당 바이든 후보를 선택했다. 트럼프 진영도 비슷하다. 2016년에 트럼프 후보를 택했던 사람의 92퍼센트가 이번에

---

1   https://edition.cnn.com/election/2020/exit-polls/president/national-results

도 트럼프를 택했다. 공화당과 민주당 중 어느 쪽을 지지하는가의 성향은 잘 변하지 않는 것 같다. 따라서 최종적인 당락은 유동층의 움직임에 의해서 결정되는 일이 일어나곤 한다.

2016년 투표에서 클린턴과 트럼프 중 누구를 찍었습니까?

	클린턴 (민주당)	트럼프 (공화당)	기타	투표 안 했음
바이든 지지자	95%	7%	60%	58%
트럼프 지지자	4%	92%	25%	39%

출처: Edison Research의 15,590명 대상 미국 대선 출구조사 결과
https://edition.cnn.com/election/2020/exit-polls/president/national-results

지지 집단의 특성으로 보면 대체적으로 유색인종, 백인 고학력자, 젊은 세대는 바이든 지지 성향이 강하다. 반면 백인 저학력자와 기독교인, 고령층은 트럼프 지지 성향이 강하다. 백인은 58퍼센트가 트럼프, 41퍼센트가 바이든을 찍었다고 답했다. 반면 흑인은 대다수인 87퍼센트가 바이든을 찍었고, 트럼프를 찍은 사람은 12퍼센트에 불과했다. 학사 이상의 백인 중 트럼프를 찍은 비율은 48퍼센트인데 고졸 이하 백인은 67퍼센트가 트럼프를 찍었다. 고학력 백인은 바이든 지지 비율이 약간 더 높은 반면 저학력 백인은 바이든 지지자보다 트럼프 지지자가 두 배나 많다. 종교별 성향을 보면 프로테스탄트, 즉 개신교도의 60퍼센트는 트럼프, 39퍼센

트는 바이든을 선택했다. 가톨릭 신자는 트럼프 47퍼센트, 바이든 52퍼센트로 바이든 지지율이 더 높다. 회교 등 다른 종교를 가졌거나 종교가 없는 사람들은 바이든 지지율이 압도적으로 높다. 트럼프와 바이든 사이의 선택에는 인종, 종교, 세대 갈등이 강하게 작용하고 있음을 보여주는 결과다.

어떤 이슈를 중요하게 생각하는가라는 질문도 있는데, 바이든를 찍은 사람은 인종 간 불평등, 코로나 바이러스, 보건정책이 중요하다고 답했다. 반면 트럼프를 찍은 사람들은 경제와 법질서가 중요한 문제라고 답했다. 조사 결과를 종합해 보면 대략 다음과 같은 결론을 낼 수 있다. 원래 민주당 지지자는 바이든을, 공화당 지지자는 트럼프를 찍었는데 코로나의 창궐과 플로이드 사망 그리고 BLM 시위가 유동층을 바이든 쪽으로 이끌었다.

지지자 결정에 영향을 준 가장 중요한 이슈는 무엇입니까?

	인종간 불평등	코로나 바이러스	경제	범죄와 안전	보건정책
바이든 지지자	92%	81%	17%	27%	62%
트럼프 지지자	7%	15%	83%	71%	37%

출처: Edison Research의 15,590명 대상 미국 대선 출구조사 결과.
https://edition.cnn.com/election/2020/exit-polls/president/national-results

2016년에 비해 바이든 쪽 지지가 늘어난 대표적 세력은 월스트

리트 투자자들이다. 책임정치센터(Center for Responsive Politics)
는 정치인별로 선거자금 모금액수를 공개하고 있다.[2] 11월 17일
현재 월스트리트 투자자가 트럼프에게 기부한 금액은 1800만 달
러인데, 바이든에게는 7400만 달러다. 바이든 캠프는 트럼프의 네
배가 넘는 대선자금을 월스트리트에서 기부받은 것이다.

2016년 당시에도 월스트리트 투자자들은 트럼프보다 민주당 후
보였던 힐러리 클린턴에게 더 많이 기부했다. 클린턴은 5900만 달
러,[3] 트럼프는 2000만 달러를 월스트리트에서 모금했다. 2020년
대선에서는 바이든에게 클린턴 때보다 25퍼센트를 더 기부한 반
면, 트럼프에게는 오히려 10퍼센트를 덜 기부했다.

정책만으로 보면 월스트리트 투자자가 바이든보다 트럼프를 지
지하는 것이 자연스럽다. 바이든보다는 트럼프의 정책이 그들에게
더 유리하기 때문이다. 감세와 규제 완화가 트럼프의 주된 경제정
책이다. 반면 바이든은 법인세를 올리고 부자 증세를 하겠다고 공
약했다. 또 대기업, 금융산업에 대한 규제도 강화할 가능성이 높
다. 그런데도 월스트리트는 왜 바이든을 더 많이 지지하는 걸까.
가장 중요한 이유는 안정성과 확장적 재정정책 때문이다.

---

2   https://www.opensecrets.org/2020-presidential-race/industry-
    totals?highlight=y&ind=N07
3   https://www.politifact.com/factchecks/2016/oct/06/donald-trump/how-much-
    money-have-wall-street-and-hedge-funds-gi/

트럼프의 정책 때문에 미국의 경기가 살아나고 주가가 오른 것이 사실이다. 하지만 세계경제가 매우 불안정해졌다. 특히 코로나 사태 이후로는 투자계획을 세우기 힘들 정도로 불안성이 극심해졌다. 투자자들은 적극적인 코로나 대책과 안정성을 약속한 바이든을 선택했다.[4]

또 다른 이유는 바이든의 확장재정에 대한 기대다.[5] 바이든과 민주당은 적극적으로 돈을 풀겠다고 약속했다. 부자 증세와 국채 발행으로 돈을 만들어 코로나 피해도 메우고 인프라시설, 태양광, 풍력 발전, 반도체 등에도 적극 투자하겠다고 공약했다. 투자자 입장에서는 증세와 규제 강화는 달갑지 않지만 돈이 풀려 주가가 오르는 것은 이익이 된다. 또 그 돈들이 투자되는 곳에 많은 투자 기회가 생겨날 테니 그것 역시 투자자들에게는 좋다. 이런 이유들로 월스트리트의 바이든에 대한 기부가 늘었고, 그렇게 마련된 대선 자금은 바이든의 승리에 상당한 기여했을 것이다.

바이든을 당선시킨 힘은 그의 온화하고 온건한 이미지에 있다. 실제로 그는 강한 주장을 가지고 있지 않고 중도의 인생을 살아왔다. 당선자로서의 메시지도 미국을 다시 화합시키겠다는 것이었

---

4 https://www.wsj.com/articles/bidens-election-win-was-a-big-bet-for-these-wall-street-executives-11605004208

5 https://www.nbcnews.com/business/economy/why-wall-street-warming-biden-despite-his-policies-n1242416

다. 하지만 바이든의 약속대로, 그를 지지한 유권자들의 기대대로 미국이 다시 하나로 화합할 수 있을지는 미지수다. 오히려 극심한 분열로 치달을 가능성이 더 높아 보인다. 그 이야기로 들어가 보자.

바이든의 시대,
내전을 걱정하는 이유

미국 대선이 혼돈을 벗어나지 못하고 있다. 바이든 진영은 차기 대통령 당선자라며 취임과 더불어 펼칠 정책들을 공표하기 시작했다. 반면 트럼프 진영은 물러날 기색이 없다. 이번 선거에 사기와 부정 선거의 증거가 넘쳐난다며 여러 주들과 연방법원에 소송을 제기해 놓은 상태다. 총칼을 들지 않았을 뿐 거의 내전 상태에 들어간 듯한 느낌을 준다.

필자만 이런 느낌을 받는 것은 아닌 것 같다. 벨기에에 본부를 둔 크라이시스 그룹도 미국의 위기에 대한 보고서를 발표하면서[6] 내전 위험을 경고했다. 내전은 수단이나 소말리아, 이라크 같은 나라에나 해당되는 이야기였다. 그런데 크라이시스 그룹은 미국에서 내전 가능성이 자라나고 있음을 경고하고 나섰다. 허접한 신문 기사가 아니라 미국 내 수많은 관련자 및 전문가와 인터뷰를 거친 연구 결과물이어서 특히 관심이 간다.

보고서는 열한 가지 이유를 들고 있는 데, 요약해 보면 중요 이유는 다음 세 가지다.

- 트럼프 지지자와 바이든 지지자, 그리고 인종 간의 적대감이 고조돼 있다.
- 어느 쪽이 집권하는가에 따라 패배한 쪽은 실생활에서 치명적 타격을 입을 수 있다.
- 선거 관련 제도와 사법부 등 갈등 조정 기구에 대한 불신이 팽배해 있다.

에디슨 리서치의 출구조사 결과로 이미 살펴봤듯이 바이든 지지자와 트럼프 지지자는 인종, 학력, 종교 등 여러 가지 면에서 확연

---

6 https://www.crisisgroup.org/united-states/004-us-presidential-election-managing-risks-violence

한 차이를 보인다. 문제는 이 차이에서 생긴 갈등이 생활에 직접적인 차질을 줄 정도로 심각해져 있다는 것이다. 샤이 트럼퍼(shy Trumper), 즉 트럼프를 지지하지만 내놓고 말하지 못하는 사람의 존재가 바로 그 증거다. 샤이 트럼퍼는 주로 고학력 백인으로 알려져 있다. 저학력 백인은 동료 중에도 트럼프 지지자가 많을 테니 의견을 감출 이유가 없다. 그러나 고학력자는 주변에 바이든 지지자가 많기 때문에 트럼프를 지지한다는 말을 하면 따돌림을 당할 가능성이 크다. 심지어 직장에서 쫓겨날 위험도 있다고 한다.

　미국의 케이토 연구소(Cato Institute)는 이와 관련해서 놀라운 조사 결과를 발표했다.[7] 2020년 여름 18세 이상 미국인 2000명을 대상으로 트럼프 또는 바이든 지지 여부가 직장 생활에 어떤 위험을 주는지를 조사한 결과다. 강한 진보 성향(Strong Liberal) 답변자 중 50퍼센트가 직장에서 트럼프 지지자를 해고하는 데에 찬성한다고 답했다. 강한 보수 성향(Strong Conservative)은 36퍼센트가 바이든 지지자 해고에 찬성 의사를 밝혔다. 더욱 놀라운 것은 트럼프 지지자들이 느끼는 위협의 정도다. 다음 그래프에서 볼 수 있듯이 직장에서 민주당 지지 의사가 드러났을 경우 해고될 위험

7　https://www.cato.org/publications/survey-reports/poll-62-americans-say-they-have-political-views-theyre-afraid-share?au_hash=tbpuhpmKDyMTwiKjEr5N7mwz-5paxMnjlCvZZBlsX9s#implications

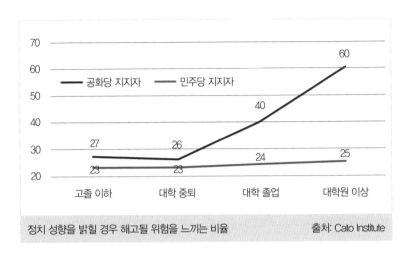

정치 성향을 밝힐 경우 해고될 위험을 느끼는 비율   출처: Cato Institute

을 느끼는 비율이 23~25퍼센트 수준으로서 학력과 큰 상관관계가 없다. 공화당 지지자들의 경우 대졸 학력 이하에서는 민주당 지지의 경우보다 약간 높은 26~27퍼센트 수준이다. 하지만 학력이 높아질수록 비율이 급격히 높아져 대졸 학력자는 40퍼센트, 대학원이상 학력자는 무려 60퍼센트가 자신의 보수적 견해가 드러난다면 해고될지도 모른다는 걱정을 한다고 답변했다. 미국에서 좌우 간 대립, 트럼프 바이든 간 대립, 공화—민주 간 싸움의 승패가 시민 각자의 삶에 치명적 차이를 가져다주는 지경이 되었음을 말해 주는 조사 결과다. 결과가 이러하다 보니 선거는 무슨 수를 써서라도 이겨야 하는 싸움이 되어 버리는 것이다.

그렇더라도 갈등이 제도적으로 해소된다면 내전까지 가지는 않을 수 있다. 하지만 미국은 지금 그 단계를 넘어서고 있는 듯하다. 패배한 측이 선거 관리를 신뢰하지 못하는 지경이 되어 버렸다. 트럼프 측이 몇 개 주의 선거와 개표 과정을 문제 삼으며 법원에 제소해 놓은 것은 그런 연유 때문이다.

하지만 제도에 대한 불신은 트럼프 측에 국한된 현상이 아니다. 만약 연방대법원이 트럼프 승리를 선언할 경우 이번엔 바이든 지지자들, BLM운동을 이끌던 혁명가들은 어떻게 반응할까. 거리로 뛰쳐나올 가능성이 높다. 트럼프 대통령이 임기가 얼마 남지 않은 상황에서 에스퍼 국방장관을 해임하고 크리스토퍼 밀러를 장관 대행에 앉힌 이유는 본인이 소송에 승리한 후 벌어질 민주당 급진 세력의 폭동에 대비하는 것으로 해석된다.

사실 미국 사회의 분열 상황은 상당히 오래 전부터 진행돼 왔다. 코네티컷 대학의 피터 터친 교수가 2010년 유명과학잡지 〈네이처(Nature)〉에 놀라운 논문을 발표했다.[8] 지난 200년간 100명 이상이 참가한 미국 내 시위 사태를 분석해서 정치스트레스 지수라는 것을 개발했는 데 다음 그래프에서 빨간색이 이 지수를 나타낸다. 1840년부터 정치스트레스 지수가 급격히 높아졌는데 결국 1861년에 남북전쟁이 터졌다.

---

8 Peter Turchin, Political instability may be a contributor in the coming decade, https://www.nature.com/articles/463608a

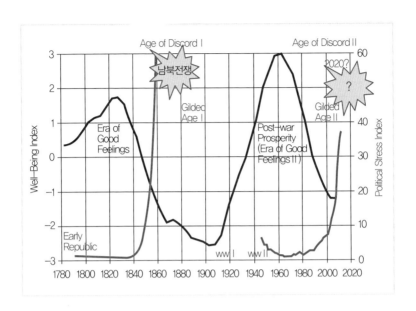

미국의 정치스트레스 지수는 2000년부터 또 다시 급격히 높아져 왔다. 터친 교수는 2020년 무렵 다시 커다란 소유 사태가 일어날 것이라고 예측했다. 그리고 놀랍게도 2020년 실제로 그 예측은 현실이 되었다. 조지 플로이드 사태를 기폭제로 미국 전역에서 벌어지고 있는 BLM 시위가 그것이다. 터친 교수는 이 정치 스트레스가 내전으로까지 번질 수 있다고도 예측했다. BLM 시위와 대선 갈등이 겹친 요즈음 정말 그렇게 되는 것이 아닌가 걱정스럽다.

그렇게 되지 않기를 바란다. 미국은 세계 자유민주주의 시장경제의 기둥 역할을 해왔다. 최근 트럼프가 미국우선주의 정책으로 미국의 고립이 심화되었다. 바이든은 다시 동맹을 끌어안겠다고 선언했는데 만약 미국 내에서 내전에 준하는 사태가 발생한다면 국제 관계에 쏟을 에너지가 줄어들 것이 분명하다. 그 공백은 중국과 러시아가 차지하고 나설 것이다. 미국이 내부적으로 흔들려서 글로벌 정치에 공백이 생긴다면 그 자리는 중국이 메울 것이 분명하다. 1당 독재와 개인숭배가 횡행하는 세상, 일거수 일투족을 CCTV로 감시당하는 세상이 될 가능성이 높다.

물론 이런 논의는 모두 가능성을 이야기하는 것이어서 구체적 확률을 가늠하기는 쉽지 않다. 그런데 어렴풋이나마 그럴 확률을 확인할 수 있는 지표가 있다. 미국 국채의 CDS 프리미엄과 국채 수익률이다. 미국 정부가 흔들릴 정도의 혼란이 온다면 미국 정부가 발생하는 국채의 부도 확률은 높아질 것이고 그에 대한 보험료 격인 CDS 프리미엄도 높아지기 마련이다.

다음 그림이 보여주듯이 미국 국채의 CDS 프리미엄은 4월 이후 지속적으로 낮아져 왔다. 하락 추세는 11월 3일 대선 이후에도 계속 이어져서 11월 9일 현재 15.3을 기록했다. 최소한 투자자들은 미국이라는 나라가 가까운 미래에 위험한 상황으로 치달을 것 같지는 않다고 내다보고 있는 것이다. 즉, 바이든 시대의 개막을 낙관하고 있는 것이다. 미래를 내다보는 것은 신의 영역에 속하지만 어쨌든 시장은 그렇게 내다보고 있다. 그러면 바이든 시대에는 어떤 정책들이 펼쳐질지 살펴보자.

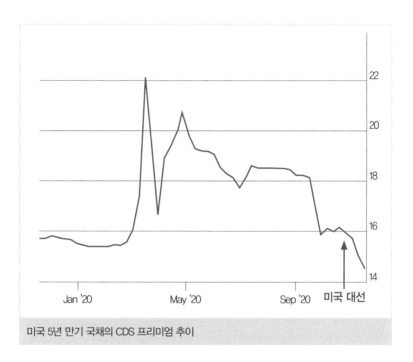

미국 5년 만기 국채의 CDS 프리미엄 추이

바이든의 정책,
트럼프와 무엇이 다른가?

트럼프와 바이든은 여러 가지의 차이가 나는 행보를 보인다. 국내경제정책, 외교정책, 대한반도 정책이라는 큰 틀에서 그 차이를 살펴보자.

트럼프는 미국 공화당을 바이든은 미국 민주당을 대표한다. 공화당은 개인의 자유를 중시하고 대체로 작은 정부를 추구한다. 또 가급적 많은 문제를 50개의 주정부에 맡기려 한다. 연방정부의 권한을 늘리는 것에 상대적으로 소극적이다. 반면 민주당은 평등을 중시하며 상대적으로 큰 정부를 지향한다. 연방정부의 권한이 커져도 할 수 없다고 받아들인다.

코로나 대응 정책

코로나를 대하는 태도에서 그 차이가 확연히 드러난다. 공화당의 트럼프는 마스크를 쓰라고 강요하지 않는다. 각자가 알아서 할 일이라고 보는 것이다. 락다운 정책, 즉 사회적 거리두기, 학교나 식당 봉쇄 같은 조치는 각 주정부에게 맡긴다. 미국의 코로나 대응이 우리에게 혼란스러운 모습으로 비치는 것은 주마다 제각각 대응을 하기 때문이다. 사실 지방자치, 이것이 미국의 건국 정신이다.

바이든이 된다면 가장 먼저 마스크 착용 의무화부터 시작될 것이다. 트럼프의 공화당 진영은 이것을 개인의 자유를 심각하게 침해하는 것으로 보지만 바이든 진영은 사회 안전을 위해 어쩔 수 없다는 입장이다. 그만큼 큰 정부를 추구하는 성향이 강하다. 연방정부의 권한도 크게 강화되리라 예상된다.

세금과 대기업 규제

경제정책 면에서 공화당과 민주당의 가장 큰 차이는 고소득자 및 대기업을 대하는 태도일 것이다. 평등보다 성장을 중시하는 공화당은 감세와 규제완화를 표방한다. 트럼프도 대통령이 되자마자 법인세 최고세율을 35퍼센트에서 21퍼센트로 대폭 낮췄다. 개인소득세 최고세율은 39.6퍼센트를 37퍼센트로 내렸다. 규제에 대해서는 취임 직후부터 '신설 규제 1건당 기존 규제 2건 철폐' 정책을 추진했다.

평등을 중시하는 민주당은 고소득층 및 대기업에 대한 증세를 추구해왔다. 대기업들, 특히 페이스북이나 구글 같은 플랫폼 기업에 대한 독점 규제도 주장해 왔다. 바이든도 그렇게 할 가능성이 높다. 트럼프가 21퍼센트로 내린 법인세 최고세율을 28퍼센트로 올리겠다고 공약해 놓은 상태다. 대기업, 고소득층은 억누르는 반면 노동자들, 저소득층, 이민자에게는 혜택을 줄 것이다. 최저임금을 대폭 올리고 이들에 대한 세금은 감면할 것이다. 또 이들에 대한 의료혜택도 확대하게 될 것이다.

환경 정책

환경문제를 대하는 태도에서는 공통점과 차이점이 공존한다.[9] 깨끗한 환경을 선호하는 면에서는 공통이지만 그 강도에 차이가 있다. 트럼프는 상대적으로 경제성장을 더 중시하는 반면 바이든은 환경을 더 중시한다. 특히 지구 온난화를 보는 시각, 석탄 및 석유-가스 산업에 대한 태도, 태양과 풍력 등 재생에너지를 대하는 태도 등에서 차이가 두드러진다. 민주당은 인간의 이산화탄소 배

---

9 트럼프와 바이든 환경 정책의 구체적 차이점에 대해서는 내셔널지오그래픽의 다음 글 참조. https://www.nationalgeographic.com/science/2020/10/trump-vs-biden-environment-heres-where-they-stand/

출 때문에 지구 온난화가 심해졌다고 인식한다. 그래서 오바마 대통령 시절에 석탄과 석유 생산에 대한 규제가 심했다. 트럼프는 온난화 가설을 믿지 않는다. 온난화는 사실이지만 인간 때문이라고 볼 수는 없다는 것이다. 그래서 트럼프는 대통령이 되자 오바마 시절에 도입된 석탄산업 규제를 폐지했다. 셰일산업에 대해서는 오히려 지원을 늘렸다. 반면 태양광, 풍력 등에 대해서는 오바마 때 도입한 지원책을 폐지했다. 바이든의 환경 정책은 오바마 시대로 회귀할 가능성이 높다.

돈 풀기

정부 지출에 대한 태도 역시 차이를 보인다. 작은 정부를 지향하는 공화당은 정부 지출 확대에 상대적으로 소극적인 반면 민주당은 적극적이다. 트럼프 대통령은 공화당 소속이면서도 전통적 공화당의 입장과 달리 정부 지출의 대폭 확대, 통화 팽창을 원했다. 예산과 통화량 조절은 의회와 연준(연방준비위원회)의 권한에 속하는 사항인데 이들이 트럼프가 원하는 만큼 확대해 주지는 않았던 것으로 평가된다. 바이든 정부는 트럼프보다 더 강력한 지출 확대와 통화 팽창을 추구할 것으로 보인다. 그의 뜻대로 될 것인지 여부는 이번에도 의회와 연준의 협조를 얻어낼 수 있는지에 달렸다. 바이든의 당선 가능성이 높아지면서 11월 3일 이전부터 달러 약세 현상이 확연해지는 것은 투자자들이 바이든 정부가 지출 확대와 통화 팽창에 성공할 가능성이 높다고 평가하기 때문인 것으로 보인다.

바이든이 대통령이 된다면 우리나라 경제에는 어떤 영향이 미칠까? 여전히 투표와 개표의 불법성 여부를 놓고 소송이 진행 중이어서 누가 될지 확신할 수는 없지만 바이든의 정책을 알아둘 필요는 있다.

환율, 채권 등에 대한 영향

바이든의 정책은 달러의 가치를 낮춘다. 돈 풀어 경제를 살리는 것이 미국 민주당의 입장이다. 국채를 발행해 코로나로 어려움에 처한 사람들도 돕고 미국 국내의 인프라 시설과 태양광, 풍력 등 환경 시설에도 투자하겠다고 한다. 최근 미국 달러 인덱스가 떨어지는 현상은 바이든의 높은 당선 가능성이 반영된 것으로 보인다.

그 덕분에 한국 원화 가치는 크게 올랐다. 3월 19일에 1달러당 1286원까지 치솟았던 환율이 지속적으로 떨어져서 11월 13일엔 1115원이 되었다. 원화 가치가 15퍼센트나 상승한 것은 한국이 다른 나라에 비해 코로나에 피해를 상대적으로 덜 보았기 때문이기도 하지만 미국 달러의 가치가 떨어졌기 때문이기도 하다. 바이든의 당선 가능성이 높기에 미래의 상황이 미리 현재 가치에 반영된 것이다.

이처럼 바이든 정책의 효과가 환율과 통화가치에 미리 반영된 것이라면 바이든 취임 후에는 오히려 달러 가치는 높아지고 원화 등의 가치는 상대적으로 떨어질 가능성이 크다. 환율로 보자면 올라갈 가능성이 크다는 말이다.

달러 약세는 미국 국채 수익률에도 영향을 줬다. 돈이 많이 풀릴수록 인플레 가능성이 높아지고 이는 만기가 긴 국채의 수익률을 높인다. 인플레만큼 명목 수익률은 높아지기 때문이다. 최근 30년 만기 미국 국채의 수익률이 오르고 있는데 바이든의 당선 가능성을 반영한 것이라는 분석이 나오고 있다.[10]

하지만 만약 예상을 뒤엎고 트럼프가 당선된다면 이 모든 현상이 뒤집어질 것이다. 미국 달러 가치는 상대적으로 오르고 원화 가치는 떨어질 것이다. 미국 장기 채권 수익률도 떨어질 것이다. 하지만 자본시장의 투자자들은 트럼프의 역전 가능성을 높게 보지 않는 것 같다. 미국 국채수익률과 CDS 프리미엄이 낮은 수준을 유지하고 있는 것은 투자자들의 미래 전망이 반영된 것이다.

주가와 유가 전망

미국 주가에 대한 전망은 엇갈린다. 많이 풀린 돈은 주가를 높이

---

10 https://www.ft.com/content/d467fa5a-9dc2-4c84-ba8f-cf73062023ca

겠지만 다른 정책이 주가 하락 압력으로 강력하게 작용할 것으로 보인다. 트럼프는 세금을 낮추고 기업에 대한 규제를 많이 없앴다. 바이든과 민주당은 그와 반대로 반기업적 정책을 쏟아낼 것이다. 세금을 올리고 대기업에 대한 규제를 늘릴 것이 예상된다. 그 때문에 주가는 하락 압력을 받을 것이다. 실제 주가는 이 두 효과가 합쳐져 나타날 것이다.

한편 바이든이 대통령이 된다면 미국의 산유량은 줄어들 가능성이 크다. 바이든과 민주당은 셰일산업이 환경을 파괴한다면서 곱지 않은 시선을 보내왔다. 바이든이 당선되면 셰일 산업에 대한 규제가 강해질 것이고 셰일 석유의 생산은 줄어들 것이다. 셰일 석유 덕분에 미국은 세계 최대의 석유 생산국이 되었는데 그 지위도 흔들릴 수 있다. 하지만 그 때문에 세계 유가가 상승할지는 미지수다. 바이든 행정부 하에서는 이란의 석유 수출에 대한 제재가 풀릴 가능성이 높다. 미국 석유 생산이 줄어드는 대신 이란의 석유 생산이 늘어나니까 최종적으로는 두 효과가 섞여서 나타날 것이다.

통상정책

미국의 외교통상 정책도 많이 변할 것으로 보인다. 트럼프는 미국 우선주의인 데다가 다른 나라와의 관계도 쌍무적 관계, 즉 1대 1 협상을 우선해 왔다. 한국을 비롯한 전통적인 우방에게까지 관세를 높이고 막대한 미군 주둔 비용을 요구한 것은 그 같은 기조가 반영된 것이다. 바이든은 미국의 외교를 최소한 형식적으로는 트럼프 이전 상태로 돌려놓을 것이다. 동맹을 중시하고 WTO, WHO 등 국제기구와 CPTPP 같은 다자간 협정을 중시할 것으로 보인다. 미군 주둔 비용 분담에 대한 요구도 줄어들 가능성이 크다.

트럼프는 스스로를 관세맨(Tariff Man)이라고 부를 정도로 교역 상대국들에 대한 관세를 높여 왔다. 중국은 말할 것도 없고 한국, 일본, 유럽, 멕시코 등 동맹국에 대해서도 예외가 없었다. 바이든은 선거 유세 중에 관세로 동맹국을 괴롭히지 말라며 트럼프를 비난했다. 바이든이 된다면 트럼프가 높여 놓은 관세를 재검토할 가능성이 높다.

하지만 실질적으로 미국의 무역장벽이 낮아질지는 의문이다. 무역장벽을 낮추면 미국으로의 수입이 증가할 텐데 이는 민주당의 전통적 지지층인 노동자들의 반발을 불러올 것이다. 영국의 경제전문지인 〈이코노미스트〉는 한 기사에서 바이든 시대는 통상정책의 외형은 달라지겠지만 실질은 크게 다르지 않을 것으로 내다봤다.[11] 어쩌면 관세를 낮추는 대신 탄소부과금 같은 장벽을 신설할 수도 있을 것이다.

---

11 https://www.economist.com/finance-and-economics/2020/09/19/how-would-
joe-biden-change-americas-trade-policy

한국의 수출에는 어떤 영향은 미칠까? 수출은 어려워질 가능성이 높다. 무엇보다도 당분간 달러 약세, 원화 강세가 지속될 테니 한국 수출품의 가격 경쟁력이 떨어질 것이다. 관세 부담과 무역장벽이 약간 줄어들 수 있지만 그 효과는 미미할 것으로 보인다. 바이든이 당선된다고 해도 대미 수출이 증가하리라 기대하기는 어려울 것 같다.

대중국 외교

가장 큰 관심이 가는 것은 미국의 중국 및 북한에 대한 정책이다. 트럼프는 미국 대통령 최초로 중국 공산당에 대해 거의 전면전을 선포했다. 트럼프가 재선된다면 중국 공산당 옥죄기를 더욱 강력하게 밀고 나갈 것이다. 중국 압박이라는 큰 정책 기조에서는 바이든도 비슷할 것으로 예측하고 있다.[12] 반중 노선은 공화당, 민주당을 막론하고 대부분 미국인이 공유하는 정서가 되었기 때문이다. 미국 퓨리서치가 2020년 6월 16일부터 7월 14일까지 미국인 1003명을 대상으로 조사한 바에 따르면 중국에 대해서 부정적 태도를 보인 응답자가 전체의 73퍼센트에 달했다.[13] 긍정적 답변은

---

12 https://www.wsj.com/articles/whats-bidens-china-policy-it-looks-a-lot-like-trumps-11599759286

13 https://www.pewresearch.org/global/2020/10/06/unfavorable-views-of-china-reach-historic-highs-in-many-countries/

22퍼센트에 불과하다. 민주당원들도 반중적 여론이 다수이기 때문에 바이든 역시 그것을 무시할 수 없을 것으로 보인다.

바이든은 대표적 친중주의자였다. 중국의 발전이 미국의 이익에 부합한다며 중국을 WTO에 가입시키는 데에 앞장섰었다. 시진핑과는 주석이 되기 전부터 친밀한 사이였다. 시진핑이 바이든을 '나의 오랜 친구'라고 부를 정도였다. 하지만 대선전에 뛰어들면서 중국에 대한 강경론으로 입장이 바뀌었다. 특히 신장 위구르에 대한 탄압과 관련해서는 시진핑을 '폭력배(thug)'라고 비난했다. 나의 오랜 친구였던 사람을 폭력배라고 부르게 되었으니 엄청난 변화가 일어난 것이 분명하다.

바이든은 중국을 권위주의적 독재체제라고 비판한다. 트럼프가 중국을 제대로 압박하지 못한다고 다그칠 정도다. 하지만 바이든이 정말 중국과 정면 대결까지 벌일 배짱이 있는지는 의문이라는 평가가 나온다.[14] 또 중국이 지구온난화 대책과 코로나 대응에 협조적 태도로 나올 경우 바이든이 과연 트럼프 정부하에서 추진되던 중국 봉쇄를 계속할 수 있을지 의문이 제기되기도 한다.

중국 견제의 기조는 비슷하다 해도 구체적 방법은 트럼프 시대와 다를 것으로 보인다. 트럼프는 미국의 독자적 행동을 선호했다.

---

14 https://foreignpolicy.com/2020/09/03/biden-is-now-a-china-hawk-with-limits/

관세 인상과 화웨이, 틱톡 등에 대한 제재가 대표적이다. 최근 들어 일본, 호주, 인도 등 소위 쿼드를 통한 대중 압박, 경제번영네트워크를 통한 반중 서플라이체인 구축 구상 등 동맹국과의 협조를 요청하는 쪽으로 약간 방향을 수정하긴 했지만 여전히 트럼프 대통령의 기조는 미국우선주의이고 1대1 성격이 강하다. 반면 바이든은 동맹국과의 협조를 통한 연합전선을 강조한다. 1990년대 이전에 경험한 냉전 구도의 모양새가 부활할 가능성이 크다. 미국 중심의 자유진영과 중국 중심의 권위주의 독재국가 진영의 대결이 될 것이다.

이렇게 될 경우 미국, 중국 두 나라 모두와 잘 지내고 싶은 나라는 입장이 상당히 난감해질 것이다.[15] 문재인 정권이 이끄는 대한민국은 최고의 난감함에 맞닥뜨릴 것으로 보인다. 바이든의 미국은 동맹국인 한국에게 반중 전략에 동참할 것을 요구할 것이다. 트럼프 정권하에서는 대답 안 하고 적당히 얼버무릴 수 있었지만 바이든의 대중 압박 전략하에서는 그러기가 쉽지 않을 것으로 예상된다. 벌써 박지원 국정원장이 일본 스가 총리를 찾아가 관계 개선을 타진하고 한일의원연맹 소속 의원은 일본의 의원들을 만난다며 부산을 떨고 있다.

---

15 https://asia.nikkei.com/Spotlight/Comment/US-allies-must-brace-for-tougher-China-stance-from-Biden

어느 쪽을 택하든 고통을 피할 수는 없다. 미국 편에 선다면 중국의 제재를 각오해야 한다. 중국의 지지가 없다면 문재인 세력은 정권을 잃을지도 모른다. 반면 중국 편에 선다면 미국을 버려야 할지도 모른다. 최악의 경우 미국의 경제 제재를 각오해야 할 수도 있다. 어쩌면 문재인 정권에게는 트럼프 대통령이 더 쉬운 상대였을 수도 있다.

대북 외교

대북정책은 어떻게 될까. 트럼프의 대북정책은 종잡기가 어려웠다. 대통령 본인이 직접 김정은을 만나 담판을 짓는 방식이었는데 일관성이 없는 데다가 결과도 성공이라고 보기 어렵다. 김정은의 미사일 발사는 막았지만 핵무기 개발은 여전히 진행 중이다. 바이든은 트럼프가 성과도 없이 김정은의 환심만 사려 했다고(cozying up) 비판했다.

호주 로위 연구소(lowy Institute)는[16] 바이든의 대북 정책이 오바마 시대로 회귀할 것이라고 내다봤다. 즉 대북 경제제재를 계속하면서 실무자 및 동맹국, 즉 한국을 통한 비핵화를 추진하는 것이다. 아마도 구체적인 비핵화가 걸려 있지 않으면 미북 정상회담 및

---

16 https://www.lowyinstitute.org/the-interpreter/biden-presidency-and-us-south-korea-alliance

남북 정상회담은 추진되지 않을 것으로 보인다.

지금까지의 예상은 현재까지의 대세를 기반으로 한 것이어서 상황은 얼마든지 뒤집어질 수 있다. 가능성이 큰 변수는 두 가지다. 하나는 트럼프가 소송에 이겨서 재집권을 하는 상황이다. 현재는 세계 대다수 국가의 사람들이 바이든의 집권을 기정 사실화해서 거기에 모든 것을 맞춰가고 있다. 환율, 채권, 주식 등 금융시장도 바이든의 정책 효과를 반영해 가고 있다. 그런데 트럼프가 재집권한다면 이 모든 것이 뒤집어질 것이다. 미국 내에서는 내전 수준의 폭동이 일어날 수 있고 미-중 갈등은 전쟁 수준으로 높아질지도 모른다. 위험도가 높아지면서 달러와 금값은 치솟고 원달러 환율은 급등하게 될 것이다. CDS 프리미엄으로 나타나듯이 가능성이 높아 보이진 않지만 완전히 배제할 수만은 없는 시나리오다.

또 다른 하나는 민주당에서의 세력 판도 변화다. 바이든은 민주당의 온건파에 속한다. 하지만 민주당에서 진보파라고 불리는 사회주의자들의 힘이 강해지고 있다. 이들은 바이든 같은 중도파와 주도권 다툼을 시작했다. 이들이 실질적으로 권력을 탈취한다면 완전히 다른 상황이 펼쳐질 수 있다.[17] 그 뒤에 어떤 상황이 벌어질지는 가늠하기 힘들다.

---

17 https://www.economist.com/briefing/2020/10/03/joe-biden-would-not-remake-americas-economy

3장

디커플링,
갈라서는 세계

친중-반중으로 갈라서는 세계

2020년 6월 30일 스위스 제네바의 유엔 인권위원회 회의장. 영국의 줄리언 브레이스웨이트 UN 대사는 중국의 홍콩 국가안전법 강행, 신장 티벳에서의 인권 탄압을 비판하는 내용의 성명서를 낭독했다. "중국의 홍콩국가안전법이 홍콩인의 인권을 침해한다, 일국양제를 약속한 영국과 중국 정상 간의 합의를 위반한 것이니 재고하라, 위구르와 티벳인들에 대해서도 인권 탄압을 멈추고 UN 인권의 고위 감독관의 감독을 받으라"는 내용이다.[18] 영국을 포함

---

18 https://www.gov.uk/government/speeches/un-human-rights-council-44-cross-regional-statement-on-hong-kong-and-xinjiang

해 27개국이 뜻을 모았다.

홍콩국가안전법이란 결국 홍콩인이 중국 공산당에 반대해서는 안 된다는 내용의 법이다. 이 법을 어길 경우 무기징역까지 처해질 수 있다. 홍콩인의 인권을 심각하게 침해하는 법이다. 자유를 사랑하는 홍콩인의 입장에서 보면 청천벽력일 것이다. 마음 놓고 말할 수 없게 된 것이다. 이 법은 외국인에까지 적용된다고 한다.

홍콩국가안전법은 중국이 국제사회에 했던 약속을 저버리는 처사다. 홍콩의 체제에 대해서는 1984년 영국의 대처 수상과 중국의 덩샤오핑 주석이 만나서 서로 약속을 한 바가 있다. 소위 일국양제의 약속이다. 1997년 홍콩이 중국에 양도된 후에도 50년간 홍콩은 영국 치하에 있을 때와 동일하게 자유가 보장되는 체제를 유지한다는 내용이다. 30년 정도는 그 약속이 지켜졌다. 하지만 시진핑 체제에 들어와서 달라지기 시작했다. 언제 적 약속을 아직까지 들먹이느냐는 식의 말들이 중국에서 흘러나오기 시작했다. 2019년에는 급기야 특정 범죄에 관해서는 중국에 범인을 넘겨 재판한다는 내용의 범죄인인도법을 상정하기에 이른다. 하지만 홍콩인들의 격렬한 반대 시위로 연기되었다. 그러다가 2020년 5월에 홍콩국가안전법이 통과되었다. 그래서 영국을 비롯한 27개 나라가 이 홍콩국가안전법을 폐지하라고 중국에 목소리를 높였다.

그런데 같은 회의장에서 정반대 내용의 성명서가 발표되었다.

쿠바 대표가 낭독한 이 반대성명서에는 "홍콩안전법이 홍콩의 번영과 안정을 위해 필요하다. 또 이 법은 홍콩인들이 안전한 환경 속에서 자유를 누릴 수 있게 해주는 장치다. 유엔 헌장은 각 회원국이 내정에 간섭하지 않게 되어 있다. 홍콩안전법은 중국 정부의 정당한 권리이기 때문에 인권 문제가 아니며 따라서 유엔인권위원회에서 다뤄서는 안 된다"는 내용이 담겼다.[19]

중국 공산당의 일에 국제사회가 간섭하지 말라는 것이다. 내용이 뜻밖이지만 더욱 놀라운 것은 이 성명서에 서명한, 즉 이 성명서를 지지한 국가들의 숫자다. 무려 53개 나라가 이 성명서에 서명했다. 중국을 비판하는 나라의 숫자는 27개였으니 거의 두 배나 많은 나라가 중국 편을 들고 나선 것이다. 이것만 보면 중국이 정당한 것처럼 보이지만 27개국과 53개국의 면면을 보면 성명에 대한 지지의 성격이 드러난다.

다음 지도는 UN 인권위에서 친중과 반중 나라의 분포다. 짙은 색이 중국을 비판한 나라들, 즉 반중 국가이고 붉은 색이 중국을 지지한 나라들, 즉 친중 국가들이다.

친중 국가는 아시아, 중동, 아프리카에 많다. 아시아에서는 북한, 미얀마, 캄보디아, 네팔, 파키스탄, 이란, 사우디 등이 중국을

---

19 https://www.globaltimes.cn/content/1193136.shtml

홍콩안전법 비판 27개국
홍콩안전법 지지 53개국

UN인권위원회에서 중국비판국 및 지지국 분포(미국은 비회원국)

지지했다. 아프리카에는 아주 많은 국가가 있지만 이름들이 낯설다. 알 만한 곳으로는 이집트, 가봉, 짐바브웨, 소말리아, 수단 등이 있다. 중남미에서는 쿠바, 베네수엘라, 도미니카 등이 친중을 표방했다.

인터넷 언론 액시오스의 데이브 롤러 기자는 이 나라들의 특성을 분석해서 기사를 올렸다.[20] 중국 지지국가들은 크게 두 가지의 특징이 있다. 첫째는 독재국가다. 북한, 쿠바, 베네수엘라, 짐바브웨 등이 대표적이다. 두 번째 특징은 중국에 많은 빚을 지고 있는 나라들이다. 시진핑 집권 이후 중국은 일대일로 정책을 통해 아시

---

20 https://www.axios.com/countries-supporting-china-hong-kong-law-
0ec9bc6c-3aeb-4af0-8031-aa0f01a46a7c.html

아, 중동, 아프리카에 많은 투자를 했다. 그 덕분에 이 나라들도 상당한 도로, 항만, 통신망 등 인프라 시설을 마련할 수 있었지만 그 대가로 중국에 막대한 빚을 지게 되었다. 빚은 많은데 갚을 능력은 없으니 당연히 중국의 뜻에 맞추게 되는 것이다.

한편 중국 비판에 동참한 나라는 주로 선진국들이다. 아시아에서는 일본과 호주, 뉴질랜드 등이 동참했다. 유럽이 대다수를 차지하는데 독일·영국·프랑스·스위스 등 서유럽 국가들, 덴마크·스웨덴·핀란드 등 북유럽 국가들, 에스토니아·슬로베니아 등 동유럽 국가들이 있다. 북미 지역에서는 캐나다가 동참했다. 중국에 가장 비판적 태도를 보이는 미국은 이 성명에 동참하지는 않았는데, 2018년 아예 유엔인권위원회를 탈퇴해 버렸기 때문이다. 그러나 당연히 중국의 홍콩국가안전법에 비판적이기 때문에 짙은 색으로 칠해 두었다. 한편 스페인과 이탈리아, 포루투갈, 그리스 등은 다른 다수의 유럽 국가들과 달리 중국 비판에 동참하지 않았다. 아마도 중국에 진 빚이 많아서 그런 것으로 이해가 된다.

전체적으로 보면 선진국들은 대부분 중국 비판에 동참했다. 내부적으로는 개인의 자유를 중시하고 국제관계에서는 국가 사이의 약속을 중시하는 것이 이 나라들이 살아가는 원리다. 하지만 중국은 홍콩국가안전법 등 일련의 행동을 통해 전체주의적이면서 국가 간 약속을 경시하는 태도를 드러내고 말았다. 자유진영의 선진국은 중국의 그 같은 태도를 용납할 수 없게 된 것이다.

여기서 우리가 주목해야 할 현상은 친중 진영에 53개국이나 참여했다는 것이 아니라 27개나 되는 선진국, 세계를 이끌어가는 나라 대다수가 중국 비판에 나섰다는 사실이다. 2년전만 해도 그 많은 나라가 중국 비판에 나선다는 것은 상상하기 힘들었다. 시진핑은 2020년 중에 일본을 방문하기로 되어 있었고 EU 역시 9월에 시진핑을 초청해 대규모의 행사를 가질 계획이었다. 다들 중국과 손을 잡고 뭔가를 이뤄 보려고 하던 참이었다. 그런데 상황이 이렇게 급반전된 것이다.

2008년 세계 금융위기 이후 10여 년간은 중국의 시대였다. 사람들은 금융위기의 진원지인 미국을 '지는 해'라고 생각하기 시작했다. 반면 중국은 '떠오르는 태양'처럼 보였다. 세계가 마이너스 성장으로 떨어질 때도 중국은 7퍼센트 이상 성장을 유지했으니 그렇게 생각할 만했다. 많은 나라가 중국에 수출해서 위기를 넘겼다.

2012년 집권한 시진핑은 일대일로라는 이름으로 투자에 목마른 많은 나라에 중국 돈을 투자해 주었다. 독일도 영국도 프랑스도 모두 중국의 투자를 받고 싶어 했다. 또 중국 시장에 자국 상품을 팔고 싶어 안달이 날 지경이었다. 미국을 제외한 거의 모든 나라가 친중 국가가 된 것이다. 2018년 미국의 트럼프 대통령이 중국과의 무역전쟁을 시작할 때도 영국, 독일, 프랑스 등은 '굿이나 보고 떡이나 먹자'는 식의 태도를 보였다. 이들의 태도를 바꿔 놓은 것은 코로나 사태에 임하는 중국의 태도다. 중국의 적반하장식 태도, 의료용품 지원을 무기화하려는 태도 등을 겪으면서 중국의 본모습에 눈을 뜨게 되었고 파트너가 될 수 있는지에 대한 회의를 품기 시작했다. 홍콩국가안전법 사태는 자유진영의 선진국들로 하여금 결심을 굳히게 하는 계기가 된 듯하다.

중국 비판에 나섰다고는 해도 구체적 행동에 나선 나라들은 많지 않다. 호주, 일본, 영국 등이 부분적으로나마 미국의 중국 제재에 동참한 상태다. 나머지 나라는 아직 언성만 높이는 수준이다. 하지만 중국의 거친 모습이 선명해질수록 유럽 국가 역시 말로만 하는 비판에서 구체적 제재로 나아갈 가능성이 높다.

세계가 친중-반중으로 나뉘는 현상은 어느 한쪽이 붕괴되기 전까지는 되돌릴 수 없을 듯하다. 어느 쪽하고도 적이 되고 싶어 하지 않는 대다수의 나라가 난감한 지경에 처했다. 미국을 비롯한 자유진영을 택할지 아니면 중국이 이끄는 독재국가들을 따를지 선택해야만 한다. 어느 쪽을 택하든 다른 쪽을 버려야 할 테니 고통을 피할 수 없다. 고통이 작은 쪽을 선택해야 한다.

선택을 강요받는 것은 우리나라도 예외가 아니다. 우리 국민 다수는 중국이 아니라 선진국 자유진영임은 여러 번의 여론조사에서 반복적으로 확인되었다. 물론 그 응답자들이 중국을 버리는 고통을 계산에 넣지는 않았을 가능성이 크지만 그것을 감안해도 한국인의 다수는 여전히 중국보다는 미국을 택할 것이라 확신한다. 하지만 문재인 정부도 그럴지는 의문이다.

요즈음 국회에서, 청와대에서 들려오는 소식들을 듣노라면 점점 더 일당독주의 길로 가고 있는 느낌을 지울 수 없다. 그리고 이들은 자신들의 권력을 공고히 하려고 미국을 버리더라도 중국 쪽을 선택할 수 있겠다는 걱정이 들게 한다. 문재인 대통령이 북경대 강연에서 중국은 높은 산이고 한국은 작은 나라라고 말했다. 고 박원순 시장은 한국을 '중국이라는 말의 궁둥이에 붙어가면 되는 파리'에 비유하기도 했다. 이런 발언이 이들의 진심에서 나온 거라면 이들이 선택할 정책은 여론 조사로 드러난 우리 국민의 뜻과 반대가 될 것이다. 그들은 영구 권력을 얻을지 모르지만 한국 국민이 홍콩 시민, 베네수엘라 국민처럼 되지 말라는 법이 없다.

디커플링,
두렵지만 피할 수 없는 선택

디커플링 현상이 세계를 갈라놓고 있다. 커플이던 사이가 갈라짐을 뜻하는 단어가 디커플링(De-coupling)이다. 탈동조화라고 번역하기도 한다. 지금 세상을 뒤흔들고 있는 디커플링은 미국과 중국 사이가 갈라지는 디커플링이다. 미국의 중국 제품에 대한 고율 관세 부과, 화웨이에 대한 미국 기술 제공 금지 조치, 중국의 홍콩 보안법 강행과 미국의 제재, EU의 경고, 중국을 배제하고 서방 자유민주주의 국가로만 구성되는 경제번영네트워크를 구성하는 움직임 같은 것이 모두 디커플링의 모습들이다.

미-중 간의 디커플링은 여러 차원에서 벌어지고 있다. 가장 눈에 띄는 것은 미국이 중국 제품에 25퍼센트의 관세를 부과한 것이다. 중국 역시 미국 제품에 대해 동일한 비율의 관세를 매기고 있다. 이 때문에 중국에 공장을 둔 기업이 미국에 수출하기가 어려워졌다. 그중 일부는 멕시코나 베트남, 인도 등으로 공장을 옮기기도 했다. 물론 요란함에 비해 실제 디커플링의 효과가 그리 크지는 않지만[21] 추세는 분명하다.

기술 차원의 디커플링도 진행 중이다. 대표적인 것이 미국의 화웨이에 대한 제재다. 화웨이는 노키아, 에릭슨 등과 경쟁하는 중국의 통신장비 기업으로 5G 장비와 기술에서 경쟁력을 갖추고 있고 세계 시장 점유율이 1위다. 우리의 미래가 될 4차 산업혁명에서 5G통신망은 필수불가결의 존재다.

미국은 화웨이의 5G 장비가 중국 공산당의 도청 등에 이용될 가능성이 있다고 의심한다. 그래서 미국은 수요자인 미국 통신 회사들에게 가급적 화웨이 장비를 사용하지 말도록 권고하고 있으며 동맹국에도 같은 권고를 하고 있다. 일본과 호주 등의 나라는 일찍부터 화웨이 배제에 동참했다. 처음에는 시큰둥한 반응을 보이던 영국, 독일 등 유럽 국가도 코로나 사태를 겪으면서 화웨이 배제에 동참하기 시작했다. 코로나 발병 책임에 대한 적반하장식 태도와

---

21 https://www.reuters.com/article/us-usa-trade-china-analysis/trump-threat-to-decouple-us-and-china-hits-trade-investment-reality-idUSKBN23U2WU

의료용품 지원을 전략적으로 이용하는 의도를 보고 중국의 본모습을 알아버렸기 때문이다.

씨피우스(CFIUS: Committee on Foreign Investment in the United States, 외국인투자심의위원회)라는 장치도 기술 디커플링에 일조하고 있다. 외국인이 미국의 국가안보상 중요한 기술을 보유한 미국 기업을 인수하려 할 때 막는 역할을 하는 위원회다. 1975년 포드 대통령 때 생겼는데, 1980년대에는 일본으로의 기술 유출을 감시했고 트럼프 시대에 들어서는 중국으로의 기술 유출을 감시하고 있다. 특히 2020년 2월 외국인투자위험조사현대화법(Foreign Investment Risk Review Modernization Act, FIRRMA)이 시행되면서 이 장치의 힘은 더욱 강해졌다.

디커플링은 금융 분야에서도 벌어지고 있다. 미국 정부는 나스닥에 상장돼 있던 중국 기업 루이신커피의 상장 폐지를 결정했다. 회계조작 스캔들이 원인이었다. 이어서 5월 20일, 미국 상원은 중국 기업의 미국 내 상장을 실질적으로 금지하는 법을 통과시켰다. 상원을 통과한 '외국기업책임법(The Holding Foreign Companies Accountable Act)'은 미국 내에서 상장을 원하는 외국 기업이 외국 정부의 소유가 아니며 그 정부의 통제를 받지도 않음을 증명할 것을 요구한다. 중국 기업이 중국 공산당의 통제를 받지 않는다는 것을 입증하기는 쉽지 않을 테니 미국 증시에 상장해서 자금을 조달하기도 어려워졌다.

경제 영역 밖에서도 디커플링 흐름은 거세지고 있다. 미국 대학은 중국 공산당과 연관돼 있는 학생들을 추방하기 시작했다. 군사외교적으로도 미국은 중국에 맞서 대만과 티벳 등에 대한 지원에 나섰고, 홍콩국가안전법 강행에 대한 대응책으로 홍콩에 대한 특별지위를 폐지하기에 이르렀다.

미국만 디커플링을 해온 것이 아니다. 미국에 맞서 중국식 세계를 만들려고 분투해 왔다는 점에서 중국도 오래전부터 실질적인 디커플링을 추구해왔다. 디커플링이라고 이름 붙이지는 않았지만 내용은 그러했다. 중국의 디커플링은 시진핑이 집권한 2013년부터 시작되었다고 봐야 할 것이다. 그 첫 번째 모습은 일대일로 정책이다. 일대일로는 개도국에 대한 인프라 투자, 즉 경제협력의 형태를 취하지만 그 내용을 자세히 살펴보면 미국과의 대결을 염두에 두고 있음이 드러난다. 예를 들어 중국은 미얀마의 차우퓨항에서 중국 내륙의 쿤밍까지 770킬로미터에 달하는 가스 및 송유관을 설치했는데, 최대 용량의 3분의 1도 채 쓰지 못할 정도로 큰 규모다. 그 자체만 보면 굉장한 낭비지만 전쟁을 염두에 둔다면 의미가 살아난다. 막강한 해군력으로 해상을 장악하고 있는 미국이 말라카 해협을 차단하면 중동으로부터 석유 가스를 수송하는 중국 유조선의 길이 막힐 수 있다. 이런 상황에서 미얀마−쿤밍 간 가스 및 송유관은 매우 유용하게 쓰일 수 있다. 일대일로 투자의 상당 부분이 미국에 맞서는 중국 중심의 세계 구축이 목적이라고 봐야 한다. 중국판 디커플링인 셈이다.

중국판 디커플링은 제조업에서도 추진되어 왔다. 〈중국제조 2025〉, 〈중국표준 2035〉 등의 정책은 중국 중심의 서플라이 체인을 구성하려는 움직임이다. 시진핑 주석은 중국 기업에게 모택동 시대의 구호였던 자력갱생(自力更生)을 촉구할 정도로[22] 미국에서 분리된 생산 체제를 추구해왔다. 심지어 2022년까지 공공기관에서 외국산 PC와 소프트웨어를 모두 추방하는 정책이 시행 중이기도 하다.[23]

중국은 금융에서의 디커플링도 추진해왔다. 위안화 통화권을 만들려는 노력이다. 누구나 다 알고 있듯이 세계 금융 시장에서 미국 달러의 파워는 압도적이다. 세계 중앙은행이 보유하는 외환보유고의 60퍼센트는 미국 달러로 되어 있고 국제 거래의 80퍼센트는 달러를 기반으로 한다. 은행 간 송금 거래는 스위프트(SWIFT, Society for Worldwide Interbank Financial Telecommunication)라는 시스템을 통하게 돼 있는데 이것 역시 미국의 영향력이 압도적이다. 미국이 북한, 베네수엘라, 이란, 러시아 같은 나라에 경제 제

---

22 시진핑, '자력갱생' 강조 이유는…"국영기업에 핵심기술 주문" 연합뉴스 2018-11-12.
https://www.yna.co.kr/view/AKR20181112113100009

23 중국 "3년내 공공기관 외국산 PC · SW 모두 추방" 2019/12/10 https://zdnet.co.kr/view/?no=20191210083958

재를 가할 수 있는 것은 바로 금융에서의 이 같은 지배력 덕분이다.

중국으로서는 당연히 미국의 그 같은 위상이 부러울 것이다. 중국은 위안화를 국제 기축통화로 만들려고 많은 노력을 기울여왔다. 그런데 자국 통화가 국제 기축통화가 되는 것이 반드시 좋은 것만은 아니다.[24] 기축통화가 되면 독자적인 통화정책을 펼치기가 어렵다. 미국이 수출을 늘리고자 달러 평가절하를 하고 싶어도 뜻대로 되지 않는 것이 단적인 예다. 미국을 넘어설 것 같았던 일본이나 독일이 엔화통화권이나 유로통화권 만들기에 욕심을 내지 않은 것은 나름 이유가 있었던 것이다. 그러나 미국에 맞서 중국 중심의 세계를 만들려는 중국 입장에서는 위안화통화권 구축이 절실하다. 그 노력은 큰 성과를 거두지 못했다. 유일한 성과라면 2016년 IMF의 특별인출권을 구성하는 배스킷에 위안화를 포함시킨 것 정도다.

최근에 중국이 역점을 두는 분야는 위안화의 디지털화와 국제결제시스템 구축이다. 전자 페이 분야의 성과는 대단하다. 전자 결제에서 중국은 세계에서 가장 앞서 가는 나라다. 텐센트와 알리페이 시스템은 세계 53개국에서 통용되고 있다. 하지만 전자 결제에 중국 시스템을 쓴다고 해서 그 나라가 위안화를 사용하게 되는 것은

---

24 https://www.economist.com/special-report/2020/05/07/china-wants-to-make-the-yuan-a-central-bank-favourite

아니다. 위안화가 국제통화가 되는 것도 아니다. 중국은 디지털 위안화의 출시도 앞두고 있지만 이것 역시 위안화의 국제적 사용을 늘려줄지는 의문이다.

국제 자금 이체 및 결제시스템 분야에서도 중국은 미국 중심의 자금 이체 시스템인 스위프트에 맞설 CIPS(Cross-border Interbank Payment System)을 내놓았다. 이란, 러시아 등 미국의 제재를 염려해야 하는 나라의 이용이 늘고 있는 것이 사실이지만 아직 스위프트를 통한 거래량의 1퍼센트 남짓한 수준이다.

한 나라의 화폐가 세계의 투자자들로부터 기축통화로 인정받으려면 여러 가지 조건을 갖춰야 한다. 화폐의 가치는 안정적이어야 하고 거래는 자유로워야 한다. 무엇보다 그 돈을 발행하고 관리하는 나라가 믿을 만해야 한다. 그런 면에서 중국은 국제통화를 가지기에 적합하지 않다. 위안화의 교환은 그리 자유롭지 못하고 공산당이 언제 어떻게 정책을 바꿀지 예측하기도 어렵다. 중국이 금융 디커플링에 많은 노력을 퍼붓지만 성공하지 못하고 있는 근본적 이유다.

이처럼 미국과 중국은 정치, 경제의 여러 차원에서 디커플링을 향해 많은 자원과 노력을 쏟아부어 왔다. 하지만 다른 나라들은 시큰둥한 반응을 보이곤 했다. 예를 들어 미국이 화웨이의 5G 통신 장비를 금지하는데도 영국이나 독일 같은 유럽 국가는 무엇을 택하든 알아서 할 테니 간섭하지 말라는 태도를 보였다. 그런데 코로

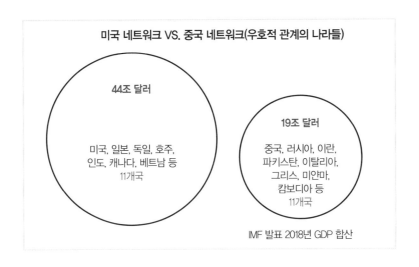

미국 네트워크 VS. 중국 네트워크(우호적 관계의 나라들)

44조 달러

미국, 일본, 독일, 호주,
인도, 캐나다, 베트남 등
11개국

19조 달러

중국, 러시아, 이란,
파키스탄, 이탈리아,
그리스, 미얀마,
캄보디아 등
11개국

IMF 발표 2018년 GDP 합산

나 사태를 겪으면서 분위기가 달라졌다. 서유럽 및 북유럽 국가를 중심으로 중국과 거리를 두려는 분위기가 고조되고 있다. 아시아에서도 일본, 호주, 인도, 베트남, 대만이 중국과의 거리 두기에 적극적이다. 코로나 이후의 디커플링은 미국을 선두로 하는 자유민주주의, 법치주의 국가와 중국을 중심으로 하는 권위주의 국가 사이의 대결이 되어가고 있다.

참고로 가상적 미국 네트워크와 중국 네트워크를 구성하는 국가와 규모를 살펴보도록 하자. 미국 네트워크에 속할 것이 분명한 나라는 미국, 일본, 호주, 인도, 캐나다, 독일 등 11개국이다. 이들의 GDP 합계는 44조 달러다. 중국 네트워크에 속할 가능성이 높은 나라는 70~80개가 될 듯한데 대부분 후진국이어서 경제적으로 중요하지 않다. 중요한 나라를 꼽으라면 중국, 러시아, 이란, 파키스탄, 캄보디아 등 12개국인데 GDP 합계는 19조 달러다. 중국 네트워크의 경제력이 미국 네트워크 경제력의 절반에도 미치지 못한다.

사실 디커플링을 둘러싼 소리는 요란하지만 실제로 이뤄내기는 쉽지 않다. 세계 제조업 서플라이 체인의 중심에 중국이 있기 때문이다. 거기서 중국을 분리해 낸다는 것은 생살을 뜯어내는 것만큼이나 어렵고 고통스러운 일이다. 미국, 한국, 일본, 독일 기업이 1980년대부터 중국으로 공장을 옮긴 이유는 중국에서 생산하는 쪽이 품질도 괜찮으면서 국내보다 값이 싸기 때문이다. 그 덕분에 미국도 중국도 또 세계의 소비자들도 큰 이익을 봤다.

아이폰을 만드는 애플을 예로 들어보자. 애플의 영업이익률은 20퍼센트가 넘는다. 한동안은 30퍼센트를 넘기도 했다. 그 이윤의 혜택은 대부분 애플 주식을 보유한 미국 및 세계 투자자들과 애플 직원들이 누렸다. 그런데 그 이익은 중국 없이는 불가능했다. 전통적 의미에서 아이폰을 제조하는 사람은 중국인이다. 애플 본사가 구상하고 설계한 제품을 대만의 홍하이 사로 보내면 제조는 중국 내 폭스콘 공장에서 했다. 손을 써서 그 제품을 만드는 사람은 중국인 노동자들이다. 임금이 저렴하면서도 일은 잘하는 중국인이 없었다면 아이폰의 막대한 이윤은 거의 불가능했을 것이다. 이런 사정은 삼성전자, 닛산, 폭스바겐 같은 기업도 다를 것이 없다.

그런데 그 공장을 철수해서 본국이나 다른 곳으로 옮긴다면 그 이익의 상당 부분을 포기해야 한다. 원가가 오르고 판매 가격도 높아질 것이다. 그런 만큼 매출은 줄고 이윤도 줄어들 것이다. 공장을 이전하고 새로운 곳에 적응하는 데에도 많은 비용이 발생할 것이다. 기업도 소비자도 타격을 입게 된다. 미국만 해도 수출입 비율이 28퍼센트이고 그중 상당 부분이 중국과의 무역에서 발생한다. 중국 제품을 수입하지 않으면 당장 물자 부족과 물가 불안을 겪게 된다. 애플, 테슬라 등 중국에 투자한 기업도 매우 큰 피해를 볼 것으로 예상된다. 그래서 기업들 중에는 디커플링을 달가와하지 않는 곳들이 많다.

중국도 물론 심각한 타격을 입게 된다. 미국 및 유럽 자본이 중국에서 빠져 나가면 중국 내에 상당한 실업자가 나올 것이다. 중국 자체의 기업도 치명적 타격을 입는다. 2018년 중국의 GDP에 대한 수출입 비중이 38퍼센트다. 미국과 유럽 등에 수출을 못 한다고 생각하면 공장을 돌릴 수 없다. 내수로 채운다고는 하나 수출의 자리를 메우기는 쉽지 않다. 심각한 타격으로 다가올 것이다.

디커플링은 어떻게 보면 일종의 자해 공격이다. 상대방을 죽이려고 자기의 팔다리를 잘라내는 격이다. 그래서 미국 기업들과 월스트리트 투자자들은 중국 때리기에 나선 자국 여야 정치권을 상당히 못마땅히 여겼다. 하지만 코로나 사태 이후 분위기가 상당히 바뀌고 있다.

〈월스트리트저널〉이 2020년 4월 17일자 기사에서 관련된 내용을 보도했다.[25] 중국 내 미국상공회의소가 중국에 진출한 25개의 미국 대기업을 대상으로 디커플링이 가능한가라는 질문을 했는데, 2019년 10월에 조사했을 때는 66퍼센트가 불가능하다고 응답했다. 3분의 2가 중국을 떠나기 어렵다고 답한 것이다. 그러나 2020년 3월에 다시 조사해보니 44퍼센트만이 불가능하다고 응답했다.

트럼프는 중국을 떠나는 기업을 최대한 미국에 받아들이려고 노력했다. 하지만 상당수 기업은 미국으로 돌아오지 않을 것임도 잘 알고 있었다. 그래서 미국 정부가 새롭게 추진하기 시작한 것이 '경제번영네트워크'다. 미국에 우호적인 나라들로 경제번영네트워크를 구성하고 중국을 떠난 기업에게 꼭 미국이 아니더라도 이 네트워크에 속한 나라로 가라고 권유하는 것이다. 그러면 거기서 만들어진 상품을 미국이 사주고 투자도 해주겠다고 암시하고 있다. 중국을 중심으로 형성돼온 세계 제조업의 서플라이 체인을 재편하겠다는 구상이고 선언이다. 새로운 동맹 개념이다.

어떻게 하더라도 디커플링은 양쪽 진영 모두에 커다란 경제적 손실을 불러올 것이다. 그럼에도 불구하고 자유민주주의 진영의 많은

---

25 https://www.wsj.com/articles/pandemic-makes-u-s-china-economic-
    breakup-more-likely-u-s-businesses-in-china-say-11587113926

나라가 중국과의 선 긋기에 나선 것은 경제적 손익을 넘어 가치를 지키기 위해서다. 미시적으로는 개인적 자유를 지키고 국제적으로는 규칙에 기반한 국제 질서(Rule Based Order)를 지켜내기 위함이다.

규칙에 기반한 국제 질서란 정해진 규칙을 지키는 한 서로 동등한 대우를 받는 상태를 말한다. 그 규칙은 합의에 기반하고 투명하게 공개된다. 상대방의 내정에 가급적 개입하지 않는 것도 특색이다. 그것을 통해 자유민주주의 국가는 삶의 방식을 지켜 나갈 수 있었다. 반면 중국 중심의 국제 질서는 규칙에 기반을 두었다기보다 일방적이고 권위주의적 성격이 강하다. 규칙이 투명하게 공개되지도 않는다. 여러 가지 비밀스러운 루트를 통해 상대방 국가의 내정에 간섭하는 정황도 발견된다. 이런 이유 때문에 경제적 손실이 예상되는데도 여러 선진국이 중국과의 거리 두기에 나선 것이다.

디커플링은 돌이키기 힘든 대세로 굳어 가고 있다. 특히 미국은 그렇다. 시민의 여론이 반중국 쪽으로 모아져 있기 때문이다. 여론 조사 기관인 퓨리서치는 2005년부터 매년 미국인 1000명을 대상으로 중국에 대한 태도를 조사해왔다. 중국에 우호적이지 않다는 응답이 2019년 이후 급격히 늘어서 2020년에는 73퍼센트에 이르렀다. 우호적이라고 답한 비율은 22퍼센트에 불과했디.[26] 민주당

---

26 https://www.pewresearch.org/global/2020/07/30/americans-fault-china-for-its-role-in-the-spread-of-covid-19/

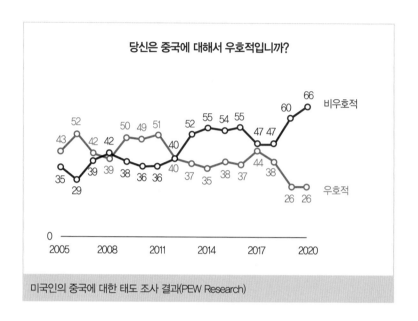

당신은 중국에 대해서 우호적입니까?

비우호적

우호적

미국인의 중국에 대한 태도 조사 결과(PEW Research)

지지자 중에는 전통적으로 중국에 우호적인 사람이 많았는데 최근 조사에서는 민주당 지지자도 68퍼센트가 중국에 우호적이지 않다고 답했다. 공화당 지지자는 83퍼센트가 중국에 우호적이지 않다고 응답했다. 미국 시민의 여론이 이렇기 때문에 트럼프와 바이든 누가 미국의 다음 대통령이 되더라도 중국과의 디커플링 정책은 계속될 가능성이 높다. 그리고 중국이 홍콩과 인도와 남중국해 등에서처럼 위압적 태도를 계속해 나간다면 다른 선진국도 반중국적 태도를 굳혀 갈 것이다.

미국의 화웨이 제재,
그리고 5G 디커플링

　미국은 중국 밖의 사람들이 화웨이 5G 장비를 사용하지 못하도록 차단에 나섰다. 화웨이는 1987년에 세워진 중국 통신 장비 제조 기업인데 통신 장비 분야에서 세계 최대가 됐다. 특히 5세대 이동통신, 즉 5G 장비 분야에서 최고의 경쟁력을 갖췄다. 2016년만 해도 화웨이의 시장점유율은 25퍼센트로 스웨덴의 에릭슨에 이어 2위였는데 2018년에는 31퍼센트로 세계 1위가 되었다. 삼성은 5퍼센트 정도다.

미국의 화웨이에 대한 의심은 2008년 무렵부터 시작되었다.[27] 화웨이는 당시 미국의 네트워크 장비 기업 쓰리콤(3COM)을 인수하려 시도했는데 화웨이 런정페이 회장이 중국 인민군과 유착관계가 있을 가능성을 의심한 미국 정부가 거래를 차단했다. 인수된 미국 기업이 중국의 군사 목적에 사용되지 못하도록 막은 것이다. 2011년에는 미국 전역의 비상 네트워크 사업에 화웨이가 참여하지 못하도록 제한했다

화웨이에 대한 미국의 압박이 전방위적으로 확산된 것은 트럼프 행정부 시대인 2018년부터다. 그해 4월 이동통신산업협회(CTIA)가 발간한 '글로벌 5G 경쟁' 보고서는 첨단기술 경쟁에서 미국이 중국에 뒤처졌다고 자평했다. 트럼프 정부는 긴장했고 본격적인 화웨이 제재에 나섰다. 미연방통신위원회는 중국 통신 장비를 사용하는 업체는 보조금 지급을 중단하겠다고 발표했다. 트럼프 대통령은 중국 기업 제품의 사용 금지를 핵심 내용으로 하는 '2019년 국방수권법(NDAA)'에 서명했다. 그해 10월 캐나다 수사 당국은 미국의 요청으로 런정페이 회장의 딸이자 화웨이 CFO인 멍완조우를 캐나다에서 체포했다. 2020년 5월 미국 상무부는 미국이 아닌 제3국에서 제조한 반도체라도 미국 기술이나 장비를 활용한 제

27 https://news.joins.com/article/23345707

품은 화웨이에 팔지 못하게 하는 제재 조치를 발표했다.

　미국 정부는 동맹국들에게도 화웨이 제재에 동참해줄 것을 요구하고 나섰다. 일본과 호주는 일찍부터 동참을 선언했다. 영국, 독일, 프랑스 등 유럽 국가는 처음에는 미국의 요구에 미온적이었지만 중국의 코로나 사태 대응 태도와 홍콩국가안전법 강행 사태를 보면서 제재에 동참하는 쪽으로 태도를 바꾸어 가고 있다. 반면 러시아, 이란, 터키, 파키스탄 등 권위주의 정권이 통치하는 나라들은 화웨이 장비를 계속 사용하고 있다. 화웨이 5G 장비의 사용 여부는 이제 미-중 디커플링의 또 다른 얼굴이 되었다.

　미국이 화웨이 제재에 나선 이유는 크게 세 가지다. 첫째는 국가안보 차원의 이유다. 화웨이의 통신장비를 통해 정보가 중국에 도청당할 수 있으며 더 나아가 화웨이 장비로 구축한 사회가 파괴당할 수 있다는 것이다.

　그 같은 의심에 대해서 화웨이는 강력히 부인해왔다. '장비는 장비일 뿐이다. 테스트해 봐라. 자신 있다.' 이런 입장을 고수해왔다. 실제로 최소한 지금까지는 구체적 악용 사례가 드러난 적은 없다. 하지만 미국을 비롯한 서방 국가가 걱정하는 것은 앞으로 악용될 가능성이다. 그리고 중국 공산당의 행태를 보면 충분히 걱정해야만 하는 위험이다.

　5G 통신은 단순한 통신망을 넘어 다가올 4차 산업혁명의 기반

기술이다. 자율주행자동차, 원격 의료, 화상 교육, 스마트 시티, 사물인터넷, 안면인식 시스템 등 앞으로의 세상을 형성할 기초 중의 기초다. 만약 누군가가 5G 통신망을 악용한다면 경제와 사회의 구석구석을 통제할 수 있고 마비시킬 수도 있다. 만약 10년 후 경제와 사회의 모든 시설과 활동이 화웨이 통신망에서만 가능하다고 상상해 보라. 중국 공산당이 마음만 먹는다면 어떤 일이라도 벌어질 수 있다. 현재의 4G LTE 기반의 세상만 상상해서는 비교가 안될 정도로 큰 타격을 입을 수 있다.

5G를 담당하는 통신사는 소비자의 이익에 충실히 봉사하는 기업이어야 한다. 시장경제 국가의 기업 대부분은 당연히 그렇게 할 수밖에 없다. 그러지 않으면 고객을 잃어서 망하게 될 것이다. 하지만 중국 기업인 화웨이는 다르다. 중국의 어떤 기업이라도 중국 공산당이 명령하면 복종해야 한다. 그렇기 때문에 일반 기업이 아니라 화웨이가 다른 나라의 통신망을 설치하고 관리한다면 소비자 주권이 지켜질지 자신할 수 없다. 특히 중국 공산당에 의해 악용될 소지는 항상 있다.

미국이 화웨이를 제재하는 두 번째 이유는 지식재산권 절취 가능성이다. 미연방수사국 FBI의 레이 국장은 1000여 건의 지재권 절취 사건을 수사하고 있다고 밝히면서 미국에서 벌어지는 산업스

파이 행위의 90퍼센트가 중국으로 귀결된다고 말했다.[28] 미국 기술이 중국으로 흘러드는 것을 막는 것이 화웨이 제재의 두 번째 이유다.

세 번째는 경제적인 이유다. 이미 언급했듯이 10년 후의 경제는 5G 통신망 위에 구축될 가능성이 크다. AI, 사물인터넷, 자율주행 등 경제활동 대부분이 그 위에서 일어날 텐데, 미국은 그 경쟁에서 중국에 뒤쳐졌다. 화웨이를 묶어서라도 선두를 찾아오겠다는 목적이 분명히 있다.

중국 당국과 화웨이는 미국의 제재 조치에 강력히 반발하고 있다. "미국 정부의 조치는 중국과 화웨이가 성공하니까 뒷다리를 잡는 것이다. 화웨이는 좋은 제품, 저렴한 제품으로 인류에 기여해왔고 앞으로도 그럴 것이다." 화웨이는 이렇게 항변한다. 하지만 공산당의 지배를 받는 기업의 이 항변을 얼마나 믿을 수 있을지는 의문이다.

미국의 제재는 세 가지 경로로 화웨이에 타격을 가할 것으로 예상된다. 첫 번째는 시장 차단이다. 미국 정부의 중국 제품 사용자에 대한 보조금 지급 중지, 국방 관련 시설에서의 화웨이 장비 사용 금지 등은 미국 내 화웨이의 내출을 김소시킬 것이다. 일본, 호

---

28 https://weekly.donga.com/List/3/all/11/1937586/1

주, 영국 등에서도 화웨이는 시장을 잃고 있다. 판매가 줄어드는 만큼 규모의 경제를 누리기도 어려워서 경쟁력 하락으로 이어질 가능성이 높다.

두 번째는 5G 장비의 중요 부품인 반도체 공급을 차단할 수 있다. 5G 장비에는 7나노미터급의 최첨단 AP(Application Processor) 반도체가 필요한데 그것을 가공할 수 있는 기술은 대만의 TSMC와 삼성전자만 보유하고 있다. SMIC 등 중국의 반도체 기업들이 7나노미터 수준의 정교한 반도체 생산 기술을 갖출 때까지는 상당한 기간이 필요할 것으로 예상된다. 이런 상황에서 TSMC는 이미 화웨이에 대한 부품 수급 중단을 결정했고 삼성전자 역시 최근 화웨이의 요청을 거절했다고 한다. 미국의 제재 때문에 화웨이의 5G 비즈니스는 부품 조달 차원에서도 난관에 부딪혀 있다.

세 번째의 타격은 기술 확보 경로 차단일 것으로 보인다. 이와 관련해서 〈니케이아시아리뷰〉는 패턴트리절트(Patent Results)의 분석을 인용해 흥미로운 기사를 보도한 적이 있다.[29] 화웨이 특허 중 고품질 특허라고 할 만한 것이 1100개 정도인데 그중 외국에서 사들인 것이 355개라고 한다. 고품질 특허의 3분의 1은 외국에서 사들인 것이다. 중저품질의 특허까지 포함해 화웨이가 외국에서 인

---

29 https://asia.nikkei.com/Spotlight/Datawatch/Patent-king-Huawei-lags-Intel-and-Qualcomm-in-quality-study-finds

수한 특허가 530개인데 그중 IBM, 야후 등 미국 것이 절반 정도인 250개이고 한국 특허도 99개나 된다.

화웨이가 기술을 확보하는 또 다른 루트는 해외 두뇌 영입이다. 화웨이는 전 세계 170개 나라에서 인재를 영입해왔다. 파격적 대우를 해주며 스카우트 해온 한국의 삼성전자, 미국의 모토롤라 등의 전현직 엔지니어들은 화웨이가 보여준 경쟁력의 중요한 원천이었다. 이 기사에 따르면 화웨이 최고의 엔지니어 30인 중 미국과 캐나다 출신이 17명인데 이들이 출원한 특허는 대부분 고품질로 화웨이가 보유한 고품질 특허의 3분의 1을 만들어냈다. 이렇게 따져 보면 고품질 특허의 3분의 2는 외국에서 사왔거나 외국 인재의 머리에서 나온 것이다. 한국인도 상당수 있을 텐데 기사에 나오지는 않았다.

미국이 이 루트들을 차단하고 나선 것이다. 하버드대 화학부 학과장인 찰스 리버 교수를 중국에 기술을 넘긴 스파이 혐의로 체포한 사건은 중국으로의 첨단 기술 이전에 대한 미국 정부의 태도를 잘 보여준다. 한국에서도 최근 삼성전자 사장을 역임했던 장원기 사장이 중국 반도체 기업 에스윈의 부회장으로 가려다가 여러 가지 압력 때문에 포기해 버렸다. 중국을 둘러싼 요즈음의 분위기를 상징적으로 보여주는 사건이다. 이처럼 중국은 서방의 시장과 부품 서플라이 체인, 기술 및 인력 시장으로부터 디커플링되어 가고 있다. 그만큼 화웨이를 비롯한 중국 기업들은 제품의 경쟁력을 유지하기 쉽지 않을 것이다.

디커플링은 세계에 어떤 결과를 가져다줄까? 극단적인 경우 미국을 비롯한 자유진영과 중국을 중심으로 한 국가들이 분리된 차세대 통신망을 만들고 사용하게 될 수 있다. 사실 지금도 중국은 세계와 분리된 별개의 인터넷망을 운영하고 있다. 중국인은 우리가 사용하는 구글도 네이버도 사용할 수 없다. 디커플링 상태가 깊어지면 중국을 따르는 나라의 통신망, 그리고 미국을 중심으로 하는 국가들의 통신망이 별도로 설치되고 작동할 가능성이 크다. 그 통신망이 지금 우리가 염두에 두고 있는 5G와 똑같은 것일지는 확실치 않다. 아무튼 그렇게 된다면 전 세계가 통합된 단일 5G 시스템을 택하는 경우에 비해 보급 속도와 시기는 늦어질 것이고 품질도 떨어질 가능성이 높다. 화웨이 덕분에 낮은 통신비를 누려 오던 나라들은 그 혜택을 포기해야 할 것이다.

한국은 어떤 네트워크에 속하게 될까? 지금까지 SKT와 KT는 에릭슨, 노키아, 삼성전자의 장비를 섞어서 사용해왔고, 화웨이 장비를 사용한 곳은 LGU+뿐이다. 따라서 기업과 소비자가 선택한다면 미국 중심의 네트워크를 택할 가능성이 높다. 하지만 이 문제는 정치와 밀접히 연관되어 있기 때문에 중국 주도 네트워크를 선택할 가능성도 배제할 수 없다.

미국의 화웨이 제재는 5G 통신망의 디커플링을 초래하고 있다. 그 때문에 통신과 산업은 발전이 지체될 것이고, 소비자 역시 큰 손해를 입을 것이다. 그럼에도 불구하고 미국이 화웨이 제재에 나선 가장 큰 이유는 중국 공산당에 대한 불신이다. 그들이 5G 통신망을 통해 세계를 자신의 지배 하에 두려 할 것이라는 의심 때문이다.

그 의심이 합리적인지 아닌지에 대한 판단은 각자의 관점에 따라 다를 수 있지만 최소한 필자는 합리적 의심이라고 생각한다. 화웨이처럼 공산당의 지배를 받는 기업은 보통 기업과 달리 봐야 한다. 일반 기업은 경제적 이익만을 기준으로 거래에 임하지만 화웨이 같은 기업은 공산당의 숨은 목표를 경제적 이익 뒤에 감추고 있을 가능성이 크다. 하지만 LGU+ 사례에서 보듯이 자유경제 국가의 보통 기업은 상대방의 숨은 의도가 무엇이든 자신에게 이익이 된다면 마다하지 않을 가능성이 높다. 개인적으로 화웨이와의 거래는 디커플링을 감수하더라도 차단하는 것이 옳다고 본다.

4장

흔들리는 선진국

흔들리는 미국

소련 붕괴 이후 미국은 세계의 유일한 슈퍼 파워가 되었다. 세계 인구의 3분의 1을 차지하던 소련의 위성국가도 소련 붕괴 이후 대부분 자유주의 자본주의 국가로 전향했다. 그후 20여 년 동안 경제력, 군사력, 지력, 모든 면에서 미국에 도전할 나라가 없었다. 팍스 아메리카나의 시대가 지속된 것이다.

하지만 이제 미국의 위상도 예전 같지 않다. 국내적으로는 코로나 사태와 흑인생명운동(black Lives Matter Movement)에 흔들리고 대외적으로는 중국의 거센 도전에 직면해 있다. 이런 상황에서 미국의 과거와 현재, 미래를 간략히 훑어보려 한다.

인류사의 관점에서 볼 때 미국은 대단한 나라다. 지금 세계인들이 누리고 있는 많은 것이 미국에서 비롯되었다. 휴대전화, 자동차, 비행기, 인터넷 등 현대 문명의 기반을 이루고 있는 이기들은 미국이 없었다면 생겨날 수 없었을 것이다.

휴대전화를 최초로 상업화한 기업은 미국의 모토롤라다. 그것을 컴퓨터와 결합시켜 스마트폰으로 만들어낸 이 역시 미국인 스티브 잡스이고 미국 기업 애플이다. 컴퓨터 보급에 성공한 기업은 IBM이고 그것을 개인용으로 만들어 누구나 가질 수 있게 한 주역은 애플과 IBM, 그리고 마이크로소프트다. 인터넷도 미국이 만들었다. 미국이 핵전쟁 대비용으로 만든 통신망인 아파넷(ARPAnet)을 상업화한 것이 인터넷이다. 인터넷의 상업화는 미국의 AOL, 넷스케이프, 마이크로소프트 덕분에 가능했다. 내연기관 자동차를 발명한 사람은 독일인 벤츠이지만 그것을 대량 생산해서 누구나 누릴 수 있게 한 공은 미국인 헨리 포드에게 돌아가야 할 것이다. 우리가 사용하는 교류 전기를 발명한 사람은 세르비아계 미국인 테슬라이고 전기의 상업화에 성공한 기업은 웨스팅하우스다.

미국은 모험적인 사람들이 마음껏 실험할 수 있는 분위기를 제공했고 그 덕분에 수많은 새로운 아이디어들이 시도되었다. 하지만 그보다 훨씬 더 큰 공은 대량생산을 통해 많은 사람들이 쓰고 즐길 수 있게 했다는 데에 있다. 아이디어의 상업화, 대량생산을 통한 규모의 경제, 대중 소비의 달성 같은 것은 미국 덕분에 가능했다. 미국이 없었다면 인류는 지금과 같은 풍요를 누릴 수 없었을 것이다.

자본주의의 종주국이라고 하면 산업혁명을 일으킨 영국을 떠올리지만 영국의 기업가들은 공장이 성공해서 300명 정도의 규모가 되면 사업을 더 키우기보다 젠틀맨으로 변해갔다. 대저택을 짓고 파티와 사냥을 즐기는 등 귀족적 취향에 탐닉했다. 기업을 더 키우는 것을 탐욕적인 것이라 여겼기 때문이다. 당연히 영국에서는 생산을 늘리는 데에 한계가 있었다.

미국으로 건너간 영국인, 스코틀랜드인, 프랑스인들은 탐욕이라는 터부를 깨고 규모의 경제를 추구했다. 철강의 카네기는 20년만에 철강 가격을 10분의 1로 낮출 수 있었고 석유의 록펠러 역시 등유 가격을 그 정도로 낮췄다. 그 덕분에 미국 전역에 철도가 놓였고 대다수의 미국인이 랜턴으로 어둠을 밝힐 수 있었다.

미국이 그 많은 것을 이뤄낼 수 있었던 원동력은 개인과 기업의 자유, 개방성, 사유재산 덕분이다. 그런 제도 덕분에 많은 유럽인이 자기 나라에서 못 이룬 것을 미국에 와서 이뤘다. 미국의 시장경제 제도는 소련이 붕괴된 이후 세계의 유일한 이념이 됐다. 사람들은 미국식 제도를 워싱턴 컨센서스라고 불렀다. 이후 워싱턴 컨센서스는 IMF를 통해 위기에 처한 나라들을 회생시키는 쓴 약으로 처방됐다. 미국은 그렇게 자본주의 시장경제의 챔피언 역할을 자임해왔다.

그러나 이제 미국의 위상이 흔들리고 있다. 내부적으로 흔들리고 대외적으로도 거대한 도전에 부딪혔다. 첫째, 미국의 힘이 예전 같아 보이지 않는다. 우선 미국이 코로나를 극복할 능력이 있는지에 대한 의문이 제기되고 있다. 미국은 세계에서 코로나 감염자가 가장 많은 나라이고 줄어들 기미도 보이지 않는다. 달러 파워에 대해서도 의문을 제기하는 사람들이 늘고 있다. 막대한 국가 부채를 연준의 발권력으로 뒷받침해주는 것이 큰 문제다. 엄청난 달러가 풀려 나가는데 언제까지 그 가치를 유지할 수 있겠느냐는 의문이다. 달러 인덱스 등 객관적 지표를 보면 기축통화로서 달러의 위상이 흔들리는 것은 아니지만 그럴 가능성을 원천적으로 배제할 수만은 없다.

둘째, 미국적 제도, 즉 자본주의 시장경제에 대한 미국인 자신의 확신이 줄어들고 있다. 사회주의를 표방하고 나선 버니 샌더스 의원이 2016년에 이어 2020년에도 미국 민주당의 강력한 대선 후보로 등장한 일은 미국인의 성향 변화를 상징적으로 보여준다. 2019년 미국의 케이토 연구소(Cato Institute)가 미국인 1700명을 대상으로 조사한 바에 따르면 조사 대상자의 39퍼센트가 사회주의에 대해 호의적이라고 응답했다.[30] 그중 민주당 지지자는 64퍼센트가 사

---

30 https://www.cato.org/blog/59-americans-have-favorable-views-capitalism-59-have-unfavorable-views-socialism

회주의에 호의적이라고 응답했다. 사회주의자인 버니 샌더스의 인기가 우연히 얻어진 것이 아님을 알 수 있다. 특히 젊을수록, 또 흑인이 사회주의에 대한 호감이 강하다. 18~29세 응답자의 50퍼센트, 흑인 응답자의 62퍼센트가 사회주의를 지지한다고 응답했다. 청년층과 흑인의 이런 성향이 최근의 인종차별 반대시위의 추동력으로 작용했다고 봐야 할 것이다. 과연 언제까지 미국이 자본주의 시장경제의 챔피언을 자처할 수 있을지 의문이 들게 하는 현상이다.

트럼프 대통령의 미국 우선주의, 무역에서의 보호주의 성향도 미국의 위상을 스스로 깎아 내리고 있다. 트럼프는 대미 무역수지 흑자를 많이 내는 나라 모두를 상대로 무역전쟁을 선포했다. 그 나라들에 대한 관세를 올리고 미국 상품 매입을 압박하는 행동을 서슴지 않아 왔다. 미국의 공격을 받는 나라 중에는 중국처럼 거리를 둬야 하는 나라도 있지만 한국, 일본, 독일, 캐나다, 멕시코처럼 아주 가까운 동맹국도 포함돼 있다. 이들에 대해 무차별적으로 압박을 가하다 보니 전통적인 동맹관계가 훼손될 지경이 되었다.

미국의 무역수지 또는 경상수지 적자는 달러가 기축통화이기 때문에 불가피하게 발생하는 현상이다. 그 때문에 전통적 제조업 노동자는 손해를 입게 됐지만 거의 모든 미국의 소비자들, 월스트리트의 투자자들, 그들에게 돈을 맡겨 놓고 있는 수많은 연금 수급자가 이익을 보고 있다. 전체적으로 보면 기축통화국이어서 얻는 이익이 감수해야 할 손해보다 더 크다. 그렇기 때문에 대다수의 경제학자가 자유무역을 주창했고 미국 역시 자유경제, 개방경제를 실천해왔다. 그런데도 트럼프 대통령은 러스트 벨트(Rust Belt)의 백인 노동자가 지지한 덕분에 당선되었다는 이유로 그들의 이익만 대변해서 자유무역 질서를 해치고 있다. 그럴수록 국제사회에서 자유경제 챔피언으로서 미국의 위상은 흔들리게 된다. 자유경제, 개방경제의 종주국인 미국에서 정작 미국인이 자유경제, 개방경제에 대한 신념을 버려가고 있는 듯해 보인다.

셋째, 미국은 중국의 거센 도전에 직면해 있다. 시진핑 집권 이후 세계 패권 경쟁에 나선 중국은 이제 정치, 군사, 경제 등 거의 모든 분야에서 미국에 도전하고 있다. 미국으로서는 정말 뼈 아픈 일이다. 중국을 세계 최빈국에서 세계 2위의 경제대국으로 키운 장본인이 바로 미국이다. 중국에게 자본과 기술을 제공했고 그렇게 만들어진 상품을 구매해준 이 역시 미국 자신이다.

미국이 그렇게 했던 이유는 중국도 경제가 성장하면 독일이나 일본처럼 자유의 나라로 변할 거라고 낙관했기 때문이다. 지금 독일과 일본은 미국의 가장 든든한 우방이지만 돌이켜보면 2차대전 당시에는 미국의 적이었다. 이 나라들은 미국과는 정반대의 체제, 즉 나치즘 전체주의, 천황 전체주의 국가였으며 미국을 굴복시키려 전쟁을 벌였다. 하지만 패전 이후 이들은 미국의 도움을 받아

부국으로 도약했고 자유민주주의 체제를 택해서 미국의 가장 든든한 우방이 되었다. 미국은 중국도 독일이나 일본처럼 될 것이라 확신하며 중국을 대했다. 1979년 이후 중국과 무역관계를 튼 것도, 2001년 회원 자격도 없는 중국을 WTO에 받아들인 것도 그런 희망 때문이었다. 하지만 중국은 독일, 일본과는 전혀 달랐다. 힘이 강해질수록 공산주의의 본색은 더욱 강해졌고 중화 제국주의의 색깔도 강하게 드러내기 시작했다.

미국 중심 국제질서에 대한 중국의 도전은 단순히 중국만의 도전에 머물지 않고 있다. 세계의 공장 역할을 하면서 벌어들인 막대한 달러 자금을 일대일로 정책을 통해 많은 나라에 투자했고 그들을 중국 편으로 만들었다. 파키스탄, 이란, 에티오피아 등 아시아, 중동, 남미, 아프리카의 많은 나라가 중국의 영향권에 들었다. 이제 숫자만으로 보면 중국을 따르는 나라가 미국이 이끌어온 자유민주주의 진영의 나라보다 훨씬 더 많다. 세계는 이미 갈라지기 시작했으며 세계 유일의 슈퍼파워였던 미국은 반쪽 세계의 리더로 전락할 위기에 직면했다.

그러나 어쩌면 코로나 사태는 미국에게 자유진영의 챔피언 자리를 되찾아줄지도 모른다. 코로나 사태와 일국양제에 대한 국제사회와의 약속을 폐기하면서까지 홍콩국가안전법을 강행한 중국 공산당의 태도를 보며 자유 진영의 많은 사람들이 중국에 대한 지지를 철회했기 때문이다. 적의 적은 친구라고 했다. 중국을 멀리하는 만큼 자유진영 국가의 결속력은 강해질 가능성이 높다. 미국 역시 중국의 도전이 강할수록 자국우선주의 대신 동맹국을 챙길 가능성이 높아진다. 차기 대통령 당선인이 된 바이든은 벌써 동맹국들 정상들과의 통화로 분주하다. 미국이 국내의 분열을 봉합하고 자유세계를 지키는 리더로 복귀하기를 기대한다.

미국 흑백 소득 격차,
내란으로 이어진다?

흑인생명운동(BLM: Black Lives Matter)이라는 시위가 미국은 물론 유럽으로까지 번져 나가고 있다. 시애틀에서는 BLM 시위대가 거리를 점령해서 해방구까지 만드는 지경에 이르렀다. 처음에는 CHAZ(Capitol Hill Autonomous Zone, 캐피털힐 자치 지역)이라고 하더니 이제는 CHOP(Capitol Hill Organized Protests, 캐피털 힐 시위 조직)이라고도 하고 아예 차즈인민공화국(Democratic Republic of CHAZ)이라고 스스로를 부르고 있다. 이 사태는 11월의 미국 대선에 상당한 이슈였을 뿐 아니라 앞으로도 계속 변화와 불안 요인이 될 것으로 보인다.

조지 플로이드의 사망이 불쏘시개 역할을 했지만 경제적 격차에 대한 분노가 연료 역할을 하고 있다. 사실 BLM 시위는 2013년에 이미 시작되었다.

시위대의 요구 사항은 책자로 만들어져 있다. 비영리단체인 신경제연합(New Economy Coalition) 사이트에 들어가면 다운받을 수 있다.[31] 제일 앞에는 '경찰이 흑인을 차별하지 말라'라는 요구가 나오지만 그 뒤로는 대부분 경제적인 요구가 자리를 차지하고 있다. 백인의 차별과 착취 때문에 흑인의 처지가 가난하니까 그에 대한 보상을 하라. 모든 흑인에게 소득과 주거, 의료 교육을 보장하라. 이런 내용이 있고, 재산의 공유화, 자유무역협정의 폐기 같은 것까지 요구 사항에 들어 있다.

퓨리서치센터가 6월 4일부터 9654명의 미국인을 대상으로 BLM 시위에 대한 의견을 조사했는데 지지자가 많다. 응답자의 67퍼센트가 BLM 운동을 지지한다고 답했다.[32] 백인도 61퍼센트가 지지 의사를 밝혔다. 이 운동이 힘을 얻어가고 있으니 흑백 격차 문제는 앞으로도 계속 이슈가 될 것 같다. 그래서 미국의 현재와 미래를

---

31 https://neweconomy.net/resources/vision-black-lives-policy-demands-black-power-freedom-and-justice

32 https://www.pewsocialtrends.org/2020/06/12/amid-protests-majorities-across-racial-and-ethnic-groups-express-support-for-the-black-lives-matter-movement/

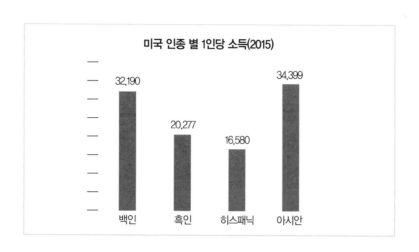

미국 인종 별 1인당 소득(2015)

이해하려면 미국 내 흑인과 백인의 경제적 격차를 알아둘 필요가 있다. 아시아, 히스패닉을 비롯한 여러 인종별 소득 격차도 곁들여서 살펴보자.

〈비즈니스 인사이더〉의 자료에 따르면 2018년 현재 미국 백인의 1인당 평균소득은 4만2700달러였는데 아프리칸 아메리칸, 즉 흑인의 평균 소득은 2만4700달러였다. 흑인 소득이 백인의 58퍼센트에 불과하니 상당한 격차다.

재산 격차는 소득 격차보다 훨씬 크다. 백인 가구의 평균 재산은 10만2000달러인데 비해 흑인 가구의 평균 재산은 6000달러다. 흑인 재산은 백인의 6퍼센트에 불과하다. 이 숫자대로라면 미국 흑인은 재산이 거의 없다고 봐야 할 것 같다.

미국 내 다른 인종의 상태는 어떨까? 미국의 통계청인 센서스

뷰로가 2015년 인종별 소득을 발표한 적이 있다. 여기서 백인의 소득이 3만2000달러이고 미국 흑인이 2만 달러였다. 중남미계, 즉 히스패닉은 1만7000달러로 흑인보다도 낮다. 하지만 아시아계 미국인은 3만4000달러로 흑인뿐 아니라 백인보다도 소득이 더 높게 나타났다.

아시안계 중에서는 인도계가 5만5000달러로 가장 높고, 한국계는 3만1000달러로 백인과 거의 같은 수준이다. 같은 흑인인데도 에티오피아계의 소득은 4만3000달러다. 흑인은 물론 백인에 비해서도 훨씬 더 높다. 이런 것을 보면 흑인이 차별을 받아서 소득이 낮은 거라 단정하기가 쉽지 않다.

아시아계의 높은 소득은 높은 학력 때문이라는 설명이 유력하다. 실제 아시아계는 학력이 높다. 대학 졸업 이상의 학력자 비율에서 아시아계는 56.5퍼센트로 모든 인종 중 가장 높았다. 인도계는 특히 학력이 높다. 흑인은 25.2퍼센트, 백인은 35.2퍼센트다. 학력이 소득에 상당한 영향을 미친 듯해 보인다.

하지만 학력과 소득의 연관성은 인종에 따라 상당한 차이를 보인다. 같은 대졸자라도 아시아계와 흑인의 임금 차이는 크다. 백인 대졸 남자가 시간당 32달러인데 아시아계 대졸 남자는 35달러다. 반면 흑인은 25달러, 히스패닉은 26달러다. 동일한 학력이라도 아시아계는 흑인에 비해 40퍼센트, 백인은 28퍼센트만큼 임금이 높다. 여성의 경우도 비슷한 양상이다. 이 같은 임금 수준의 차이는 각 인종의 생산성, 또 일을 대하는 태도를 반영한다. 월급 주는 사람은 외형이나 학력이 아니라 결국 얼마나 좋은 성과를 내는지에 따라 줄 돈을 결정할 테니 말이다.

학력과 재산의 관계도 비슷한 양상을 보인다. 데모스와 브랜다이스 대학 IASP 연구소의 공동연구에 흥미로운 자료가 있다. 2013년 현재 대학 재학 이상 백인의 재산은 7만9600달러인데 학력이 같은 흑인의 재산은 1만1100달러에 불과하다는 것이다. 고졸 이하 백인의 재산보다 대학 이상 흑인의 재산이 더 적다. 설명하기 어려운 부분이다.

필자는 이런 조사 결과를 보면서 아프리카에서 벌어진 일이 떠올랐다. "아프리카 사람들은 왜 가난한가. 교육을 못받아서 그렇다. 그러니까 학교를 지어주고 교육을 시켜주자." 국제기구들 사이에, 또 선진국 지식인들 사이에 이런 의견들이 많았다. 그래서 아프리카 나라들에 많은 교육 지원을 해왔다. 하지만 많은 교육 지원이 이뤄졌음에도 불구하고 상응하는 만큼 경제성장을 이룬 나라는 많지 않다.

월드뱅크 이코노미스트인 윌리엄 이스털리는 《성장 그 새빨간 거짓말》이라는 책에서 이를 밝혔다. 1960년에서 1985년 사이 아프리카 나라들의 교육자본 성장률은 4퍼센트 이상이었다. 하지만 경제성장률은 0.5퍼센트에 불과했다. 반면 동아시아국가의 교육자본 성장률은 3퍼센트에도 못 미치는데 경제는 4퍼센트를 넘는 성장률을 성취했다. 교육에 투자한다고 무조건 소득이 늘어나는 것은 아님을 보여주는 증거다.

소득을 결정하는 것은 결국 생산성이다. 아프리카에서 그랬듯이 미국 흑인 사회에서도 교육이 생산성 향상으로 연결되지 않은 것 같다. 그렇기 때문에 BLM 시위대가 요구하는 재산의 분배나 교육, 의료에 대한 지원 등이 늘어난다고 해도 흑인의 소득과 재산 격차가 크게 줄어들 거라고 장담할 수 없다. 그런만큼 소득 및 재산 격차에 따른 흑백 갈등도 잦아 들기를 기대하기 어렵다.

사회주의자가
미국 대통령이 될 수 있다?

    3월까지만 해도 바이든은 민주당 대통령 후보 자리를 놓고 버몬트주 상원의원인 버니 샌더스와 치열한 접전을 벌였다. 결국 바이든이 이겼지만 샌더스 역시 막강한 대선 후보였다. 샌더스가 미국 대통령이 된다고 해도 그리 이상할 것이 없는 상황이었다.

    버니 샌더스는 스스로 사회주의자임을 자처한다는 면에서 지금까지의 대통령 후보와 매우 다르다. 우리나라나 미국이나 사회주의라는 말은 금기어였다. 특히 2차대전 직후에 매카시 선풍이 불었을 정도로 공산주의, 사회주의는 금기 사항이었다. 어느 정도 사회주의 성향을 가진 사람도 스스로 자유주의자(liberal)라고 불렀다. 그런 나라에서 샌더스는 사회주의(Socialism)라는 단어를 공개적으로 쓰기 시작했고 그것으로 큰 지지를 받았다. 젊은이 사이에 사회주의가 쿨(cool)한 단어가 되었다. 샌더스가 민주당 후보로 선출되었다면 미국이 좀 더 사회주의화될 수도 있었다. 샌더스가 사회주의를 내걸고 대선 후보로 나온 것은 두 번째다. 2016년 대선에서 결과적으로는 힐러리 클린턴에게 밀려났지만 샌더스의 인기는 대단했다. 당시 영국의 〈이코노미스트〉가 유가브라는 여론조사 기관에 의뢰해 미국 정치인에 대한 미국인의 호감도를 조사했는데, 힐러리 클린턴이 호감 45:비호감 53, 트럼프 호감 34:비호감 63으로 나왔다. 그때도 이미 미국인 중에 트럼프를 싫어하는 사람이 많았다. 놀라운 것은 버니 샌더스의 인기였다. 호감 59:비호감 33으로 대선 후보들 중에 가장 호감도가 높았다. 샌더스의 인기는 사회주의에 대한 인기라고 봐도 된다. 미국의 사회주의 바람은 일시적 현상이 아니다. 미국의 케이토 연구소가 복지, 직업, 부에 대한 2019 미국인 의식조사 결과를 발표했는데,[33] 그 결과가 놀랍다. 자본주의와 사회주의에 대해서 어떻게 생각하느냐고 물었는데, 자본주의의 경우 호감이 59, 비호감이 39였다. 사회주에 대해서는 호감이 39 비호감이 59였다. 자본주의 종주국에서 사회주의에 대한

---

33 https://www.cato.org/sites/cato.org/files/2019-09/Cato2019WelfareWorkWealthS
urveyReport%20%281%29.pdf

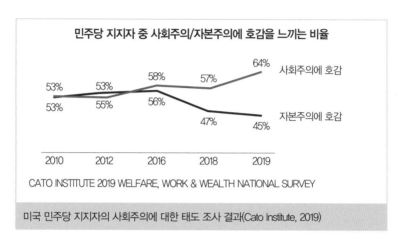

민주당 지지자 중 사회주의/자본주의에 호감을 느끼는 비율

사회주의에 호감

64%

58%   57%

53%   53%

53%   55%   56%   자본주의에 호감

47%   45%

2010   2012   2016   2018   2019

CATO INSTITUTE 2019 WELFARE, WORK & WEALTH NATIONAL SURVEY

미국 민주당 지지자의 사회주의에 대한 태도 조사 결과(Cato Institute, 2019)

호감이 39퍼센트라니 놀랍다.

정당별로 보면, 민주당 지지자 중에서는 64퍼센트가 사회주의에 호감을 가졌고, 공화당 지지자 중에서는 13퍼센트가 호감이 있다고 답했다. 민주당에서 샌더스의 지지도가 높은 것이 우연이 아니다.

인종별, 나이별로도 차이가 있다. 백인과 아시아계는 자본주의 지지자가 많다. 백인은 64퍼센트가 자본주의를 지지하고 아시아계는 60퍼센트가 자본주의 지지자다. 반면 아프리카계 미국인, 즉 흑인은 사회주의 지지자가 62퍼센트로 자본주의 지지자 40퍼센트보다 크게 높다.

연령별로는 젊을수록 사회주의에 대한 호감도가 높다. 18~29세까지 응답자의 50퍼센트가 사회주의에 우호적이었는데, 나이가 들수록 그 비율은 낮아져서 65세 이상은 34퍼센트만이 사회주의를 지지했다. 자본주의 지지자는 18~29세에서는 49퍼센트인데 나이가 들수록 지지도가 높아져서 65세 이상은 응답자 중 76퍼센트가 자본주의에 우호적이라고 답했다.

더욱 주목할 만한 것은 변화의 추세다. 민주당 지지자 중 사회주의에 호감이 있다고 응답한 비율은 2010년 53퍼센트에서 2019년 64퍼센트로 늘었다. 이 추세를 본다면 앞으로 미국에서 사회주의 지지세력은 더욱 커질 것으로 보인다.

트럼프는 민주당을 물들이고 있는 사회주의를 전체주의와 동일시 해왔다. "민주당이 미국의 민주주의에 사회주의를 강요하려 한다. 미국을 갈라 놓으려 한다"고 비난했다. 그러나 사회주의 진영에서는 북유럽식 사회민주주의(democratic socialism)을 향해 가자는 것이라고 항변했다. 버니 샌더스의 말을 빌리자면 베네수엘라식, 쿠바식의 사회주의가 아니라 덴마크식 사회주의로 가는 것이다. 그런데 일단 사회주의가 자리를 잡고 나면 샌더스의말처럼 될수 있을지 의문이다. 사회주의를 하려면 부유세 같은 것을 도입해야 할 것이고 현재 미국 헌법을 위배하는 것이 될 수도 있다. 헌법을 어기면서 사회주의를 하려 한다면 결국 혁명이 될 수밖에 없다. 미국마저 사회주의 국가로 변한다면 어떻게 될까? 온 세계가 중국이나 러시아처럼 전체주의체제로 바뀌어가는 것은 아닐까? 그러면 우리나라는 어떻게 되는 것일까? 곱씹어 볼 문제다.

유럽,
해체 위기는 넘겼지만

    코로나 본드 발행을 둘러싸고 심각한 의견대립을 벌이던 유럽연합 EU가 일단 위기를 넘겼다. 2020년 7월 21일 기금 조성에 회원국들이 동의했기 때문이다.[34] 기금의 조달과 분배를 둘러싸고 벌어졌던 남유럽 국가와 북유럽 국가 사이의 첨예한 대립이 일단은 봉합되었지만 언제든 되풀이될 수 있기 때문에 어떤 갈등이 왜 발생했는지를 살펴보려 한다.

    문제의 진원지는 소위 코로나 본드 또는 유로 본드 발행과 EU

---

34 https://www.dw.com/en/eu-leaders-reach-deal-on-coronavirus-recovery-package/a-54242834

부흥기금(recovery fund)이다. 본드는 채권을 뜻한다. 코로나 본드 또는 유로 본드란 코로나 사태를 해결하고자 각 나라가 독자적으로 채권을 발행하지 않고 EU 공동 명의로 채권을 발행한다는 것이다. 개별 국가 명의가 아니라 공동 명의로 돈을 빌리자는 의미다. 그렇게 빌린 돈은 코로나 사태의 심각성에 따라 배분한다, 그리고 상환은 공동 예산으로 충당한다, 이것이 부흥기금 정책의 골자다.

그 돈이 누구에게 얼마가 배정되는지가 중요하다. EU 집행부의 제안에 따르면 유로 본드로 조달할 전체 액수는 7500억 유로다. 우리 돈으로는 1016조 원에 해당한다. 이 돈은 부흥기금 계정으로 들어가게 되는데 그것의 3분의 2에 해당하는 5000억 유로는 대가 없이 주는 보조금이고, 나머지 3분의 1에 해당하는 2500억 유로는 대출금으로 쓰이게 된다. 대출금은 보조금과 달리 갚아야 하는 돈이다.

대가 없이 지원되는 보조금이 특히 중요했다. 계획에 따르면 보조금 수혜 대상 국가는 대부분 남유럽에 집중돼 있다. 각 나라별 금액을 알아보자. 금액은 모두 유로다. 이탈리아 818억, 스페인 773억, 프랑스 388억, 그리스 226억, 포르투갈 155어 등이다. 북유럽 국가로는 독일이 288억을 받게 되어 있다.

이처럼 혜택은 남유럽에 집중되는데 상환은 공동예산으로 충당

된다. 공동예산은 각국이 GDP의 1퍼센트 남짓을 갹출해서 조성한다. 그러니까 EU 부흥기금 정책으로 남유럽 국가만 이익을 보고 북유럽 국가들은 손해를 보게 된다.

사정이 이렇기 때문에 남유럽 국가들은 유로본드 발행을 적극 찬성했다. 게다가 이 나라들은 국가부채가 이미 100퍼센트에 근접했거나 또는 넘어섰기 때문에 더 이상 빚을 지면 위험해질 수도 있었다. 위험 프리미엄이 붙기 때문에 국채 발행 시 보장해줘야 하는 금리도 높다. 그래서 남유럽 국가는 어떻게 해서든 북유럽 국가에 업혀서 가고 싶어 한다.

프랑스는 이탈리아나 스페인처럼 위기 상황은 아니기 때문에 금전적 이익만을 따진다면 굳이 유로본드가 필요하지 않다. 그러나 EU의 결속, 그것을 통한 국제 사회에서의 영향력 유지를 위해 이 정책을 밀고 나간다고 봐야 할 것이다.

북유럽의 나라들은 반대해 왔다. "남유럽 나라에 코로나 피해가 심한 것은 안타깝지만, 그것과 돈 문제는 별개다. 돈이 필요하면 각자 채권을 발행해서 쓰면 되지 왜 공동명의로 하자는 거냐. 왜 우리에게 덮어씌우려 하느냐. 쓰는 건 결국 남유럽 국가인데, 갚을 때 다 같이 갚는 것은 부당하다." 이런 입장이다.

특히 검소한 4인방(Frugal Four)이라고 불리는 네 나라인 오스트리아, 네덜란드, 덴마크, 스웨덴은 적극적인 반대국이다. 이 나라들은 돈을 아껴 쓰기 때문에 적자도 잘 안 내고 국가부채 비율도 매우 낮다. 그런데 평소에 흥청망청 쓰느라 빚 더미에 앉게 된 남유럽 국가를 도와주려고 자기들이 빚을 짊어져야 하는 상황이 되니 반대하는 것이 당연하다.

그런 상황에서 독일이 태도를 바꿈으로써 국면이 전환됐다. 독일은 검소한 4인방에 포함되지는 않지만 그래도 건전한 재정이라면 그들 못지않다. 메르켈 총리는 특히 빚 내서 쓰는 것을 아주 싫어한다. 그래서 슈바르츠눌(Schwarz Null), 영어로는 블랙제로 정책이라는 것을 추진해왔다. 재정적자를 내지 않는 정책을 말한다. 2011년에 헌법에 못박아 두었을 정도다.

독일도 2010년에 GDP의 4.4퍼센트에 달하는 재정 적자를 기록했는데, 2011년에 블랙제로 정책을 도입했고, 바로 재정이 균형 상태를 달성한다. 적자가 사라진 것이다. 그리고 2014년부터는 재정 흑자를 기록하기 시작한다. 2019년에는 재정 흑자가 GDP의 1.4퍼센트에 달했다. 이처럼 독일은 나라 돈을 아끼려 하고 빚 지기 싫어하는 나라다. 당연히 남유럽을 위해 빚을 떠안는 것에도 반대해왔다.

그런 독일이 왜 입장을 바꿔 EU 넝의의 재권 발행에 찬성하고 나섰을까. 가장 큰 이유는 EU의 미래에 대한 걱정 때문이다. 이탈리아, 스페인 같은 나라들을 끌어안지 못할 경우 이들이 영국처럼

EU를 탈퇴할 수 있다. 지금도 이미 이탈리아에서는 탈퇴의 목소리가 상당히 높다. 그러다 보면 EU가 해체될 수도 있다. 유럽연합이 갑자기 해체된다면 그야말로 대재앙이 찾아올 수 있다. 독일을 포함한 유럽 나라뿐 아니라 세계가 금융 공황에 휩쓸릴 수도 있다.

경제적 피해만이 아니라 정치적 차원에서 유럽의 독립성이 흔들릴 수도 있다. 특히 중국의 침투를 감당할 수 없을 것이다. EU의 외교 수장인 조셉 보렐은 5월 16일자 칼럼에서 중국이 분할–지배 전략으로 유럽 분열을 기도해왔다고 경고했다.[35] 또 런던 SOAS 대학의 스티브창 교수도 〈익스프레스〉와의 인터뷰에서 중국이 분할–지배 전략을 쓰고 있다고 밝혔다.[36] 중국 출신 교수까지 그렇게 말한 것이다. 중국이 동유럽의 17개 국가를 묶어 일대일로 정책의 파트너로 삼고 있는데 이는 분할–지배 전략이라는 속셈을 드러낸 것으로 보인다. EU가 분열된다면 유럽 국가는 중국에 대해서도, 또 미국에 대해서도 제 목소리를 내기 힘들어진다.

이런 사정이 있기 때문에 빚지기를 그렇게 싫어하는 메르켈과 독일 국민이 입장을 바꾼 것이다. 어느 정도 단기적 손해를 감수하더라도 EU를 지켜내는 것이 좋겠다고 생각을 굳힌 것이다. 현재

---

35 https://www.scmp.com/news/china/diplomacy/article/3084684/china–trying–
    divide–and–rule–europe–eu–foreign–policy–chief
36 https://www.express.co.uk/news/world/1296797/China–news–xi–jinping–
    eastern–Europe–belt–and–road–plan–Serbia–coronavirus

유로본드 발행을 적극적으로 추진하는 나라는 프랑스, 이탈리아, 스페인 외에 독일까지 들어와서 4개국이 되었다. 독일이 합류함으로써 유럽부흥기금 계획은 큰 추진력을 얻었고 결국 통과됐다.

영국을 덮친 퍼펙트 스톰

영국이 퍼펙트 스톰, 삼각파도 속에서 위태로운 지경이 되었다. 첫 번째 파도는 브렉시트(Brexit: Britain + Exit), 즉 유럽연합과의 결별이다. 두 번째 파도는 엄청난 피해를 입히고 있는 코로나 사태, 세 번째 파도는 홍콩국가안전법 제정 때문에 중국과의 사이에 형성되고 있는 적대적 관계다. 세 개가 모두 핵폭탄 급이어서 영국에 어떤 피해를 줄지 귀추가 주목된다.

브렉시트부터 알아보자. 영국이 드디어 브렉시트를 했다. 즉, 유럽연합을 떠났다. 2020년 1월 23일, 영국은 유럽연합탈퇴법을 통과시켰고 29일에는 유럽연합 의회가 영국의 탈퇴를 승인했다. 영국 시간 1월 31일 23시로 마침내 영국은 EU의 회원국이 아니게 되었다. 2016년부터 시작된 브렉시트가 우여곡절을 거쳐 마침표를 찍게 된 것이다.

그러나 이건 완전한 마침표가 아니다. 탈퇴 이후 영국과 EU 사이의 관계를 어떻게 설정할지를 결정하지 못한 채 탈퇴가 이뤄졌기 때문이다. 아직 어정쩡한 브렉시트다. 그래서 영국과 EU 양측은 2020년 12월 31일을 시한으로 정하고 그 안에 협상을 벌이기로 했다. 그때까지는 브렉시트 이전과 동일한 상태를 유지하게 됐다. 관세 문제, 비자 문제, 노동력 이동 문제 등 협상해야 할 문제가 많기 때문에 누가 봐도 12월 31일이란 시한이 너무 빠듯했다. 협상에 속도를 내야만 했다.

그런 상황에서 코로나 사태가 터졌다. 공교롭게도 브렉시트가 이뤄진 1월 31일 영국에서 두 명의 확진자가 처음 발생했고 그 후 영국은 세계에서 두 번째로 사망자가 많이 나온 나라가 되었다. 11월 17일 현재 확진자 140만, 사망자 5만2천 명을 넘었다. 보리스 존슨 총리 자신도 코로나에 감염돼 격리 생활을 했다. 협상이 됐을 리가 없다. 브렉시트 협상은 거의 진척이 없었다.

브렉시트와 코로나만으로도 징신이 없을 영국인에게 홍콩 사태까지 겹쳤다. 중국이 홍콩국가안전법을 통과시키자 많은 영국인들이 격분했다. 특히 영국의 보수주의자들이 그랬다. 홍콩 반환 전에 영·중 두 나라가 맺은 일국양제의 약속을 파기하는 것이기 때문이다. 마지막 홍콩 총독이었던 크리스 패튼 경은 이 법이 홍콩 시민에 대한 배신이라고 중국을 비난했다.[37] 7인의 전직 외무장관도 성명을 내고 존슨 총리가 G7 국가들을 규합해 중국에 대항하라고 촉구했다.[38] 원래 존슨 총리는 친중적 성향이었는데 보수주의 매파의 분위기를 수용하지 않을 수 없었다. 결국 이민법을 개정해서라도 홍콩시민 285만 명을 받아들이겠다고 선언했다.

그런데 홍콩 시민을 대규모로 받아들이겠다는 결정은 브렉시트의 취지와는 정면으로 충돌한다. 영국인이 브렉시트를 지지한 이유 중 하나가 이민자 유입 방지였다. 외국인 노동자들이 자국인의 일자리를 빼앗아 간다고 느꼈기 때문이다. 300만 명에 가까운 홍콩인을 새로 받아들인다는 것은 브렉시트를 한 목적과 정면으로 충돌하는 것이다. 실제 홍콩 이민을 받아들이면 영국 내부에서 또다시 큰 갈등이 발생할 수 있다.

중국과 멀어지는 것 자체도 영국에게 큰 손실이다. 1984년, 대처 수상과 등소평이 공동선언을 한 후 영국은 중국과 좋은 관계를 유지해왔다. 영국의 기업인들은 중국과의 비즈니스에 적극적이었

---

37 https://www.theguardian.com/world/2020/may/23/chris-patten-chinas-security-laws-a-betrayal-of-hong-kong-people#maincontent

38 https://hongkongfp.com/2020/06/01/uk-ministers-call-for-intl-hong-kong-monitor-group/

다. 캐머런 총리, 조지 오스본 재무장관을 비롯한 보수당 정치인들은 친중 행보를 보였다. 경제 강국이 되어 가는 중국과 척을 져서 좋을 것이 없다는 분위기였다. 브렉시트 이후에 EU와 멀어지더라도 중국과 FTA를 맺으면 된다고 생각하는 사람이 많았다.

현직 총리인 존슨도 친중 성향이었다. 런던 시장 재직 시절 낡은 항구인 로얄 알버트 도크(Royal Albert Dock)를 재개발하려고 중국 부동산 기업의 투자를 받아들였다. 수상이 된 후에는 트럼프 대통령의 압박에도 불구하고 5G 네트워크 설치를 화웨이에 맡기겠다고 결정하기도 했다. 개인적으로 이복동생이 중국 비즈니스에 깊이 관여되어 있기도 하다.

영국은 EU 대신 중국과 손을 잡겠다는 복안이 있었던 것이다. 이런 상황에서 순식간에 중국이 적대국이 되어 버렸다. 영국은 EU와 결별하자마자 대안이었던 중국과의 관계도 끊어지게 되었다. 낙동강 오리알이 된 셈이다.

경제에 어떤 충격이 올까? 만약 협상이 타결되지 않은 채 EU와 결별할 경우 관세와 비자, 통관절차 등 EU 회원국 사이에서는 다 폐지된 장애물이 다시 생겨나게 된다. 구체적으로는 WTO 규정을 따라야 하는데 평균 3.2퍼센트의 관세가 발생한다. 이것을 적용하면 당연히 수출입이 줄어들어 생활수준이 떨어지게 된다. '변화하는 영국에서의 유럽(UK in a Changing Europe)'이라는 연구소는[39] 10년간 GDP의 약 3.3퍼센트가 직접 손실될 것으로 추정했다. 생산성 추락 등 간접 손실까지 합치면 8.1퍼센트 감소할 것이라고 한다. 그런데 여기에 중국과의 관계단절로 인한 충격이 겹칠 테니 실제 경제 손실은 이 숫자를 훨씬 넘을 것이다.

이런 것을 생각하면 어떻게든 EU와 자유무역 관계를 유지하는 쪽으로 협상을 마무리하는 게 좋을 것이다. 하지만 EU는 자유무역의 대가로 만만치 않은 요구를 한다. EU 회원국에게 영국 영해에서의 어업권을 인정해야 하고 국내법을 개정해서 EU 회원국일 때와 동일한 노동 및 환경규제법을 만들어야한다. 분담금도 내야 한다. 회원국일 때와 큰 차이가 없는 것이다. 이런 것에 반대하는 영국인이 많기 때문에 EU와의 자유무역 합의를 이뤄내기가 쉽지 않다.

협상 상대방인 EU도 사정이 복잡하기는 마찬가지다. EU 회원국은 27개국인데 코로나 때문에 이들이 서로 마음을 합치기가 쉽지 않다. 앞서 말했듯이 이탈리아, 스페인, 그리스 같은 남유럽 국가는 EU 명의로 채권을 발행해서 자기들을 도와 달라고 한다. 반면 네덜란드 · 오스트리아 · 스웨덴 · 덴마크, 소위 검소한 4인방은 반대 입장이다. 독일도 원래는 반대 입장이었는데 뜻밖에 찬성

---

39 https://ukandeu.ac.uk/research-papers/revisited-what-would-trading-on-wto-terms-mean/

으로 태도를 바꿨다. 잘못 하다가는 이태리, 그리스 같은 나라마저 EU를 탈퇴할지 모른다는 우려 때문이다. 그건 독일이 원하는 바가 아니다. 그래서 독일은 EU 명의의 채권을 발행해서 남유럽 국가들을 돕자고 입장을 바꿨다. 하지만 메르켈 총리가 검소한 4인방 네 나라들을 설득할 수 있을지 확실치 않다.

EU의 결정 방식은 만장일치다.[40] 한 나라라도 반대하면 통과가 되지 않는다. 이렇게 의견이 분열된 상태이기 때문에 영국과의 협상에서도 EU 27개 회원국이 어디까지 합의를 볼 수 있을지 알 수 없다.

사정이 이렇기 때문에 영국과 EU의 협상은 12월 31일 시한을 합의 없이 넘길 수도 있다. 그렇게 되면 EU 27개국과 남남이 되고, 영국 경제는 타격을 받을 것이다. 충격은 경제에만 국한되지 않는다. 최악의 경우 영국이 분열될 수도 있다. 지금은 영국에 속해 있는 스코틀랜드가 영국에서 분리돼 EU에 가입할 수도 있다. 북아일랜드 역시 영국을 탈퇴해서 아일랜드 모국과 합치려 할 수도 있다. 2020년 영국은 그야말로 퍼펙트 스톰에 휩싸였다.

---

40 https://www.eumonitor.eu/9353000/1/j9vvik7m1c3gyxp/vh75n47fr4ub

06

브렉시트, 그렉시트,
다음은 이탤렉시트?

영국의 브렉시트가 국민투표로 결정된 것은 2016년이었다. 그러나 영국은 그보다 훨씬 이전부터 유럽 대륙의 다른 나라들과 사이가 별로 좋지 않았다. 브레시트가 초래된 상황을 이해하려면 간략하나마 유럽연합의 역사를 알아 둘 필요가 있다.[41]

1993년에 체결된 마스트리히트 조약과 더불어 출범한 유럽연합, EU의 뿌리는 1945년 2차 대전의 종전까지 거슬러 올라간다. 전

---

41 이하의 내용은 영국 〈이코노미스트〉지의 2016년 3월 12일자 기사 'The Roots of Euroscepticism'에서 많이 참조했다. https://www.economist.com/britain/2016/03/12/the-roots-of-euroscepticism

쟁의 참화를 더는 되풀이하지 말자며 프랑스와 독일이 1946년 먼저 화해를 했고 1951년에는 6개 회원국이 참여하는 유럽석탄철강 공동체로 발전했다. 그 과정에서 영국은 중재자 역할을 했을 뿐 참여하지 않았다. 1957년에 협력의 범위를 더욱 확대해 EEC(유럽경제공동체)가 출범할 때도 영국은 참여하지 않았다. EEC에 영국이 참여한 것은 1973년인데 경제적 이유 때문이었다. 1960년대에 영국은 유럽의 병자로 불렸다. 반면 EEC 회원국의 경제는 잘나가고 있었는데 여기에 회원국 간의 자유무역이 크게 기여하고 있었다. 영국은 무역 확대를 위해 EEC에 참여했다.

영국의 참여는 유럽 각국과의 정서적 동질감 때문이 아니라 경제적 이해득실 때문이었다. 그러다 보니 회원국이 된 후 영국은 유럽공동체의 정책에 사사건건 브레이크를 걸곤 했다. 게다가 영국은 EEC의 제도적 틀이 이미 완성된 후에 참여했기 때문에 자기 뜻과 다른 것이 많을 수밖에 없었다. EEC의 틀을 만든 나라들은 내부자 6(Inner 6)로 불리는 벨기에, 프랑스, 이탈리아, 네덜란드, 룩셈부르크, 서독의 6개국이었다. 여기에 낄 수 없는 영국으로서는 불편을 감수해야만 했다.

1979년 영국 수상이 된 마가렛 대처는 유럽연합을 향해 공개적으로 날을 세웠다. 분담금이 지나치게 많다며 유럽연합의 예산을 삭감할 것을 요구했다. 영국이 유럽연합을 싫어하게 된 결정적 계기는 1988년 유럽연합이 노동 규제와 사회적 규제를 강화하겠다고 선언하면서부터다. 그 당시 대처 수상이 이끄는 영국은 자유시장주의에 입각한 파격적 개혁이 한창이었고 경제도 살아나는 중이었다. 그런데 유럽의 다른 나라들 때문에 영국이 원하지도 않는 규제를 도입하게 생겼으니 짜증이 날 만도 했다. 결국 대처 수상은 부르헤스(Bruges)에서 열린 회의에서 공개적으로 자크 들로르 유럽 대표를 비판하기에 이른다. 영국 상원의원인 데이비드 윌레트에 따르면 영국은 이때부터 본격적으로 브렉시트, 즉 유럽 탈퇴의 길로 들어섰다.[42]

유럽 국가에는 노동 규제, 사회적 규제들이 많다. 그런 상황에서 노동과 자본의 이동이 자유로워지면 규제가 강한 나라들에 문제가 나타난다. 규제가 강할수록 투자가 줄기 때문에 일자리가 줄고 실업률이 높아지기 마련이다. 국경이 닫혀 있으면 문제가 있어도 그럭저럭 지낼 만하지만 자본과 노동의 이동이 자유로울수록 규제로 인한 폐해는 빨리, 크게 나타난다. 그러나 모든 회원국이 동일한 규제를 적용한다면 당장은 이런 문제가 줄어들 수 있다. EU의 규제가 점점 더 강해진 이유 중 하나다. 유럽공동체를 관리하는 관료 기구가 생기면서 자체의 관성으로 생겨나는 규제도 많았다. 영국

---

42 How Thatcher's Bruges speech put Britain on the road to Brexit, https://www.ft.com/content/0b0afe92-ac40-11e8-8253-48106866cd8a

인들이 말도 안 된다며 받아들이기 어려워하던 규제들 몇 개만 열거하면 다음과 같다.[43]

- 토스터기, 전기주전자, 헤어드라이어 등을 환경을 해친다며 사용을 금지하려 했다.
- 영국의 단위인 인치와 파운드 사용을 금지하고 미터법만을 사용해야 한다.
- 모양이 반듯하지 않고 많이 휜 바나나는 판매할 수 없다.

대처의 보수당에 이어 1990년부터 노동당이 집권했지만 유럽연합에 대한 비판적 태도를 거두지 않았다. 1991년에는 유럽연합 탈퇴를 정강정책으로 내건 영국독립당(UKIP: UK Independence Party)이 결성되어 세를 키워갔다.

결국 브렉시트는 2016년 6월 국민투표에 부쳐졌다. 개표 결과 찬성 52%, 반대 48%로 영국의 유럽연합 탈퇴 의지가 확정되었고, 2020년 1월 31일 23시, 영국은 실제로 유럽연합에서 공식적으로 탈퇴했다.

브렉시트에 찬성 투표를 한 유권자를 대상으로 여론조사한 결과

---

43 https://www.express.co.uk/news/politics/1235600/brexit-news-brexit-day-ridiculous-EU-laws-brexit-transition-period

가 있는데 찬성 이유 중 가장 중요한 세 가지는 다음과 같다.[44]

- 영국의 문제는 영국인 자신이 결정해야 한다. EU에 휘둘려서는 안 된다.
- 이민과 국경에 대한 통제권은 영국민이 행사해야 한다.
- 유럽연합의 회원국 확대와 권력 확장을 속수무책으로 바라만 보고 있을 수 없다.

결국 영국인들의 다수가 유럽연합을 영국과는 다른 이질적인 집단으로 느끼기 때문에 생겨나는 이유들이다. 영국인들은 처음부터 유럽연합에 동질감을 느끼지 못했고 결국 거기에서 탈퇴하고 말았다.

한편 그리스는 영국보다 1년 앞서 국민들이 실질적으로 유럽연합 탈퇴를 결정했지만 탈퇴가 실현되지는 않있다. 잘 알려셔 있듯이 그리스는 국가부채를 갚지 못해 2010년부터 본격적으로 국가 부도에 직면하게 되었다. 유럽연합과 유럽중앙은행 그리고 IMF(트로이카로 불린다)는 그리스에 구제금융을 제공하는 대신 긴축을 요구했다. 돈을 아껴 빨리 빚을 갚으라는 요구였다. 그 조건

---

44 https://lordashcroftpolls.com/2019/02/how-the-uk-voted-on-brexit-and-why-a-refresher/

에 맞추자면 그리스 국민들은 고통을 감수해야 했다. 그동안 누려 온 복지 혜택을 포기하고 세금은 더 많이 내야 한다. 우리 한국인 들도 1998년 IMF 구제금융을 받으면서 그 조건이 얼마나 고통스 러운지 경험한 적이 있다.

2015년 6월 그리스 집권당은 그리스 국민을 대상으로 긴축 조 건을 받아들일지 여부를 국민투표에 붙였다. 결과는 반대 61, 찬성 39였다. 절대 다수의 국민이 유럽연합과 IMF가 요구하는 조건을 받아들일 수 없다고 의사표현을 한 것이다. 사람들은 그렉시트, 즉 그리스의 유럽연합 탈퇴를 예상했다. 탈퇴라기보다는 축출이라고 표현하는 것이 더 맞다. 그리스가 요구받는 조건은 유럽연합과 유 럽중앙은행의 규칙에 근거를 두고 있었다. 그것을 부정한다는 것 은 유럽연합의 규칙을 부정하는 것이고 그런 나라는 회원국의 자 격도 인정받을 수 없었다.

그런데 뜻밖의 일이 벌어졌다. 국민투표를 주도했던 그리스의 치프라스 총리가 국민투표 결과를 무시하고 구제금융의 조건을 받 아들인 것이다. 본격적인 긴축과 증세가 뒤따랐다. 오랫동안 적자 로 점철되어 오던 그리스 재정은 2016년부터 작으나마 흑자를 기 록하기 시작했다. 2015년 6월 5일 17.6퍼센트까지 치솟았던 그리 스 국채(10년 만기)의 이자도 급격히 떨어져서 현재는 0퍼센트에 거의 근접해 있다. 그리스의 국가 부도 가능성이 거의 사라졌다고 투자자들이 받아들이고 있는 것이다.

영국의 브렉시트와 달리 그리스에서 그렉시트가 일어나지 않는 이유는 그리스 국민이 유럽연합 탈퇴를 원하지 않았기 때문이다. 그리스인이 소리를 높인 것은 긴축의 고통을 받아들일 수 없다는 것이었을 뿐 유럽연합 탈퇴가 아니었다. 유럽연합을 탈퇴하고 유로존에서도 탈퇴하면 원래 자국통화인 드라크마를 다시 사용하게 될 판이었다. 그럴 경우 그리스 경제가 참혹한 파국을 맞게 될 것임을 그리스 국민은 잘 알고 있었고 두려워했다.[45] 그렇기 때문에 결국 긴축의 고통을 감내하면서도 유럽연합에 잔류할 수밖에 없었던 것이다. 앞으로도 그렉시트가 일어날 가능성은 커 보이지 않는다.

유럽연합 탈퇴의 움직임은 이탈리아에서 다시 시작되고 있다. 2020년 7월 23일 이탤렉시트(Italexit) 당이 설립되었다. 이탈리아의 유럽연합 탈퇴가 정강정책인 이 정당의 전체 이름은 No Europe for Italy - Italexit with Paragone. 즉, '파라고네와 함께하는 이탤렉시트, 이탈리아를 위한 유럽은 없다'이다. 설립자는 당명에 쓰여 있는 대로 이탈리아 상원의원인 파라고네다. 이 신생 정당에 대한 지지도가 어느 정도인지 알려져 있지는 않다. 그러나 3월

---

[45] https://www.aljazeera.com/opinions/2016/7/14/after-brexit-there-will-be-no-grexit

테크네(Tecne)의 여론조사[46]에서 응답자의 49퍼센트가 EU 탈퇴 지지라고 답한 것을 감안하면 상당한 지지를 확보할 수도 있다. 브렉시트에 이어 이탤렉시트가 실현될 수도 있는 것이다.

원래 이탈리아인은 유럽연합에 대해 호의적이었다. 2018년의 조사에서는 29퍼센트만이 유럽연합 탈퇴를 지지한다고 응답했다. 2020년 들어서 유럽연합에 대한 여론이 급격히 악화된 것은 코로나 사태 때문이다. 이탈리아에서 병실과 관이 모자랄 정도로 많은 확진자와 사망자가 나왔다. 이탈리아는 유럽연합에 도움을 청했다. 그러나 독일도, 프랑스도 모두 나라 문을 닫아 걸기에 바빴을 뿐 회원국인 이탈리아를 돕지 않았다. 오히려 도움을 준 나라는 중국과 러시아였다. 그 서운함이 유럽연합 탈퇴 여론으로 나타났다. 다행이 최근 유럽연합이 코로나 본드의 발행을 결정하고 이탈리아에 많은 지원을 해주기로 결정했다. 그 때문에 이탈리아인의 증오가 어느 정도는 완화된 듯해 보인다. 하지만 그 돈이 실제 지급되려면 상당히 많은 시간이 필요한 데다가 상환조건이 가혹하다며 이탈리아 안에서 정부 여당과 유럽연합을 공격하는 정치인이 많이 등장하고 있고 이탤렉시트당이 선봉에 서 있다고 봐야 한다. 브렉시트에 이어 이탤렉시트는 여전히 살아 있는 불씨다.

---

46 https://www.thelocal.it/20200420/italy-coronavirus-crisis-boost-far-right-euroscepticism

5장

방향을 잃은 중국몽

최강의 부국에서 비루한 변방국으로 그리고 광기의 나라로

중국은 코로나 이후 세계 질서 변동의 핵으로 등장했다. 중국을 이해하지 않고는 세계 질서의 변화를 이해할 수 없다. 중국은 공산주의 국가지만 자본주의 방식으로 세계의 공장이 되었고 글로벌 서플라이 체인의 중심이 됐다. 그 덕분에 막대한 부를 축적했으며 그 돈으로 많은 나라들에 영향력을 확대했다. 그 힘으로 세계의 질서를 바꾸는 작전에 돌입했고 기존 질서의 주역인 미국 및 서구 선진국과 충돌해 거대한 소용돌이를 일으키고 있다. 중국을 이해해야 세계가 보인다. 중국이 성장해온 과정부터 살펴보자.

중국은 원래 가장 부유한 나라였다. 앵거스 매디슨이 추정한 자료에 의하면 1820년까지 중국은 세계 GDP의 35퍼센트를 생산하고 있었다. 당나라, 송나라, 원나라, 명나라, 청나라는 모두 당시 세계에서 가장 부유한 나라였던 것이다.

그런데 1820년 무렵부터 중국의 비중은 갑자기 쪼그라들기 시작했다. 다음 그래프는 그 무렵부터 서유럽과 미국은 급상승하고 중국은 거의 수직 하락하는 상황을 보여준다. 사실 이것은 중국이 가난해졌기 때문이 아니라 서유럽이 급격히 부강해졌기 때문이다. 네덜란드의 상업혁명, 스페인의 신대륙 발견, 영국의 산업혁명 같은 사건 덕분에 서유럽 국가들이 급격히 강대국이 된 것이다. 특히 영국에서 시작된 산업혁명이 중국에게는 치명적이었다. 영국, 프랑스, 독일, 미국과 같은 나라의 생산력은 폭발적으로 성장하는데 중국은 문을 닫아 걸고 여전히 과거에 머물러 있었던 것이 문제였다. 중국의 상대적 비중이 쪼그라들 수밖에 없었다.

산업혁명으로 부강해진 나라들은 중국을 가만히 두지 않았다. 산업혁명의 선두주자인 영국은 1840년 아편전쟁을 일으켰고 승전의 대가로 홍콩을 빼앗았다. 광저우, 닝보, 상하이 등의 도시는 강제로 개항을 하게 된다. 프랑스, 러시아 등도 중국을 유린했다.

일본이 그 뒤를 이었다. 출발은 늦었지만 중국을 차지하는 일에 가장 공격적으로 뛰어든 나라가 일본이다. 1931년 만주사변을 일으켜 만주국을 세웠고, 1937년에는 중국 본토에 대한 전면전을 개

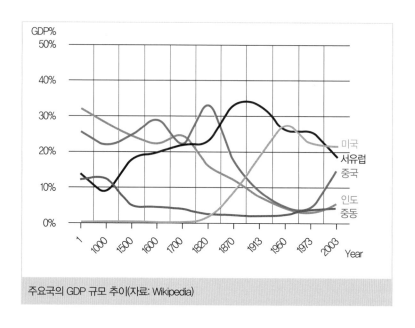

주요국의 GDP 규모 추이(자료: Wikipedia)

시했다. 중국과 장개석 군대는 일본에 철저히 유린당했다.

서양과 일본이 부강해지는 사이에 중국인은 뭘 했을까? 청 왕
조는 그야말로 지지부진, 우왕좌왕이었다. 그 와중에도 각성한 중
국의 청년, 지식인들이 들고 일어났다. 반란과 시위가 끊이지 않
았다. 가장 눈에 띄는 인물이 손중산, 즉 쑨원이다. 쑨원은 1911년
신해년에 대규모 시위를 일으켰고 만주족의 나라인 청나라를 부인
하고 한족의 나라인 중화민국의 성립을 선언한다. 중국 역사상 최
초로 왕이 아니라 국민이 주인인 나라, 즉 공화국이 탄생하는 장면
이다.

중화민국의 수도는 남경, 즉 난징이었으며 그 세력권은 남부였다. 북부는 군벌들이 장악하고 있었다. 북부의 군벌을 토벌하고 중화민국으로 통일을 이룬 주역이 장개석, 즉 장제스다. 장제스는 기독교도였고 중화민국은 서구식 자유민주주의를 추구했다. 완벽하지는 않지만 최소한 명분상으로는 자유민주주의를 지향했다.

그러는 사이에 중국에서는 또 다른 세력이 자라나고 있었다. 공산당이다. 그전에 소련 이야기부터 해두는 것이 좋겠다. 1917년, 러시아에서 볼셰비키 혁명이 일어났다. 레닌을 중심으로 한 소비에트 사회주의 국가가 들어선 것이다. 소련의 사회주의 혁명은 당시 서구 열강의 침탈을 받던 나라의 젊은이들에게는 희망의 등불이었다. 사회주의 · 공산주의 혁명을 통해 제국주의로부터 독립도 이루고 만민이 평등한 사회를 만들려는 열정으로 뜨거웠다. 공산주의 열풍은 중국으로도 옮겨 붙었다. 마오쩌둥은 토착 공산주의자이고 저우언라이, 덩샤오핑 같은 사람은 파리에 유학을 갔다가 공산주의자가 됐다. 중국 공산당이 설립된 때는 1921년이다. 쑨원이 창당한 국민당은 좌우를 가리지 않고 당원으로 받아들였다. 공산당원도 국민당원으로 받아들인 것이다.

그러나 쑨원 사망 후 국민당을 장악한 장제스는 공산당을 적으로 여겼다. 공산당이 중국을 소련식 소비에트 국가로 만들려 한다는 것을 간파했기 때문이다. 실제로 공산주의자들은 1931년 장시

성에 중화소비에트공화국을 수립하기도 했다.

장제스에게는 두 가지의 큰 골칫거리가 있었다. 국내적으로는 공산당이고 대외적으로는 일본의 침략이었다. 장제스는 일본과의 싸움보다 공산당 토벌에 더 힘을 쏟았다. 내부의 적이 더 위험하다고 여겼기 때문이다.

그러던 중 1936년 시안사변이라는 어처구니없는 일이 터진다. 장제스가 시안 시찰에 나섰다가 부하에게 감금을 당한 것이다. 공산당군을 토벌하라고 부사령관인 장쉐량을 시안으로 보내 놓고 격려차 시찰을 갔는데 장쉐량이 오히려 장제스를 감금해 버렸다. 장쉐량은 공산당을 토벌하지 말고 그들과 힘을 합쳐 일본군을 물리치자고 요구했다. 결국 장제스는 그 요구를 들어준다. 그것이 제2차국공합작이다. 정부군과 공산당의 홍군은 최소한 형식적으로는 힘을 합쳐 일본군과 싸웠다. 1945년, 드디어 일본이 항복하고 전쟁이 끝났다. 그건 중국군의 승리라기보다는 일본의 패배였고 미군의 승리였다.

어쨌든 중화민국은 전승국의 지위를 인정받아 미국의 루스벨트, 영국의 처칠과 함께 전후 국제 질서를 세우는 일에 동참하게 된다. 하지만 장제스의 국민당은 날로 세력이 커가는 공산당을 통제하지 못했고 1949년 결국 나라를 통째로 공산당에게 내주게 된다.

약체였던 중국 공산당의 홍군이 승리를 거둔 데에는 국공합작이 큰 역할을 했다. 공산당은 정부군과 합작하면서 정부군의 장비와 돈, 각종 군사기밀을 얻어 냈던 것이다. 중국 공산당은 결국 국민당군에게 승리했고, 1949년 10월 10일 중화인민공화국 수립을 선포한다. 장제스의 중화민국, 즉 국민당 정부는 대만으로 탈출해 임시정부를 만든다. 그것이 차이니스 타이베이, 즉 타이완이다.

중공은 탄생하자마자 전쟁에 나선다. 김일성이 대한민국을 치겠다며 도움을 청하니까 전투로 단련된 10만 명 사단을 통째로 내어 줬다. 김일성은 그들을 받아 인민군에 편입시켰다. 마오쩌둥은 김일성에 100만명을 추가로 더 보냈다고 한다. 여기에 대해서는 안세영 교수의 《위대한 중국은 없다》를 읽어 보기 바란다.

한국전쟁이 끝나자 공산당은 본격적인 소비에트화에 착수한다. 인민공사라는 것을 만들어 모든 인민을 그곳에 소속시킨다. 재산은 모두 징발하고 한 곳에 모여 공동식사를 하게 했다. 인민을 국가에 예속된 형태로 만든 것이다. 그런 상태에서 비현실적인 경제 목표를 세우고 밀어붙였다. 철강 생산량을 급격히 늘려 15년 안에 공업으로 영국을 따라잡겠다고 나서기도 했다. 동네마다 진흙을 쌓아 용광로를 만들게 하고 쇠붙이란 쇠붙이는 농기구 냄비까지 갖다가 녹이게 했다. 쓸모없는 쇠덩이를 만들어낸 것이다. 그러니 인민들은 시간이 없고 도구가 없어서 농사도 짓지 못하게 됐다.

더욱 어처구니없는 일도 벌어진다. 마오쩌둥은 참새가 곡식을 쪼아 먹는다며 참새를 박멸하라는 지시를 내린다. 전 인민이 들고 일어나 참새를 잡은 결과 참새의 씨가 마르게 된다. 그러자 메뚜기의 세상이 됐다. 천적이 없어졌기 때문이다. 안 그래도 농사가 잘 안되는데 메뚜기까지 기승을 부리니 농업 생산이 급감했다.

식량이 부족해지면서 사람이 사람을 잡아먹는 지경까지 되어 버렸다. 홍콩대학교 디쾨터 교수가 공산당 문서를 다 뒤져서 밝혀낸 사실을 옮긴 책 《마오의 대기근》을 참조하시기 바란다. 당시의 참상은 말로 표현할 수 없었다. 6000만 명이 아사했다는 설이 있다. 아무튼 인민공사, 대약진운동 등 마오쩌둥이 야심 차게 추진했던 사업들은 대실패로 끝나고 말았다.

이렇게 되자 류사오치, 덩샤오핑 같은 실용주의자들이 목소리를 내기 시작한다. 이들이 사유재산을 다시 인정하는 등의 정책을 추진하고 마오쩌둥은 뒷전으로 밀려나게 된다. 그는 그것을 참을 수 없었다. 그의 열혈 지지자들과 어린 아이들을 부추겨 홍위병을 조직하고 거리로 나서게 만든다. 그들이 전국을 돌며 마오의 반대자들을 모두 잡아다가 모욕을 주고 잔인하게 죽였다. 이 과정에서도 수백만 명이 살해당한 것으로 알려져 있다.

공산당이 집권하고 나서 중국은 광기와 공포로 가득한 세상이 된 것이다. 사람 목숨이 파리 목숨처럼 여겨지던 시기다. 물론 인민들은 낙원이 올 줄 알고 공산당과 함께 싸웠을 것이다.

그런데 한국의 리영희는 《전환시대의 논리》, 《8억인과의 대화》, 《우상과 이성》과 같은 책에서 그것을 중국의 새로운 탄생, 새로운 인간의 탄생 과정이라고 찬양했다. 많은 정치인이 그 책에 감명받으며 아류 모택동주의자가 되었다. 필자도 대학을 다닐 때 《우상과 이성》을 읽으며 미국을 욕했던 기억이 난다.

하지만 실상은 정반대였다. 마오쩌둥은 유일신처럼 모셔졌지만, 중국 인민은 지옥에 빠지는 공포에 떨어야 했다. 하루하루 목숨을 부지할 수 있을지 걱정해야 하는 삶이었다. 그런 세상이 10년간 계속됐다. 1976년 9월 9일, 마오쩌둥은 그렇게 중국을 지옥으로 만들어 놓은 채 사망한다. 중국의 인민에게 그제야 살길이 열리게 된다.

공산주의를 양보해서
돈을 벌다

1976년 마오쩌둥이 세상을 떴다. 1949년부터 거의 30년을 다스려온 절대 권력자가 사라졌으니 권력 공백이 생겼고 치열한 권력 투쟁이 벌어졌다. 공식적인 후계자는 마오쩌둥이 생전에 지명한 화궈펑(華國鋒)이었고 마오쩌둥의 통치 방식을 이어가고자 했다. 그러나 화궈펑은 덩샤오핑의 상대가 되지 못했다. 결국 그는 1981년에 실각하고 덩샤오핑이 최고 지도자의 자리에 오른다.

그러는 사이 뜻밖의 사건이 발생했다. 안후이성 샤오강촌(安徽省 小崗)이라는 곳에서 18인의 농부가 비밀리에 일종의 반란을 일으킨 것이다. 폭력적 반란은 아니고, 공산주의가 아닌 자본주의 방식을 시작했다는 의미에서 반란이다. 농부들끼리 각자 일해서 정부에 일정 분만 납부하고 나머지는 각자 알아서 가지자는 밀약을 맺은 것이다. 이것은 매우 불온한 행동이었다. 마오쩌둥 시절 중국의 농민은 모두 인민공사에 강제 소속됐다. 같이 먹고 같이 생산하고 같이 잤다. 사유재산 같은 것은 없었다. 그야말로 공산주의 사회였다. 그 결과는 극심한 빈곤이었다.

아사 지경에 몰린 샤오강촌의 농민들이 비밀리에 자본주의 방식을 채택한 것이다. 죽음을 각오한 행동이었다. 하지만 밀약의 결과는 놀라웠다. 그 방식으로 1년 생산한 양이 그 이전에 5년 동안 생산한 양을 합친 것만큼 됐던 것이다. 마오쩌둥 시절이라면 당장 처형당했겠지만, 덩샤오핑은 1980년에 그 방식을 오히려 전국으로 확산시켰다. 이같은 농가책임생산제를 포간도호(包幹到戶)라고 부른다. 포간도호 덕분에 중국의 농업 생산량은 폭발적으로 는다. 1985년에는 농작물을 수출까지 하게 됐다.

향진기업이라는 형태로 소규모의 민간기업도 허용했다. 그 결과도 폭발적이었다. 1978년 이전 하나도 없던 민간기업이 10년 후인 1988년 1453만 개나 생겨난다. 고용된 직원도 2300만 명에 이르게 된다.

사실 공산당에게 민간기업은 고민스러운 존재다. 직원을 고용한 사업주는 한편으로는 일자리를 제공하는 것이지만 공산주의자의 관점에서는 자본자가 노동자를 착취하는 셈이 되는 것이다. 당연히 이 문제를 두고 중국 사회 내에서 심각한 논쟁이 벌어졌는데 덩샤오핑은 민간기업 체제의 손을 들어준다. 덩샤오핑이 없었다면 중국은 경제 발전이 불가능했을 것이다.

한편 개혁파들은 사기업체제의 도입뿐 아니라 개방에도 적극적이었다. 세계의 자본과 시장을 활용하고 싶어 했다. 그러려면 미국, 일본 같은 서방국가에 머리를 숙여야 했다. 1978년, 덩샤오핑은 미국과 수교를 마무리하고 1979년에는 직접 미국을 방문했다. 텍사스의 한 목장에서 덩샤오핑이 카우보이 모자를 쓰고 웃는 모습이 TV를 통해 미국 전역에 방영됐고 미국인들은 그 모습에 매료당했다. 미국인들이 중국을 믿기 시작한 것이다.

그런 상태에서 덩샤오핑은 외국인 투자자가 마음 놓고 투자할 수 있도록 홍콩 바로 곁인 셴젠에 경제특구를 조성했다. 또 상하이의 푸동 지구에 초현대식 고층빌딩 타운을 조성했다. 중국이 미래를 향해 마음을 열었음을 보여주는 일종의 쇼룸을 만든 것이다. 덩샤오핑의 이런 노력은 대성공을 거둬 외국인 투자가 중국으로 밀려들기 시작했다.

중국인들은 원래 돈에 악착같은 면이 있다. 중국 식당에 여기 저기 붙여 있는 복(福)자, 이것은 부자의 부(富)와 발음이 같다. 자동차 번호판 중 가장 비싼 것은 8888인데, 이유는 부자가 된다는 파차이(發財)의 첫 자와 발음이 같기 때문이다. 중국인들은 새해 인사도 공시파차이(恭喜發財), 즉 '돈 많이 버세요'로 한다. 마오쩌둥 시절부터 억눌려온 그 파차이 욕구가 개혁개방 정책으로 풀려나게 되었다. 고기가 물을 만난 격이다. 그들은 세계를 상대로 해서 억척같이 돈을 벌기 시작했다.

학교가 다시 공부하는 곳으로 바뀐 것도 큰 변화다. 문화대혁명 시절, 학교는 공부하는 곳이 아니었다. 학교는 교사가 아니라 어린 학생이 접수했다. 누굴 죽일지, 모욕을 줄지나 궁리하는 곳이 된 것이다. 그런 학교도 새 시대를 맞아 정상화돼 갔고 학생들이 치열하게 공부하는 시대가 돌아왔다.

농촌의 농가책임경영제와 사기업 활동이 허용되면서 중국인들의 소득이 늘기 시작했다. 하지만 부작용도 엄청났다. 물가가 오르고 빈부격차가 생겨났다. 당간부들이 뇌물을 받아 부자가 되는 일도 비일비재했다. 인민의 불만이 쌓여갔다.

어느 정도 자유를 누리게 된 대학생은 그 불만을 표출하기 시작했다. 1989년 4월 급기야 후야오방(胡耀邦) 전 총서기의 장례를 계기로 천안문 광장에 모인 20만 명이 공산당의 정책을 비판하기에 이르렀다.

하지만 덩샤오핑은 정치적 자유까지는 허용하지 않았다. 개혁개방을 하기는 했지만 중국은 엄연한 사회주의 국가였다. 즉, 경제분야에서만 사유재산과 경제자유를 허용한다는 것이지 정치적 민주주의까지 허용된 것은 아니었다. 탱크가 동원되었고 시위대는 무참히 학살됐다. 우리가 천안문 사태라 부르는 사건이다.

이렇게 되자 당 내에서 개혁개방 정책에 대한 비판이 쏟아졌다. 덩샤오핑의 위상이 흔들리는 듯했다. 하지만 덩샤오핑은 곧 다시 권력을 잡는 데 성공했다. 남순강화(南巡講話)라는 것이 돌파구였다. 위기에 몰린 덩샤오핑은 남쪽의 경제특구인 센젠과 우한, 상해 등을 방문해서 도시의 모습을 중국 전역에 보여줬다. 남쪽을 순방하며 이야기를 했다고 해서 남순강화라 불린다. 작은 어촌에 불과했던 센젠은 놀랄 정도로 발전해 있었다. 중국인들은 개혁개방의 필요성을 다시 느끼게 되었다.

등소평은 남순강화를 계기로 특구에 한정돼 있던 외국인의 투자를 거의 전역으로 확대했다. 이렇게 되면서 외국인 직접투자는 급격히 증가하기 시작했고 중국인의 소득도 덩달아 급증했다. 1989년 베를린 장벽의 해체와 1991년 12월 26일 소련연방의 해체도 덩샤오핑에게 힘을 실어준 요인이다. 소련 공산당이 붕괴된 후 러시아가 겪은 무정부상태를 중국의 지도부는 원하지 않았던 것이다.

덩샤오핑은 1997년 2월 19일 사망했다. 1978년부터 1996년까지 중국 경제는 연평균 10퍼센트의 성장을 이어왔다. 위대한 업적이다.

덩샤오핑을 이어받은 인물은 장쩌민(江澤民)이었다. 장쩌민에게는 큰 고민이 있었다. 사유재산과 시장경제 방식으로 성장을 하다 보니 무수한 부자들이 생겨난 것이다. 원래 공산당에게 부자는 적이다. 부자, 즉 자본가를 타도한 후 프롤레타리아 독재를 하는 것이 공산당의 기본 강령이다. 그런데 개혁개방 정책을 펼치다 보니 자본가들이 생겨난 것이다. 강령과 현실이 충돌했다. 장쩌민은 이 모순을 해결하고자 '3개대표론'을 들고 나온다. 공산당은 노동자·농민만 대표하는 것이 아니라 민간기업가와 지식인도 대표한다는 것이다. 그래서 '3개대표론'이다. 이 이론은 2002년 공산당 강령에 포함돼 헌법에도 들어간다.

그 사이 중국은 엄청난 변화를 겪는다. 2001년에 중국이 WTO에 가입한 것이다. 사실 WTO는 자유무역을 표방하는 시장경제 국가의 기구여서 중국은 자격이 없었다. 개방되었다고는 하나 시장경제 국가에 비하면 여전히 닫힌 나라였다. 국내 경제에 대한 통제도 심했다. 당연히 반대하는 회원국이 많았다. 그 나라들을 설득해서 중국을 회원국으로 받아들이게 한 사람이 미국의 클린턴 대통령이다. 그는 의회 연설에서 이렇게 말했다.

"개개인이 꿈을 실현하면 (정부에) 더 많은 요구를 하게 될 것이다. 인터넷 발전과 맞물려 중국은 미국처럼 변모할 것이다."

중국의 현재 모습은 클린턴이 지나치게 순진한 생각을 가졌던 것임을 보여준다. 하지만 그 당시에는 클린턴의 예상이 맞는 듯해

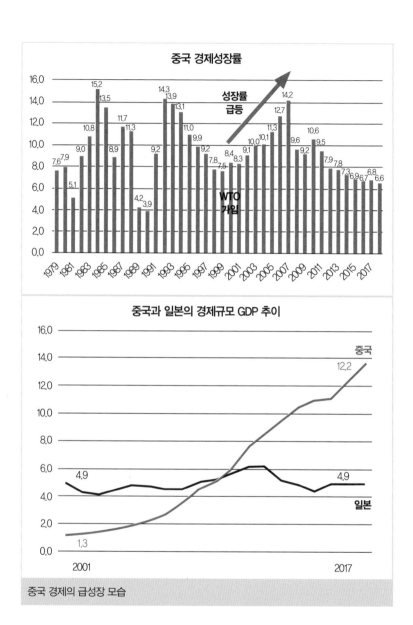

중국 경제의 급성장 모습

보였다. WTO 가입으로 중국은 엄청나게 변화하는 모습을 보여주었다. 철저히 닫혀 있던 중국의 많은 시장이 개방되기 시작했다. 물론 서방국가의 개방 정도와는 비교가 안 되지만 그 이전에 비해서는 상당한 변화임이 분명했다.

WTO 회원국이 되면서 중국은 명실상부한 세계의 공장이 되어갔다. 중국 경제의 성장률은 다시 10퍼센트대로 올라선다. 경이적인 성장이 다시 시작된 것이다. 가입 당시 1조3000억 달러이던 GDP는 2017년 12조2000억 달러가 돼 세계 2위로 올라선다.

승승장구하던 중국도 2008년 세계경제 위기라는 암초를 만나게 된다. 수출 수요가 급격히 줄어들었기 때문이다. 중국은 내수확대로 돌파구를 마련했다. 중국 정부는 4조 위안(당시 약 800조 원)의 재정을 풀어 내수경제 살리기에 올인했다. 기업들, 특히 국영기업에게 돈을 대출해 줘서 전국 각지에 인프라를 건설하게 했다. 부동산 붐이 일고 자동차·가전산업 등 중국 내수 시장이 빠르게 살아났다. 그 덕분에 한국을 비롯한 아시아 국가의 대중 수출이 늘어 세계적 불황이 어느 정도 보충됐다. 중국이 세계 경제를 구원한 셈이다.

하지만 경이로운 성장의 그늘에서 해결하기 힘든 문제가 자라나고 있었다. 첫째는 환경오염이다. 대기오염이 감당하기 어려운 지경이 되어 버렸다. 둘째 빈부격차다. 지니계수가 0.73으로 세계에서 가장 심각한 수준이다. 공산주의를 표방하는 국가에서 극단의 빈부격차가 생겨났다는 것은 아이러니하다. 셋째는 부채다. 내수 경기를 자극하느라 돈을 많이 풀었고 그것을 가져다 쓴 기업들이 빚더미에 올라앉았다. 넷째는 부패다. 당간부와 관료가 공공연히 뇌물로 부자가 됐다. 당연히 인민의 불만이 고조될 수밖에 없다.

뭔가 변화가 필요했다. 그때 등장한 지도자가 2012년 선출된 시진핑(习近平)이다. 그는 덩샤오핑이 만들어 놓은 것과는 전혀 다른 중국을 만들기 시작한다.

공산당의 꿈, 중국의 꿈

2013년 이후의 중국은 시진핑의 나라다. 그 이전 30여 년 동안의 중국과는 매우 다른 나라로 변하기 시작했다. 1978년부터 2012년까지 중국인은 상당한 자유를 누렸고 그 덕분에 부유해지고 유식해졌다. 기업도 국퇴민진(國退民進), 즉 국영기업이 퇴조하고 민간 기업들이 약진했다. 세계가 중국으로 몰려들었고 중국인도 세상을 알아가기 시작했다. 그러나 2013년 이후의 중국, 시진핑의 중국은 완전히 달라졌다. 인민은 내려앉고 시진핑과 공산당만 드러나게 됐다. 경제적으로는 국퇴민진 대신 국진민퇴(國進民退), 즉 국영기업이 약진하는 반면 민간 기업은 퇴조하는 현상이 진행되고 있다.

자유가 후퇴하면서 경제도 성장속도가 떨어졌다. 대외적으로는 세계의 패권을 장악하려다 세계 곳곳에서 마찰을 빚고 있다.

시진핑은 2012년 11월 중국 공산당 제18기 중전회에서 중국 공산당 총서기에 선출됐다. 2013년 3월에는 전국인민대표대회에서 국가주석과 국가중앙군사위원회 주석으로도 선출됐다. 당과 국가, 군사의 3개 권력을 모두 장악한 것인데 이는 78년 이후 유지돼 오던 권력분산의 원칙이 무너졌음을 뜻한다.

시진핑은 최고 권력을 장악하자마자 중국몽을 비전으로 제시했다. 여러 가지 미사여구를 제하고 나면 결국 옛 중화제국의 자리를 되찾겠다는 내용이다. 그가 가장 먼저 착수한 일은 부패와의 전쟁이었다. 중국 인민은 거기에 박수를 보냈다. 개혁개방 이후 중국 관료의 부패는 극에 달해 있었다. 뇌물을 주지 않고는 중국에서 사업하기 어렵다는 것은 누구나 경험한 바다. 당연히 당간부와 관리들은 뇌물과 특혜로 엄청난 돈들을 벌어 왔던 것이다. 부패한 관료를 응징하는 모습에 중국 인민들은 속이 시원해졌을 것이다.

극심한 부패에는 그럴 만한 이유가 있었다. 1989년, 천안문광장에 100만 명이나 나와서 항의를 해봤지만 돌아오는 건 잔혹한 학살이었다. 중국인은 인권을 포기하는 대신 돈벌이에만 몰두하게 됐다. 그 덕분에 중국이 세계의 공장으로 올라섰지만 부작용도 견디기 힘든 수준으로 커졌다.

그 적나라한 모습이 여러 군데서 흉한 모습을 드러내기 시작했다. 충칭 대지진 때 사람들이 경악한 이유가 사상 실종자 48만 명이라는 피해 규모 때문만은 아니었다. 무너진 건물의 뼈대 속에서 철근 대신 대나무가 드러났다. 그렇게 눈가림식으로 지어졌으니 성한 건물이 없었던 것이다. 2008년에는 중국산 분유에 치명적인 멜라민이 포함되었음이 밝혀져 중국산 유제품을 섭취했을 수도 있는 세계인을 불안에 떨게 만들었다. 인민의 안전이 이런 지경에 처했는데도 당간부와 공무원들은 위부터 말단까지 뇌물을 받아먹느라 눈을 감고 있었던 것이다.

시진핑은 그들에게 철퇴를 가했다. 고위직은 호랑이, 하급직은 파리라 부르면서 부패 척결 작전을 벌인 결과 150만 명에 이르는 권력자가 처형되거나 또는 어떤 식으로든 처벌을 받았다. 인민들은 시진핑에게 박수를 보냈다. 하지만 관리라면 뇌물을 받지 않은 자가 거의 없는 상황에서 부패 척결 작전은 반대파에 대한 숙청을 뜻하기도 했다.

부패 척결은 전 국민에 대한 감시 체제로 이어졌다. 시진핑의 통치가 진행되면서 중국은 전과는 다른 나라로 변해갔다. 그전까지는 비록 정치적 자유는 없지만 경제적으로는 상당히 자유롭고 활기찬 나라로 변해 있었다. 그러나 시진핑 체제에서 중국 사회는 철저한 통제 체제로 변해갔다. 세계 최고 수준의 AI 안면인식 기술은 주민을 감사하고 통제하는 수단이 되었다.

국내적으로는 부패 척결과 감시 체제를 강화하면서 대외적으로는 일대일로 정책을 선언했다. 중국이 주도해서 세계를 도로, 철도, 파이프라인, 인터넷 등 인프라로 연결하겠다는 사업이다. 중국은 2000년대 초반부터 아시아와 아프리카의 나라에 상당히 적극적으로 인프라 투자를 해오고 있었다. 그 기반 위에서 시진핑은 실크로드의 이미지를 빌려와 일대일로 정책을 선언한 것이다. 전 세계를 중국의 영향권 하에 두겠다는 원대한 계획이다. 정확한 숫자는 알 수 없지만, 2019년 말 현재 130여 개 국가가 이 프로젝트에 서명한 것으로 알려졌다. 금액은 월드뱅크 추산으로 5750억 달러, 우리나라 돈으로는 690조 원에 달한다.

덩샤오핑은 개혁개방을 하면서 간부들에게 도광양회(韜光養晦)를 당부했다. 속마음을 감추고 실력부터 기르라는 말이었다. 그러나 시진핑의 정책은 도광양회가 아니라 돌돌핍인(咄咄逼人)으로 표현하는 것이 정확하다. 돌돌핍인은 상대를 거칠게 몰아붙인다는 뜻이다.

중국 외교의 위압적 노선은 90년대 후반부터 서서히 쌓아온 것이라 봐야 한다. 그 무렵부터 경제력이 커진 중국인은 그 힘을 드러내고 싶어 했다. 《노라고 말할 수 있는 중국》 같은 종류의 책이 중국 내에서 큰 인기를 끌었다는 점은 세계 패권에 대한 중국인들의 욕구가 어떤지를 드러내 준다. 시진핑은 중국 인민을 대표해서 미국의 패권에 도전하기 시작했다. 중국은 푸틴의 러시아와 더불어 세계 전체주의 세력의 후원자가 되어 갔다.

시진핑의 중국이 이렇게 거칠게 위세를 드러내고 있지만 중국의 실질적 힘은 오히려 약해지고 있다. 첫째는 경제력이다. 중국의 힘은 놀랍도록 성장하는 경제라는 성장 동력에 있다. 2007년에는 무려 14.2퍼센트의 성장률을 기록했다. 하지만 그 후로는 지속적으로 성장률이 추락해서 2019년은 6.1퍼센트로 내려앉았다. 코로나19 사태로 2020년에는 4퍼센트도 달성할지 의문이다. 중국이 머지않아 미국을 누르고 세계 1위 경제대국이 될 거라는 예측은 실현되기 쉽지 않을 것 같다.

코로나19 사태가 끝나더라도 성장률 하락 추세는 돌이키기 쉽지 않다. 중국 경제의 구조적 변화 때문이다. 중국 경제에 성장을 안겨준 것은 세계를 향한 개방과 민간기업의 번창이었다. 그러나 그 두 가지가 다 사라지고 있다. 미국이 관세 인상을 통해 중국 제품의 수출을 막아섰고 중국 스스로도 '중국제조 2025' 등의 정책으로 자력갱생을 지향하기 시작했다.

이와 더불어 국진민퇴, 즉 민간기업이 위축되고 국영기업은 키지는 현상이 뚜렷해지고 있다. 국영기업은 민간기업에 비해 수익성이 낮기 때문에 국진민퇴는 중국 경제 전체의 성과를 낮추기 마련이다. 〈월스트리트저널〉의 보도에 따르면 2019년 10월 현재 중국 민영기업 중 적자 기업의 비중은 17.7인데 비해 국영기업 중 적자 기업 비율은 33%에 달한다. 국영기업의 적자 기업 비중이 거의 두 배나 더 많다. 앞으로는 더 많은 기업이 민영기업을 대체할 텐데 그럴수록 중국 경제 전체의 수익성도 낮아질 것이다.

셋째는 일대일로 정책의 한계 때문이다. 일대일로는 규모가 크기는 하지만 경제성은 약한 투자다. 송유관, 가스관 같은 투자만 봐도 그렇다. 원유나 가스의 수송은 육상 수송보다 해상 수송이 저렴하다. 그럼에도 불구하고 중국이 파이프라인을 건설하는 이유는 미국의 봉쇄에 대비하기 위함이다. 파키스탄, 미얀마 같은 나라에 돈을 빌려줘 가며 그런 투자를 하고 있는데 못 받을 가능성이 높다. 즉, 경제적 관점에서 봤을 때 일대일로는 뭔가 있어 보이지만 결국은 쓸데없는, 안 해도 되는 일을 하는 것이라는 말이다. 그런 투자가 많아질수록 중국 경제의 수익성은 낮아지기 마련이다. 즉, 경제가 수렁으로 빠져든다.

2020년 중국은 코로나19의 발원지가 되었고 지금까지도 세계에 엄청난 피해를 입히고 있다. 초기에 투명하게 일을 처리했다면 막을 수 있었던 일이었다. 또 시민들이 자율적으로 행동하지 못하고 시진핑의 결정을 기다려야 해서 일을 키웠다. 시진핑 1인 독재, 공산당의 1당 독재의 한계가 명백히 드러났다.

1949년, 중국 공산당이 집권한 지 70년이 지났다. 대다수의 인민이 사회주의 공화국의 탄생으로 낙원이 도래하리라 기대하며 희망에 부풀었지만 현실로 닥친 것은 고통스러운 대약진운동, 학살로 얼룩진 문화대혁명이었다. 한편 1978년부터 34년 동안은 공산국가 같지 않은 시기였다. 그 덕분에 큰 돈을 벌었고 세계 2위의 경제 대국이 됐다. 2013년 시진핑 이후의 중국은 공산당 본래의 모습을 찾아가고 있다. 중국 인민은 중국몽, 즉 위대한 중국이라는 꿈에 부풀었지만 실제로는 다시 고통 속으로 빠져들고 있다.

　아메리칸드림은 모두는 아니지만 그래도 세계의 많은 이들을 이롭게 했다. 차이니즈 드림, 중국몽도 그럴까? 지금의 모습은 그것과는 정반대다. 사람들은 중국을 빠져나오고 있다. 중국인 자신도 고통의 심연으로 빠져들고 있다.

일대일로,
중국 경제의 수렁이 될 것인가

일대일로 정책의 1차적 의미는 중국이 주변 국가를 철도, 도로, 가스관, 송유관, 인터넷망 같은 인프라 시설로 연결하는 프로젝트다. 필요한 자금은 중국이 참가국에게 대출로 제공하고 공사는 대부분 중국 기업이 담당한다.

2013년에 시작했으며 참가의향서에 서명한 국가는 130여 개국인 것으로 알려져 있다. '알려져 있다'는 표현을 쓴 이유는 중국이 이 사업과 관련된 공식적 정보를 제공하고 있지 않기 때문이다. 따라서 대부분의 중국 관련 정보가 그렇듯이 일대일로 관련 정보도 추정에 근거하고 있다.

현재까지 사업이 이뤄진 나라는 60여 개국인 것으로 추정된다. 월드뱅크의 추정에 따르면 사업 금액은 5750억 달러, 우리 돈으로 환산하면 690조 원에 달한다. 앞으로의 사업 규모에 대해서 실크로드 어소시에이트와 법무법인 베이커 맥켄지(Silk Road Associates and law firm Baker McKenzie)는 2030년까지 1조3000억 달러, 우리 돈으로는 1500조 원 정도가 투입될 것으로 추산했다. 참고로 2018년 우리나라의 명목 GDP는 1780조 원이다.

규모가 엄청난 만큼 파급효과도 엄청날 수 있다. 잘되면 세계 번영의 촉진자가 될 수 있지만 잘못될 경우 중국과 더불어 참가국의 동반 몰락을 가져올 수 있다. 결론부터 말하자면 후자의 가능성이 작지 않다. 그 이유를 살펴보자.

일대일로는 중국이 미국과 운명을 건 대결을 벌이는 과정에서 등장했다. 미국은 중국과의 대결을 문명의 갈등으로 보는 것 같다. 미국무부 정책기획국장 카이론 스키너의 2019년 4월 29일 발언이 그 같은 추정을 뒷받침한다. 그는 중국과의 갈등이 문명 충돌의 성격이 있으며 비(非)코커서스 인종과의 첫 번째 다툼이라고 말했다. 코커서스 인종이란 대개 백인을 가리킨다.

"중국과의 경쟁은 완전히 다른 문명 및 이데올로기와의 싸움이다. (…) 미국은 사상 처음으로 코커서스 인종이 아닌 거대한 경쟁자와 마주하고 있다."

2주 후에 시진핑은 이 발언에 대한 반박 성격이 짙은 발언을 했다. "자신의 인종과 문명을 다른 문명보다 더 우월하다고 여겨 다른 문명을 개조하거나 대체하려 한다면 어리석을 뿐 아니라 재앙을 불러올 것이다."

중국의 최고 권력자인 시진핑이 국무부 국장의 발언에 반박했을 리는 없을 것 같다. 트럼프 대통령이나 미국을 이끌어가는 엘리트들이 들으라고 한 소리일 것이다. 스키너 국장의 발언이 미국 지도부의 공통된 정서를 반영한다고 보았기 때문일 것이다. 여러 가지 여론조사 결과나 정치인의 발언들을 보면 미국에는 반중 분위기가 상당히 고조되어 있음이 분명하다. 반중에는 여야의 구분도 없어졌다. 바야흐로 미국이 대변하는 서구 문명과 중국이 대변하는 비서구 문명 사이의 거대한 충돌이 시작됐다.

미국 문명이 담고 있는 가치는 개인의 자유, 민주주의, 사유재산과 시장경제 이런 것들이다. 반면 시진핑의 중국이 지키려고 하는 가치는 개인보다 국가, 사회주의 통제 경제, 인민민주주의 또는 전체주의 이런 것들이다.

이 두 문명이 상호 공존하기 힘들다는 사실은 2010년 노벨 평화상 수상식에서 극명하게 드러났다. 노르웨이 노벨상 위원회는 그해 중국의 토착 민주화 운동가 류샤오보에게 노벨평화상 수여를 결정했다. 그는 중국인의 애국주의와 편협한 민족주의를 비판하면서 중국 사회가 서구 문화를 온전히 받아들여야 한다고 주장했다. 노벨상 위원회가 그런 류샤오보를 평화상 수상자로 결정했지만 류샤오보를 위해 준비한 수상식장의 의자는 끝까지 비어 있었다. 그 시간 류샤오보는 중국의 감옥에 갇힌 상태였다. 중국 공산당은 서구의 문명을 용납할 수 없고, 중국에 서구의 가치를 전파하려는 류샤오보 또한 용납할 수 없었다. 중국 외교부는 오히려 노르웨이 정부를 향해 내정간섭을 하지 말라며 목소리를 높였다.

오랜 기간 동안 미국은 낭만적 시각으로 중국을 대해왔다. 미국 및 선진국과 무역을 하고 소득이 늘면 중국도 일본이나 독일처럼 자본주의 진영의 일원이 될 거라고 봤다. 그래서 기술과 자본이 중국에 투자되는 것을 허용했고 그렇게 생산된 중국 상품에 시장을 열어줬다. 그 결과 세계에서 가장 가난한 나라이던 중국은 경제강국이 됐다.

하지만 미국인의 기대는 좌절됐다. 경제가 발전하는데도, 무역이 늘어나는데도 중국은 공산주의와 전체주의를 버리지 않았다. 2012년 시진핑 집권 이후 중국의 반서구적, 전체주의적 성향은 더욱 강고해졌다. 미국은 뒤늦게 정신을 차리고 본격적으로 중국 봉쇄에 나섰다. 2012년 오바마의 피봇투아시아(Pivot To Asia)는 그 서막이었다. 트럼프 행정부에 들어서는 중국과의 무역전쟁, 인도태평양전략(Indo-Pacific Strategy), 화웨이 제재와 같은 기술 분야에서의 중국 제재 등 전방위적 압박으로 발전하고 있다.

중국도 물러설 수 없었다. 국내적으로는 중국인이 미국식 자유에 '오염'되는 것을 막아내야 했다. 류샤오보 때문에 국제적 망신을 당한 뒤라 더욱 사상의 고삐를 조일 필요가 있었다. 국제적으로도 미국의 봉쇄와 견제에 맞서야 했다. 시진핑의 중국몽은 그런 맥락에서 나왔다고 봐야 할 것이다. 미국에 맞서 중국의 세계, 비서구적 문명의 연합체를 만들겠다는 것이다. 그리고 본격적으로 세력확장에 나섰다. 그것이 일대일로다. 그동안 넘치게 번 달러를 풀어서 돈이 궁한 나라들을 세력권에 포섭하는 정책이다.

일대일로는 중국 주도의 세상을 넓히는 효과는 있지만 경제적 관점에서는 매우 비효율적이다. 투자된 것에 비해 얻을 것은 보잘 것없음이 속속 드러나고 있다. 쉽게 말하면 적자 사업의 집합인 셈이다.

블룸버그 칼럼니스트인 데이빗 피클링(David Fickling)이 사례를 들어 상세히 설명했다.[47] 중국과 미얀마는 2013년 일대일로 정책의 일환으로 미얀마에서 중국 쿤밍까지 25억 달러를 들여 가스관 및 송유관을 개통했다. 그런데 그 시설이 대부분 유휴화되고 있다고 한다. 가스관의 수송 능력은 연간 8900만 톤이어서 최소한

---

47 https://www.bloomberg.com/opinion/articles/2018-08-12/soviet-collapse-echoes-in-china-s-belt-and-road-investment

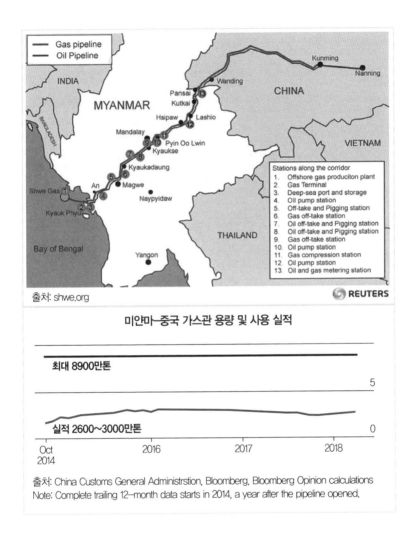

출처: shwe.org

미얀마─중국 가스관 용량 및 사용 실적

최대 8900만톤

5

실적 2600~3000만톤

0

Oct
2014

2016

2017

2018

출처: China Customs General Administrstion, Bloomberg, Bloomberg Opinion calculations
Note: Complete trailing 12-month data starts in 2014, a year after the pipeline opened.

4500만 톤은 수송을 해야 석자를 면한다. 그런데 실제 수송 실적
은 2600~3000만 톤으로 용량의 3분의 1 정도만 사용되고 있음이
드러났다. 그나마 가스는 사정이 나은 편이다. 원유 수송용 송유관

은 몇 년간 계속 사용되지 않다가 2017년에야 처음 가동을 시작했을 정도다. 파이프라인의 종점인 쿤밍에 일일 26만 배럴을 처리할 수 있는 규모의 석유 정제 시설을 만들었는데 그것 역시 제대로 쓰이지 못하고 있다.

도로와 철도 역시 사정은 비슷하다. 중국은 화물수송을 대부분 바닷길로 해왔다. 중량 기준으로는 94퍼센트, 금액 기준으로는 64퍼센트를 해상 운송이 담당해왔다. 해상 수송의 비중이 높은 이유는 비용이 저렴하기 때문이다. 길이 400미터에 달하는 거대한 컨테이너선과 편리한 부두가 있는 하역 시설 덕분에 해상 수송의 비용은 매우 낮아졌다. 도로나 철도 수송은 그것에 비하면 불편하고 비용도 많이 든다. 그렇기 때문에 일대일로 정책으로 만들어지는 도로와 철도 등은 상당수가 유휴시설이 될 수밖에 없다. 말하자면 미국과 전쟁이 벌어져서 해상 수송로를 사용할 수 없을 때나 쓸모가 생겨날 시설들이다. 어찌 보면 일대일로는 전쟁을 대비한 투자의 성격을 강하게 띠고 있다. 그러다 보니 평화가 지속되는 상황에서는 돈만 많이 들인 무용지물이 되었다.

사업의 성격이 이렇기 때문에 일대일로 참가국들은 빚의 수렁에 빠지게 된다. 중국이 제공하는 일대일로 자금은 무상이 아니라 대출이어서 결국 참가국이 갚아야 한다. 금리도 시장이자율 또는 그보다 높은 금리를 부과한다고 한다.

문제는 사업의 성격상 상환이 쉽지 않다는 것이다. 돈을 빌린 나라의 입장에서는 수익이 나와야 원리금을 상환할 수 있다. 시작할 때는 해당 시설을 통해 중국으로부터 비즈니스 수익을 올릴 것이라 기대하는 경우가 많은데 앞에서 설명한 이유 때문에 수익은 잘 발생하지 않는다. 그러다 보니 일대일로 참가국들은 십중팔구 악성 국가부채를 짊어지게 된다.

다음 그림은 글로벌개발센터(CGD, Center for Global Development)라는 싱크탱크가 일대일로 정책 참가국을 대상으로 부채 위험을 평가한 결과다.[48] 빨간색이 '매우 위험'한 상태, 검은색은 '상당히 위험'한 상태를 나타낸다. 몽골, 파키스탄, 타지키스탄, 지부티, 몰디브 같은 나라는 빨간색이다. 상당한 위험에 해당되는 검은색 나라는 더욱 많다. 말레이시아, 스리랑카 등 여러 참가국이 중국과 갈등을 빚고 있는 것은 이런 이유 때문이다.

악성 부채의 위험에 노출돼 있기로는 중국도 마찬가지다. 상대방 국가들이 빚을 갚지 못하면 그 부담은 고스란히 채권자인 중국 자신의 부실채권이 되기 때문이다. 물론 참가국이 빚을 못 갚을 경우를 대비해 중국은 사용권 등을 담보로 설정한다. 하지만 애초에

---

48 Examining the Debt Implications of the Belt and Road Initiative from a Policy Perspective, center for Global Development, 2018.
https://www.cgdev.org/publication/examining-debt-implications-belt-and-road-initiative-a-policy-perspective

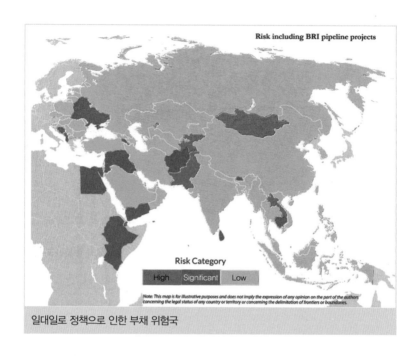

일대일로 정책으로 인한 부채 위험국

프로젝트 자체가 수익성이 낮은 것이어서 그 사용권을 갖는다 해도 투자원금을 회수할 가능성은 높지 않다. 경제학자 타일러 코웬이 일대일로는 '중국이 결국 남 좋은 일만 하는 프로젝트'라고 평가하는 것도 그런 이유 때문이다.[49] 이렇기 때문에 일대일로 정책은 참가국뿐 아니라 중국 자신을 수렁에 빠뜨릴 가능성이 높다.

---

49 https://www.bloomberg.com/opinion/articles/2019-04-15/china-s-belt-and-road-won-t-be-a-path-to-power?utm_content=nextchina&utm_campaign=socialflow-organic&utm_medium=social&utm_source=twitter

데이빗 피클링은 중국의 서부대개발 사업과 더불어 일대일로 프로젝트는 소련의 몰락을 재촉한 1970년대 시베리아 자원 개발을 닮았다고 지적한다.[50] 그가 인용한 근거는 캐나다 브리티시 콜롬비아 대학 로버트 앨런 교수의 '소련 경제의 부상과 몰락'[51]이라는 논문이다. 소련 몰락의 원인은 생산성의 하락인데, 시베리아 자원 개발이 소련 경제의 생산성 하락에 많은 영향을 주었다고 결론을 내렸다. 시베리아는 개발해 봐야 수익이 별로 나지 않는데, 정치적인 이유로 투자를 계속한 것이 투자생산성 추락을 재촉했다. 시베리아 개발이라는 무모한 투자가 소련 경제를 수렁에 빠뜨리는 원인 중 하나가 되어 버린 것이다. 서부대개발 및 일대일로라는 이름으로 진행되어 온 낙후지역 투자 역시 수익성 또는 생산성이 매우 낮은데도 중국 정부는 정치적 이유로 투자를 강행해왔다. 이는 결국 수렁이 돼 중국 경제를 빨아들이게 될 가능성이 높다.

참가국의 불만이 고조되고 사업의 수익성이 떨어지고 있지만 중국 지도부가 일대일로 정책을 중단할 것 같지는 않다. 중국 공산당 당장(당헌)은 일대일로 정책을 다음과 같이 못박아 놓고 있다.

"(공산)당은 중국과 이웃 국가들과 좋은 관계를 발전시키고 중국

---

50 https://www.bloomberg.com/opinion/articles/2018-08-12/soviet-collapse-echoes-in-china-s-belt-and-road-investment
51 〈The Rise and Decline of Soviet Economy〉" http://content.csbs.utah.edu/~mli/Economics퍼센트207004/Allen-103.pdf

과 개발도상국 사이의 일체감과 협력을 강화하기 위해 노력할 것이다. (공산)당은 인근 국가들과 대화 협력을 통해 동반 성장을 추구할 것이고 일대일로 정책을 추진할 것이다."

1970년대 말부터 시작된 중국의 경제 발전은 바다를 기반으로 했다. 생산은 동부 해안 지방의 센젠, 상하이, 베이징 등에서 이뤄졌고 판매는 바다 건너 미국과 유럽, 일본 시장에서 이뤄졌다. 바다가 발전의 터전이었다. 그런데 중국은 일대일로 서부대개발이라는 이름으로 내륙에 투자를 쏟아붓고 있다. 민간기업이라면 수익성이 낮아 기피할 사업을 중국 정부가 나서서 밀어붙이고 있는 것이다. 경제보다는 정치적, 군사적 이유 때문이다. 이 사업에 대한 투자가 늘어날수록 중국의 자본은 탕진되고 중국 경제는 수렁 속으로 빨려 들어갈 가능성이 높다. 과거 소련이 걸었던 그 길을 중국도 되풀이하고 있는 것일까?

중국은 대한민국을 일대일로 프로젝트에 참여시키고 싶어 한다. 문재인 대통령도, 장하성 중국 대사도 일대일로 참여에 긍정적 의향을 가지고 있는 것으로 보인다. 하지만 그것은 같이 수렁으로 빠져드는 길이고 미-중 전쟁에서 미국을 등지고 중국편에 서는 일이라는 염려가 있다.

중국 경제
왜 아직 안 망했나

2012년경부터 중국 경제가 곧 붕괴될 거라고 예측하는 사람들이 많이 등장했다. 유명 투자자인 조지 소로스는 중국의 경제의 붕괴를 내다보고 위안화를 공매하는 등의 공격에 나서기까지 했다. 공매도란 남의 주식이나 돈 등을 빌려 매각한 후 나중에 현물로 상환하는 투자 방식이다. 만약 값이 떨어지는 것이 확실하다면 현재 값으로 팔고 나중에 싼 값에 사서 상환해 주면 되니까 공매도로 이익을 볼 수 있다. 소로스는 위안화 가치가 떨어질 것이라고 내다보고 공매도 투자를 했던 것이다. 하지만 위안화의 가치는 떨어지지 않았다. 소로스의 공매도 투자는 실패했고 큰 손해를 입었다.

중국 부도위기설의 근거는 중국의 부채가 워낙 많은 데다가 최근 부도가 나는 중국 기업이 급등하고 있다는 사실이었다. 설상가상으로 성장률도 떨어지고 국제수지 상황도 나빠지고 있으니 위안화의 가치도 떨어질 수밖에 없다는 것이다. 자본주의 사회에서는 타당성 있는 예측이 중국에서는 틀렸다. 왜 그런지 객관적 지표를 가지고 살펴보겠다.

중국의 총부채는 GDP의 300퍼센트 수준이다. 선진국은 380퍼센트이고 개도국은 150퍼센트 수준이니까 선진국보다는 낮고 신흥국보다 높다. 부문별로 보면 기업 부채가 높다. 중국 기업의 평균 부채비율은 155퍼센트인데 미국, 영국 등은 대개 100퍼센트 미만이다. 한국은 90퍼센트 정도다. 중국의 부채비율 155퍼센트는 선진국으로 따지면 언제라도 부도가 날 수 있는 수준이다. 그런데도 왜 중국의 기업은 부도가 나지 않고 있을까? 그것은 기업 부채의 대부분이 국영기업 부채이기 때문이다. 대부분 국영은행에서 빌려온 것이다. 따라서 공산당이 해당 기업을 부도 내야겠다고 마음을 먹지 않는 한 부도는 나지 않는다.

다음 그래프는 중국 은행의 총대출 중 국영기업에 대출한 비율이다. 2016년에는 83퍼센트였다. 2013년까지만 해도 30퍼센트 수준이던 것이 2014년부터 급격히 늘었다. 시진핑이 집권하면서 국영기업에 대한 우대가 분명해졌다. 따라서 기업에서 부도가 급증

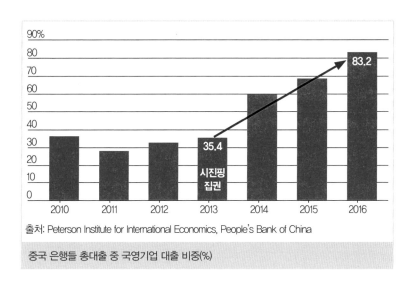

출처: Peterson Institute for International Economics, People's Bank of China

중국 은행들 총대출 중 국영기업 대출 비중(%)

한다고 해도 국영기업 부도율은 거의 0이기 때문에 중국 전체로는 부도율이 그리 높지 않은 것이다.

최근 들어 중국에서도 부도 소식이 자주 들리긴 한다. 부도 금액은 2017년에 270억 위안 수준이던 것이 2018년에 1200억 위안을 넘었고, 2019년에는 다시 1300억 위안을 넘었다. 2년 전에 비해 거의 다섯 배나 많은 부도가 나고 있는 것이다. US 달러로 환산하면 180억 달러 수준이다.

하지만 중국 기업 전체의 부채에 비하면 부도는 미미한 수준이다. 중국 기업 부채가 20조 달러 수준이니까. 180억 달러면 0.09퍼센트다. 2017년 이전에 거의 0퍼센트였던 것과 비교해 보면 부도가 충격적으로 늘어난 것이지만 부채의 전체 규모에 비하면 여전히 미미하다.

게다가 부도는 민간 기업에 집중돼 있다. 신용평가 기관 피치(Fitch)에 따르면 2019년 10월 현재 중국 민간기업 부도율은 4.5퍼센트인데 국영기업 부도율은 0.2퍼센트다. 최근 부도가 늘고 있긴 하지만 어디까지나 민간기업에 해당하는 현상이다.

그런데 이미 앞에서 언급했듯이 중국 기업 부채의 대부분은 국영기업에 몰려 있다. 중국의 은행들이 국영기업에만 대출해 주기 때문이다. 따라서 기업에서 부도가 급증한다고 해도 국영기업 부도율이 거의 0이기 때문에 중국 전체로는 거의 부도가 없는 셈이다.

외부 투자자들은 어떻게 보고 있을까? 피치는 최근 중국 기업의 회사채에 대한 평가 보고서를 냈다. 거기서도 중국 기업의 부도 가능성을 매우 낮게 평가했다. 금액을 기준으로 50퍼센트는 AAA, 23퍼센트 정도는 AA+ 또는 AA로 평가했다. 부도 걱정이 필요없는 등급이다. 나머지 25퍼센트 정도는 미평가, 즉 신용등급 평가를 하지 않은 회사채들이다. 그러니까 등급을 받은 거의 대부분 회사채가 양호한 신용 상태를 유지하고 있는 것이다. 피치의 보고서는 현재 중국 기업이 대량으로 부도가 날 가능성은 크지 않음을 말해준다. 특히 국영기업은 더욱 그렇다.

외국인 자금이 대량 이탈할 가능성은 있을까? 그것 때문에 우리 한국이 겪었던 일과 같은 외환위기가 중국에 일어날 가능성은 크지 않다. 대외부채가 많지 않기 때문이다. 중국의 대외부채는 GDP의 15퍼센트로 중국 전체 부채 중에서 5퍼센트 정도를 차지한다. 세계에서 가장 낮은 수준이다. 1998년 외환위기 당시 대한민국의 대외부채가 29퍼센트였는데 중국은 그 절반밖에 안되는 수준이다. 이런 상황을 고려해볼 때 중국은 환율이 급등한다 해도 1998년 당시의 한국처럼 국가 부도 사태에 이를 가능성이 낮다.

중국 부채는 95퍼센트가 국내 부채다. 게다가 중국의 은행들은 국영이거나 실질적으로 국가가 통제할 수 있다. 최악의 경우 인민은행이 돈을 찍어서 해결하면 된다. 또는 강제로 일정 기간 채권회수를 금지할 수도 있다. 우리나라도 1973년에 83 조치로 3년 동안 사채를 동결한 적이 있다. 중국은 얼마든지 그런 것을 할 수 있다. 이런 점을 종합해 보면 중국 경제가 1998년 당시 한국이 겪은 것과 같은 대규모 연쇄부도 사태를 겪을 가능성은 크지 않다.

그것을 나타내는 좋은 지표 중 하나가 CDS 프리미엄(CDS Premium)이다. 채무자가 빚을 못 갚을 경우 대신 갚아 주는 금융상품이다. 이 숫자가 높을수록 부도 위험이 높음 뜻한다. WHO가 팬데믹을 선언한 3월에 70을 넘어선 적이 있지만 나시 안정돼 9월 23일 현재 45 수준으로 떨어졌다. 참고로 한국은 26, 위험한 나라로 꼽히는 그리스 148, 이탈리아는 139다. 국가 부도의 가능성과 관련해서 중국은 꽤 안전한 나라로 평가받고 있는 셈이다.

하지만 중국의 부도 위험이 높지 않음이 중국 경제가 올바른 방향을 향하고 있음을 뜻하는 것은 아니다. 오히려 매우 잘못된 방향으로 들어섰다고 보는 편이 옳다.

국영기업의 수익성은 민간기업보다 낮다. 적자 기업의 비율은 민간기업이 17.7퍼센트, 국영기업이 33퍼센트다. 국영 쪽에 적자 기업이 거의 두 배가 많다. 따라서 부도 기업의 비율도 국영 쪽이 높아야 마땅하다. 하지만 실제로 부도가 나는 것은 민간기업이다. 그리고 부도 나는 민간기업 중 쓸 만한 것은 국가로 넘어 가고 있다. 상하이와 센젠의 상장 기업 30개의 주식이 중국 지방정부로 넘어 갔다. 예를 들어 최근 산동성의 철강 기업인 시왕그룹이 부도를 냈는데 그 지분이 지방정부에 넘어갔다. 민간기업은 부도를 통해 정부 소유가 되거나 사라지는 반면 국영기업은 적자를 내도 살려 놓으니 중국 경제는 국영기업으로 채워질 전망이다.

나는 일대일로와 더불어 국진민퇴가 중국 경제를 나락으로 끌어 들일 것으로 전망한다. 적자 기업이 계속 늘어날 것이다. 부도가 나지는 않지만 경제가 안 보이는 곳에서 무너져 가는 것이다. 인체로 따지자면 심장마비는 아니지만 골다공증이 심각해져 가는 것이다.

이것이 국민을 고통스럽게 할 것이다. 과거에 소련이 그랬듯 말이다.

시진핑의 환율 딜레마

　트럼프 정부는 2018년 1월 말부터 본격적으로 중국과 무역전쟁을 시작했다. 중국산 제품에 대해 25퍼센트라는 고율의 관세를 부과했다. 중국 역시 미국산 제품에 고율 관세 부과라는 보복 조치로 맞섰다. 그 결과 중국과 미국 양쪽 경제가 모두 타격을 받게 됐다. 그런데 통화가치는 일방적으로 한쪽만 영향을 받았다. 관세 전쟁 이후 중국 돈의 가치가 많이 떨어졌다.

　다음 그래프는 미국 달러에 대한 중국 위안화 환율을 보여준다. 미중 무역전쟁이 시작된 2018년 2월부터 환율이 급증하고 있다. 위안화 환율이 오른다는 것은 그만큼 가치가 떨어짐을 뜻한다.

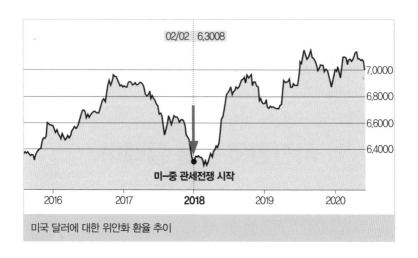

미국 달러에 대한 위안화 환율 추이

2019년 8월에는 달러당 7위안을 넘어섰다. 달러당 7위안 선이 무너지는 것을 포치(破七)라고 해서 외환시장 관계자 사이에서는 일종의 마지노선처럼 인식돼 있는데 그 선까지 넘어선 것이다. 중국은 자국 통화를 달러를 대체할 기축통화로 만들고 싶어 한다. 그런데 이렇게 가치가 떨어지면 그 꿈은 멀어지게 된다. 하지만 위안화가치를 높이면 수출이 어려워져 달러를 손에 넣기 힘들어진다. 위안화 가치를 어떻게 할지는 시진핑 주석의 큰 고민거리 가운데 하나일 것이다.

먼저 중국의 환율제도부터 살펴보자. 다음 그래프는 중국의 환율 제도가 어떻게 변해 왔는지 보여 준다. 1994년까지는 이중환율제도였다. 무역 거래와 비무역 거래에 각각 다른 환율을 적용했다.

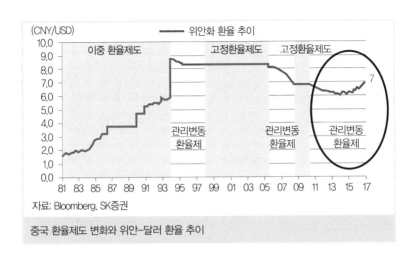

중국 환율제도 변화와 위안–달러 환율 추이

그 수준은 물론 중앙정부가 결정했다. 1994년부터 98년까지 관리변동환율제로 바꿨는데 시장 상황을 약간 반영한 제도라고 이해하면 된다. 그 이후 고정환율제와 관리변동환율제를 왔다 갔다 했다. 2010년부터는 줄곧 관리변동환율제를 사용하고 있다. 미국 달러, 유로화 등 몇 개의 중요 통화 가치를 참고해서 위안화와의 교환 비율을 결정한다. 결국 시장 상황을 참고해서 중국 정부가 결정한다고 보면 된다. 2011년 이후 6~7위안 사이에서 환율이 유지돼 왔는데 2019년 8월에 달러당 7위안 선을 넘어섰다.

중국은 환율을 6~7위안 사이에서 유지하려고 상당한 비용을 치른 것으로 알려져 있다. 2020년 7월 현재 중국의 외환보유고는 3.4조 달러다. 2014년에 4조 달러였던 것에 비하면 상당히 줄어들었다.

참고로 대한민국의 외환보유고는 4000억 달러 수준이다. 중국은 세계에서 외환보유고가 가장 많은 나라다. 그런데 2015년부터 급격히 줄기 시작해서 2017년에는 3조 달러까지 떨어졌다. 그 기간 동안에도 중국은 매년 수천억 달러의 경상수지 흑자를 냈기 때문에 다른 요인이 없었다면 외환보유고는 6조, 7조로 증가했어야 한다. 외환보유고가 줄었다는 것은 그 돈을 어딘가에 썼다는 말이고, 아마도 위안화 가치 방어가 중요한 사용처였을 것으로 추측된다.

왜 환율 관리에 돈을 쓰게 되는지 간단히 살펴보자. 중국 정부가 달러당 6.5위안 수준에서 환율을 관리하기로 결정했다고 해보자. 여기서 외환시장 상황이 중요하게 등장한다. 투자자들이 보기에 위안화의 가치가 달러당 6.5라고 생각한다면 중국 당국이 특별히 조치를 취할 일은 없다. 그냥 시장에서 그 환율로 위안화가 사고 팔릴 것이니까 말이다. 문제는 당국이 원하는 환율과 시장에서 투자자가 평가하는 가치가 다를 때다. 당국이 정한 수준은 6.5인데 투자자들은 8이라고 평가한다고 가정한다면, 시장 가치보다 높은 수준에서 위안화 가치를 유지하겠다고 결정한 것이다. 당국이 개입하지 않는다면 시장에서는 당연히 8위안에서 거래가 이뤄질 것이다. 이런 상황에서 정책적으로 결정된 6.5를 지키려면 당국이 시장에서 달러를 팔고 위안화를 사들여야 한다. 6.5위안이 될 때까지 그런 일을 계속해야 하는 것이다. 그 작업을 하려면 달러를 지출해야 한다. 2014년 이후 중국 외환 당국이 그렇게 해서 위안화의 가치를 달러당 6~7위안으로 유지했을 것으로 추정된다. 뒤집어 말하자면 중국 정부가 외환보유고를 지출해서까지 개입하지 않았을 경우 6~7위안이 아니라 8 또는 9위안으로 움직였을 가능성이 높음을 뜻한다.

그러면 중국은 왜 막대한 달러를 지출해 가면서 위안화의 가치를 높은 수준에서 유지하려 할까? 위안화의 국제화를 위해서라고 보면 된다. 소위 기축통화다. 현재의 기축통화는 미국 달러다. 전 세계 무역 거래의 90퍼센트가 달러로 결제된다.[52] 중국 돈으로 결제하자면 거래가 안 된다. 일대일로 투자를 할 때조차 그렇다. 중국은 외국에 위안화로 돈을 빌려주기를 원하지만 상대방이 위안화가 아니라 달러로 달라고 요구한다. 위안화를 믿을 수 없다는 것이다. 중국 사람으로서는 비용도 발생하고 자존심도 상하는 일이다. 어쩌면 중국이 가장 두려워하는 것은 미국의 경제 제재일지도 모른다. 이란, 러시아, 베네수엘라, 북한이 모두 미국으로부터 제재를 당했거나 여전히 당하고 있다. 중국도 그렇게 되지 말라는 법이 없다. 경제 제재가 가해지는 상황에서 위안화 거래를 할 수 없게 되면 치명적 타격을 받을 수 있다. 외국과의 무역 거래 자체가 중

---

52 https://www.wsj.com/video/how-global-trade-runs-on-us-dollars/660BF4A4-BA59-47BF-9327-7BB7522A2721.html

단될 수도 있다. 그래서 중국은 달러처럼 위안화를 국제 거래에 통용되는 통화, 즉 기축통화로 만들고 싶어 한다.

기축통화의 가장 중요한 조건은 신뢰성이다. 가치가 안정적이어야 한다. 위안화 가치를 높은 수준에서 안정적으로 유지하자면 계속해서 달러를 팔고 위안화를 사줘야 한다. 그러느라고 외환보유고가 많이 준 것으로 이해할 수 있다. 아직까지 국제 거래에서 위안화의 지위가 올라갔다는 징후는 보이지 않지만 전혀 성과가 없었던 것은 아니다. 중국 위안화는 IMF의 특별인출권(Special Drawing Right) 바스켓 통화 중 하나로 진입했다. 특별인출권이란 IMF가 주도하는 일종의 국제통화인데, 이것의 가치는 5개의 통화 가치를 가중 평균해서 5년마다 결정한다. 그런데 2016년에 위안화는 미국 달러, 유로, 영국 파운드, 일본 엔화와 더불어 5개 통화에 포함됐다. 최소한 IMF는 중국 위안화의 가치를 인정한 것이다. 위안화 가치 방어에 애쓴 대가인 셈이다.

하지만 자국 통화 가치를 시장에 맡기지 않고 인위적으로 높게 유지하려면 큰 비용을 치러야 한다. 무엇보다 수출경쟁력이 떨어지게 된다. 안 그래도 미국이 고율 관세를 부과하는 상황에서 수출은 더욱 큰 타격을 입는다. 그렇다고 가치를 떨어뜨리면 기축통화의 꿈은 멀어지게 된다. 자국 통화 가치의 등락에 따른 득과 실을 상세히 살펴보자.

위안화 환율 등락 따른 딜레마

	이익	손해
환율 ⬆	• 수출가격인하 → 미국 관세 상쇄효과	• 위안화 위상 추락 • 국내 물가상승 → 빈곤층 타격
환율 ⬇	• 대미협상 용이 • 위안화 위상유지	• 달러화 소진

위 표는 환율 하락 또는 상승이 중국에 어떤 득실을 가져다주는지 정리한 것이다. 달러에 대한 위안화 환율이 올라간다는 것은 위안화 가치가 떨어짐을 의미한다. 반대로 환율 하락은 위안화 가치의 상승을 뜻한다. 이런 관계를 염두에 두고 표를 살펴보겠다.

첫 번째 줄은 환율이 올라가는 상황, 즉 위안화 가치가 떨어지는 상황이다. 이를 통해서 얻을 수 있는 이익은 중국 제품의 수출 가격을 떨어뜨려 미국이 부과하는 고율관세의 효과를 어느 정도 상쇄할 수 있다는 것이다. 관세만큼 가격은 높아지게 돼 있는데 환율이 오르면 수출 가격이 낮아지기 때문에 관세 부과의 효과를 어느 정도 상쇄할 수 있다.

하지만 손실도 있다. 중국 돈의 가치가 떨어지는 만큼 신뢰가 줄어들어 국제통화가 될 가능성도 줄어들게 된다. 물가가 상승하는 문제도 겪어야 한다. 환율 상승으로 수출 물가는 떨어지지만 수입 물가는 오히려 오른다. 미국 달러에 대한 중국 돈의 가치가 떨어지

는 만큼 달러 표시로 수입된 외국 상품의 위안화 가격은 오르는 것
이다. 그 때문에 가난한 사람이 타격을 입게 된다. 중국은 빈부격
차가 큰 나라이고 가난한 사람이 많다. 물가가 오르는 만큼 그들의
불만이 커져서 정치 불안으로 이어질 수도 있다.

두 번째 줄은 환율을 낮출 때의 득과 실이다. 이때의 가장 큰 이
익은 위안화의 국제적 위상이 높아지는 것이다. 이미 앞에서 소상
히 설명한 부분이다. 또 다른 이익으로 미국과의 협상이 쉬워진다
는 점도 있다. 트럼프는 중국의 대미 수출이 줄어들길 원한다. 위
안화 가치가 높은 것을 원한다는 뜻이다. 중국을 환율조작국으로
지정하겠다고 위협하는 것은 위안화 가치를 높이라는, 즉 환율을
떨어뜨리라는 요구다. 따라서 환율을 낮춰 위안화 가치를 높이면
미국과의 협상에 도움이 될 수 있다. 코로나 이후에는 미·중 관계
가 워낙 악화돼 그조차도 가능성이 높지는 않지만 말이다. 한편 저
환율정책, 즉 위안화 가치 절상 정책은 달러를 소진시키고 외환보
유고를 줄이는 대가를 요구한다.

이처럼 중국은 위안화의 가치를 두고 딜레마적 상황에 처해 있
다. 기축통화의 길로 가자니 수출 경쟁력이 떨어지고 수출 경쟁력
을 높이자니 기축통화의 꿈을 포기해야 하는 상황이다.

어쨌든 여러 해 동안 달러당 6~7위안 수준을 유지한 것을 보면
위안화의 가치를 높이는 정책을 펴왔던 것으로 보이다. 그것을 위

해 많은 달러를 소비했으며 달러 부족 사태를 겪고 있다.

중국이 해외로의 송금에 제한을 가하고 있는 현상 역시 달러 부족에 대한 의심이 들게 하는 대목이다. 법적으로는 5만 달러까지 자유로운 송금이 가능하게 돼 있는데 실질적으로는 여러 가지의 제한이 가해지고 있다.

물론 중국 경제가 당장 급박한 위험에 처해 있는 것은 아니다. 중국 국채의 부도 확률를 반영하는 CDS 프리미엄은 43bps(5년만기 국채, 2020년 10월 9일)로서[53] 나쁜 편이 아니다. 하지만 거의 확실한 것은 중국이 지난 5~6년만큼 위안화를 국제 기축통화로 만드는 데 달러를 소비할 수 있는 상황은 아니라는 것이다. 지금처럼 미·중 디커플링이 계속된다면 시진핑 주석이 내건 중국몽, 그중에서도 위안화를 국제통화로 만들겠다는 꿈은 접어야 할 것이다.

---

53 http://www.worldgovernmentbonds.com/cds-historical-data/china/5-years/

6장

편한 복종 대신
아픈 자유를 택한 나라들

01

홍콩국가안전법과
글로벌 지각 변동

　시진핑과 중국 공산당에게 홍콩은 목에 가시 같은 존재다. 홍콩의 시위대는 중국 공산당의 지배를 거부하는 것을 넘어 독립을 요구하기에 이르렀다. 중국 입장에서 보면 시위를 방치하다가는 '하나의 중국' 원칙이 흔들릴 수 있었다. 이미 독립국 같은 행보를 보이고 있는 대만이 진짜 중국으로부터 독립을 선언할지도 모른다. 신장 위구르 자치구, 티벳 자치구 등 무력으로 눌러 놓은 식민지들이 독립 투쟁에 나설 수도 있다. 중국 내부에서는 공산당의 통치에 저항하는 세력이 추진력을 얻을 수도 있다. 따라서 중국 공산당은 내심 홍콩인의 시위를 당장 무력을 써서라도 진압하고 싶다. 하지

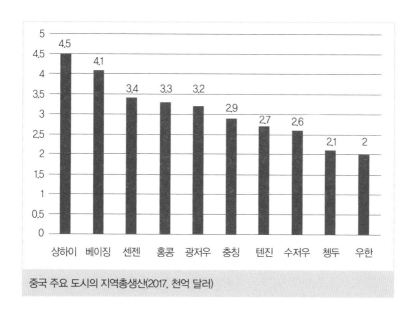

중국 주요 도시의 지역총생산(2017, 천억 달러)

만 그럴 수가 없다. 후폭풍이 너무 거셀 것이기 때문이다. 특히 경제적 손실이 막대할 것이다.

이 문제를 이해하려면 홍콩과 중국의 경제적 관계를 알아둘 필요가 있다. 먼저 경제 규모부터 살펴보자. 1997년 중국에 반환될 당시 홍콩의 GDP는 177억 달러로 962억 달러인 중국의 17.0퍼센트였다. 작은 섬에 불과한 홍콩이 경제적으로는 중국 전체의 6분의 1을 차지한 것이다. 20년 사이 상황은 완전히 달라졌다. 2018년 현재 홍콩의 GDP는 3630억 달러로 13조 6080억 달러인 중국의 2.7퍼센트에 불과하다. 중국이 엄청나게 성장한 결과다.

홍콩을 중국의 도시들과 비교해 보면 이런 상황이 실감 난다.

2017년 중국의 도시별 지역총생산[54]을 살펴보면 상하이가 4500억 달러로 1위, 2위인 베이징이 4100억 달러, 3위 센젠이 3400억 달러다. 홍콩은 3300억 달러로 4위다. 1997년 홍콩이 중국에 반환되던 당시에는 당연히 홍콩이 압도적 1위였을 것이다.

그래도 무역에서는 홍콩이 아직도 꽤 중요하다. 2018년 중국의 전체 수출 중에서 홍콩에 대한 수출은 303억 달러, 비중은 12.2퍼센트다.[55] 이 중의 상당 부분이 중개무역이라고 보면 된다. 즉, 홍콩을 통해서 다른 나라로 수출되는 금액이 그 정도인 것이다. 중국에 반환되던 1997년 24퍼센트보다는 상당히 줄었지만 여전히 무시할 수는 없는 규모다.

금융을 놓고 보면 이야기가 또 달라진다. 중국 기업의 해외 상장 중 70퍼센트가 홍콩에서 이뤄졌다. 2018년 중국 기업이 전 세계에 상장한 금액은 642억 달러인데, 그중 상하이와 센젠증시를 통한 것이 197억 달러다. 31퍼센트에 불과하다. 오프쇼어, 즉 해외 상장 금액 445억 달러 중 홍콩이 350억 달러, 78.6퍼센트다. 해외 상장을 통한 자금 조달은 대부분 홍콩을 통한다고 보면 된다.[56] 해외 채

---

54 https://en.wikipedia.org/wiki/List_of_Chinese_prefecture-level_cities_by_GDP

55 https://wits.worldbank.org/CountryProfile/en/Country/CHN/Year/2018/TradeFlow/Export/Partner/by-country

56 https://www.caixinglobal.com/2018-12-26/offshore-chinese-ipos-hit-record-as-firms-race-to-list-before-window-closes-101363597.html

권 발행도 33퍼센트는 홍콩을 통해 이뤄졌다. 그러니까 글로벌 투자자가 홍콩을 떠난다면 중국은 달러 자금을 구하는 데 치명타를 입게 된다. 그래서 나름대로 조심하고 있는 거라고 봐야 한다.

중국 본토가 실물 경제에서는 엄청난 발전을 이루었음에도 불구하고 금융은 홍콩을 통할 수밖에 없는 이유는 제도의 차이 때문이다. 투자는 신뢰할 수 있을 때 비로소 이뤄진다. 홍콩은 바로 그 신뢰를 가지고 있었다. 홍콩은 영국의 제도를 그대로 이식했다. 재산권이 확실히 보장되고 경제활동에 대한 정부 간섭이 거의 없었다. 또 분쟁이 생겼을 때 공정하고 예측 가능한 재판을 받을 수 있었다. 믿고 투자할 수 있는 것이다. 반면 중국은 법도 사법부도 믿을 수 없다. 공산당이 언제 어떻게 빼앗아 갈지 알 수 없다. 그래서 글로벌 투자자가 중국 기업에 투자하더라도 홍콩을 통해서 하는 것이다. 지금 홍콩인이 누려온 그런 자유를 중국 공산당이 빼앗아 가고 있다.

미국은 그런 중국에 제재를 가하겠다고 나섰다. 홍콩에 부여해온 특별지위를 취소했다. 미국이 홍콩에 부여하는 특별지위란 1997년 중국에 반환되기 이전과 동일하게 대해 주는 제도다. 홍콩은 최고의 자유무역국인 만큼 미국을 비롯한 많은 나라가 거기에 걸맞게 홍콩을 대우했다. 무관세 자유무역과 자유로운 자본거래, 무비자 입국 이런 것이 주된 내용이다. 반면 중국에 대해서는 관세도 있고 자본거래, 비자 발급 등에 상당한 제한이 있다. 홍콩에 부여된 특별지위는 홍콩이 중국에 반환된 후에도 그 전과 동일하게 자유무역과 자유시장, 자본과 사람의 자유로운 이동을 보장하는 조치에 대한 대가였다. 그것은 미국에게도 이익이었다. 그런데 중국이 그 약속을 깨고 홍콩을 중국처럼 만들려고 하니 미국도 홍콩에 대한 특별대우를 폐기하고 상하이나 베이징과 다를 바 없이 그냥 중국의 일부로 대하겠다는 것이다.

특별지위가 박탈되면 무엇이 달라질까? 우선 홍콩발 수출품에 대한 관세가 높아진다. 미국은 중국발 수출품과 동일하게 홍콩발 미국 수출품에 25퍼센트의 관세를 부과할 것이다. 그 결과 홍콩의 미국에 대한 수출이 타격을 받을 것이다. 홍콩의 수출은 상당 부분 중국 물건을 우회 수출하는 것이기 때문에 중국의 수출이 줄어들 것이다.

제재의 방향은 그렇지만 효과는 그렇게 클 것 같지 않다. 2019년 중국의 총수출이 2조5000억 달러이고 이 중[57] 홍콩의 미국에 대한 수출은 391억 달러다. 전액이 중국 제품으로 발생한 것이라 가정해도 중국 총수출에서의 비중은 1.6퍼센트에 불과하다. 미미한 수준이다. 거기에 관세를 부과해서 그 모두가 없어진다고 해도 큰 타

---

57 http://www.worldstopexports.com/chinas-top-import-partners/

격은 아니다.

수입은 사정이 조금 다를 수 있다. 미국은 군사용으로 쓰일 수 있는 기술을 중국으로 수출하지 못하도록 금지하고 있다. 그러나 홍콩은 그런 제약을 받지 않는다. 중국이 아마도 이런 구멍을 이용하고 있을 가능성이 있는데, 그것을 미국이 막아 버린다면 중국이 어느 정도는 곤란해질 것이다. 하지만 이것 역시 심대한 타격은 아닐 것으로 보인다.

미국이 동원할 수 있는 또 다른 조치는 금융 거래 제한이다. 중국 금융 거래의 상당 부분이 달러 거래인데 그것은 스위프트라는 시스템을 거치게 된다. 외국에 송금할 때 은행식별코드(스위프트코드)를 입력하라고 하는데, 미국은 그 스위프트에 압력을 가해 중국과 홍콩의 자금 거래를 차단할 수 있다. 러시아와 이란, 베네수엘라에 대해서는 이미 이런 제재를 가한 적이 있다. 이것보다 더 센 조치는 홍콩 달러의 미국 달러 교환을 중단해 버리는 것이다. 그러면 홍콩의 페그제(홍콩 달러와 미국 달러의 연동 제도)는 붕괴되고 자본이 홍콩에서 이탈할 가능성도 배제할 수 없다.

하지만 이런 조치까지는 쉽지 않을 것으로 예상하고 있다. 미국에게도 엄청난 손해가 발생하기 때문이다. 이런 제재는 달러 거래량을 줄이기 때문에 기축통화로서의 매력을 떨어뜨린다. 그건 미국에 손해다. 러시아, 이란, 베네수엘라는 경제 규모가 그다지 크지 않기 때문에 그들을 제재하더라도 달러 거래 총량에 큰 변화가 발생하지 않았다. 그러나 중국은 다르다. 세계 최대의 수출국이다. 중국이 달러 거래를 못 하거나 안 하게 되면 달러의 거래량도 현격히 줄어들고 기축통화로서의 파워도 줄어든다. 물론 제재 대상인 중국이 더 치명적 타격을 입겠지만 미국 역시 심대한 타격을 받을 것이다. 따라서 그런 제재까지 하기는 쉽지 않을 것 같다.

아무튼 미국은 여러 가지 제재 수단을 놓고 저울질을 하고 있는 단계다. 어떤 제재가 나올지 두고봐야 한다. 아마도 국가안전법의 구체적 내용이 확정되는 속도에 맞춰 제재도 나오지 않을까 예상해 본다.

홍콩의 시장 반응은 어떨까? 눈에 띄는 반응은 브레인 드레인 (Brain Drain), 즉 인재 유출 조짐이다. 〈블룸버그〉는 6월 2일자 기사에서 유명 투자자 데이빗 웹의 말을 인용해 홍콩의 인재유출이 시작됐다고 보도했다.[58] 영국과 대만이 홍콩인의 이민을 받아주겠다고 한 선언이 큰 영향을 주는 것 같다.

금융시장도 영향이 있다. 주가는 5.6퍼센트 하락, 환율 소폭 상승, 선물은 약간 상승 이렇게 요약할 수 있다. 그러나 그것도 7월 13일 현재 상당히 회복된 상태다. 결국 금융시장은 당장 큰 동요는

---

58 https://www.bloomberg.com/news/articles/2020-06-02/hong-kong-investor-david-webb-says-city-is-facing-brain-drain?sref=9fHdl3GV

없다고 보는 것이 맞을 것 같다. 중국 자본의 뒷받침이 상당히 작용하고 있다고 한다. 〈파이낸셜타임즈〉나 〈사우스차이나모닝포스트〉의 보도를 종합해 보면 홍콩의 비즈니스맨 사이에서는 국가안전법으로 시위가 잦아들 것을 기대하는 분위기도 상당히 형성되어 있는 듯하다.

홍콩국가안전법에 대한 가장 눈에 띄는 반응은 국제사회의 반중국 분위기가 고조되어 간다는 것이다. 안 그래도 코로나 19 사태 이후 국제사회에서는 반중국 전선이 형성돼 왔다. 2019년과는 상당히 분위기가 달라진 것이다. 원래 디커플링정책은 미국만 목청을 높이고 영국이나 독일 등 다른 나라들은 시큰둥한 반응을 보였다. 그런데 코로나가 상황을 바꿔 놓았다. 영국과 독일을 비롯한 EU도 중국에 책임을 묻기 시작했다. 중국의 홍콩 보안법 통과는 거기에 기름을 부은 격으로 서방의 반중국 연합전선을 더욱 공고하게 만들고 있다. 미국은 특별지위를 박탈하겠다고 했고 영국은 홍콩인 300만 명에게 시민권을 부여하겠다고 선언했다. EU도 심각한 우려(Grave Concern)를 표명했다.

이러한 연합전선은 단순히 말만으로 끝나지 않고 경제 제재로 이어질 가능성이 있다. 미국의 홍콩에 대한 특별지위 박탈 가능성은 이미 앞에서 말한 대로이고, 그 외에도 트럼프 대통령은 중국에 대항해 미국 중심의 대안적 서플라이 체인인 경제번영네트워크를 제안하고 서방 국가와 한국, 호주, 인도, 베트남에게 들어오라고 손짓했다. 그동안 중국에 우호적이던 영국도 화웨이의 5G 공급망을 대체하고자 'D10' 연합체, 즉 중국을 제외한 자유민주주의 10개국 연합체를 제안했다. 중국에 대한 거대한 포위망이 형성되고 있는 것이다. 그렇게 된다면 아마도 중국은 이제 해외시장의 상당 부분을 잃게 될 것이다. 자본과 기술의 통로도 상당 부분 막힐 전망이다. 이런 지각 변동은 서방 경제에도 큰 타격이지만 중국에게는 사활이 걸린 타격을 가하게 될 것으로 보인다.

시진핑과 중국 공산당은 진퇴양난에 처해 있다. 홍콩 시위를 방치하면 공산당 권력과 통일 중국을 유지하기 어렵다. 그렇다고 막무가내로 진압하면 국제사회의 압력 때문에 자본과 시장을 잃는다. 그것 역시 공산당의 권력을 위태롭게 한다. 홍콩국가안전법은 일종의 타협책인 것으로 보인다. 천안문 사태처럼 무자비하게 진압할 수 없으니 격렬한 주동자만 잡아들이자는 것이다. 하지만 그것조차 이미 국제사회의 엄청난 반격에 맞닥뜨렸다. 홍콩 시민의 시위가 멈출 것 같지도 않다. 글로벌정치·경제에 거대한 지각 변동이 시작됐다.

홍콩 시위가 멈추지 않는 이유, 청년의 분노

2006년부터 본격화된 홍콩 시위는 지금도 동력을 잃지 않고 계속되고 있다. 홍콩 시위 중 큰 것은 2014년 보통선거를 요구한 우산시위, 2019년 범인인도법에 저항하는 시위였다. 코로나의 창궐로 잠시 잠잠해졌던 시위가 홍콩국가안전법 통과를 계기로 다시 시작됐다.

홍콩 시위는 지도자가 없다. 조슈아 웡처럼 시위의 리더로 부상한 사람도 있지만 정신적 리더일 뿐 실제로 시위를 조직하는 등의 일은 하지 않는 것으로 알려져 있다. 홍콩 시위에 지도자가 없다는 것은 2014년 우산 시위를 하면서 배운 교훈이라고 한다. 당시 시위를 이끄는 두 갈래가 있었다. 아큐파이 트리오(Occupy Trio)라고 불리는 3인의 중년 남자가 이끄는 파벌이 그중 하나다. 숫자로는 다수를 차지하는 이 그룹은 평화적이고 장기적인 운동을 지향했다. 다른 파벌은 젊은이들로서 소수지만 급진적이고 과격한 성격이었다. 폭력도 불사했다. 이 두 파벌은 서로 대립했고 결국 운동도 실패했다. 아큐파이 트리오 멤버를 비롯한 많은 주도자들이 잡혀 들어갔다.

그런 일들을 겪으면서 배운 것은 '지도자를 내세우지 않는다. 뚜렷한 파벌도 만들지 않는다. 다른 파벌이 뭘하든 비난하지 않는다'는 것이다. 말하자면 각자 알아서 하자는 것이다. 시위 참가 방식도 하는 사람만 계속하는 것이 아니라 하루 하고 쉬었다가 며칠 뒤다시 나오는 식이다. 어떻게 보면 중구난방이다. 그런데도 어떻게 이 시위가 계속될까? 젊은이들이 중심인 데다가 그들이 죽기를 각오하고 덤비기 때문이다.

미국의 유명 주간지 〈타임〉은 2020년 1월 22일자에 홍콩 시위대를 취재하고 나서 야누스라는 사람을 표지 모델로 등장시켰다. 다음 사진이다. 얼굴을 완전히 가린 이 사진의 주인공은 나이가 15세인 홍콩 학생이다. 야누스는 인터뷰 기사 첫 문단에서 이렇게 말한다. "나는 이번 시위에 나가면 죽을 수 있습니다." 홍콩은 이런 청년들, 아니 아이들까지 목숨을 걸고 시위에 참가하고 있다.

영국의 〈가디언〉은 더욱 놀라운 사실을 보도했는데, 홍콩 시위에 참가했다가 체포돼 감옥살이를 하고 있는 미성년자 숫자가 900명 이상이라는 내용이다. 기사는 감옥살이 중인 열두 살 사무엘과의 인터뷰로 시작한다. 가디언은 이들을 혁명의 아이들(Children of Revolution)이라고 불렀다. 젊은 층은 물론 아이들까지 합세해서 나서기 때문에 그 에너지가 엄청난 것이다. 그래서 홍콩 시위는 수그러들지 않을 것 같다.

홍콩의 청년들은 나라를 지키고자 투쟁하고 있다. 그들에게 중국 공산당은 부당한 지배자인 셈이다. 중국 공산당은 홍콩을 중국이라고 보고 있지만 홍콩인들은 자신을 중국인이 아니라 홍콩인이

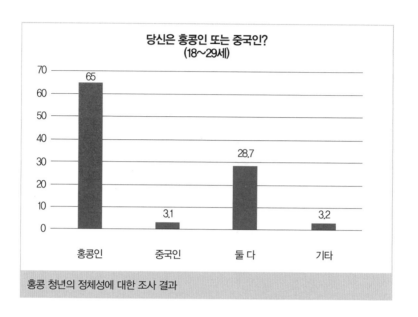

당신은 홍콩인 또는 중국인?
(18~29세)

홍콩 청년의 정체성에 대한 조사 결과

라고 생각한다. 특히 젊은 사람일수록 그렇다.

　홍콩대학 민의연구계획이라는 곳이 있다.[59] 일종의 연구소다. 여기서 2017년 6월 홍콩인 1000명을 대상으로 홍콩인의 정체성에 대한 전화 설문조사를 했다.[60] 질문 내용은 "당신은 홍콩인입니까, 중국인입니까, 아니면 둘 다입니까?"였다. 매년 하는 조사인데 2017년 조사 때는 37퍼센트는 홍콩인, 21퍼센트는 중국인, 40.2퍼센트는 중국 내 홍콩인이라고 답했다.

59　https://www.hkupop.hku.hk/english/
60　https://hongkongfp.com/2017/06/21/hku-poll-3-1-young-hongkongers-identify-chinese-marking-20-year-low/

그런데 연령별로 보면 매우 상반된 양상이 드러난다. 18~29세의 응답자 중 자신을 중국인이라고 답한 경우는 3.1퍼센트에 불과했다. 65퍼센트는 홍콩인, 28.7퍼센트는 둘 다라고 답했다. 젊을수록 중국인이 아닌 홍콩인이라는 정체성을 가지고 있다.

영국 〈이코노미스트〉도 2019년 8월 26일자 기사[61]에서 39세 이하 홍콩인 중에서 자신을 중국인이 아니라 홍콩인이라고 응답한 사람의 비율이 2007년 이후 꾸준히 증가해 왔음을 보도하고 있다.

홍콩의 청년은 자기 나라 홍콩을 중화인민공화국의 지배로부터 지키는 싸움을 시작했다. 단순히 땅만 지키는 것이 아니라 그들의 체제, 그들의 살아가는 방식을 지키려는 것이다. 홍콩의 체제란 개인의 자유, 사유재산의 보호, 공정하고 독립된 사법부, 이런 것들이다. 이건 중국 공산당의 통치와는 양립할 수 없다. 그래서 홍콩의 청년은 자신의 정체성을 지키려면 공산당과 싸울 수밖에 없다. 그러지 않으면 홍콩인의 정체성을 버리고 중국인이 되어야 할 테니까. 중국 공산당은 엄청난 세력이다. 하지만 홍콩 청년의 결기와 에너지도 엄청나다. 홍콩의 청년, 홍콩 시민을 응원한다.

---

61 https://www.economist.com/graphic-detail/2019/08/26/almost-nobody-in-hong-kong-under-30-identifies-as-chinese

대만, 주권과 경제
두 마리 토끼를 다 잡다

한국인에게 중국이라는 존재는 가장 큰 고민 중 하나다. 같이 지내자니 위험하기까지 하고, 끊고 살자니 경제적 피해가 엄청나다. 우리나라의 수출 중 27퍼센트가 중국에 대한 수출이다.

그런데 대만에서 놀라운 일이 벌어지고 있다. 중국과 결별을 시작했는데 경제가 오히려 좋아지고 있는 것이다. 대만은 한국보다 더 중국 경제에 의존해 왔다. 수출의 29퍼센트가 중국에 대한 수출이다. 중국과 결별하면 경제가 주저앉는 것이 자연스러워 보인다. 그런데 대만 경제는 오히려 성장률이 더 높아졌다. 한국, 일본, 싱가포르 등 같은 경쟁국 중 가장 성장률이 높아졌다. 중국과 관계를 끊더라도 경제가 좋아질 수 있음을 보여주는 사례다.

2018년 기준, 대만의 총수출 중 대중 수출 비중은 28.8퍼센트다. 한국의 26.8퍼센트보다 높다. 그런데 사실 대만의 중국 수출 비중은 40퍼센트라고 봐야 한다. 홍콩에 대한 수출이 12퍼센트 정도 되는데, 그것 역시 대부분 중국 본토로 다시 들어가는 것이다.

중국에 대한 수출 비중이 40퍼센트라는 것은 중국 경제에 거의 통합되었다는 말과 같다. 그런데도 대만 국민은 중국과 결별하겠다고 결정했다. 홍콩인의 자유가 중국 공산당으로부터 탄압받는 사태를 보면서 대만인도 중국 공산당을 경계하게 됐다. 그래서 경제적 손해가 예상되는데도 결단을 내린 것이다.

대만의 이 같은 태도에 시진핑은 당연히 분노했다. 중국 관광객의 대만 방문을 금지했고, 무력 점령을 할 수 있다는 취지의 발언을 하기도 했다. 2019년 1월 2일, 베이징 인민대회당에서 '대만 동포에게 고하는 글 발표 40주년 기념회' 행사가 있었는데, 여기서 했던 시진핑의 발언을 보면 무력 사용에 대한 의지가 분명히 드러난다.

"대만은 중국의 일부분이고 양안 동포는 모두 중국인이다. (…) 우리는 평화통일에 최선을 다하겠지만 무력 사용을 포기하겠다고 약속하지 않으며……."

중국과의 결별은 대만 내에서도 많은 반대가 있었다. 경제가 나빠진다는 이유 때문이다. 그럼에도 불구하고 중국과의 거리 두기를 밀고 나간 주역은 민진당의 차이잉웬 총통이다. 근 1년 전부터 중국과의 거리 두기를 본격화했다. 그리고 2020년 1월 총통선거에서 대만 유권자들은 압도적 지지로 차이 총통을 선출했다. 중국에 대한 대만의 독립적 행보는 더욱 가속화될 듯하다.

그런데 뜻밖의 일이 벌어졌다. 중국과 결별하면서 경제가 오히려 좋아지기 시작한 것이다. 성장률이 그 사실을 반영한다. 2019년 4사분기, 즉 10월부터 12월까지 3개월 동안 성장률이 대폭 상승했다. 3.4퍼센트인데 아시아의 네 마리 용 중 가장 높은 수치다. 우리나라는 같은 기간 2.2퍼센트 상승했다.

사실 중국과 거리를 두기 시작하면서 잠시 동안은 성장률이 추락했다. 2018년 후반부터 3퍼센트대이던 성장률이 1퍼센트대로 추락한 것이다. 하지만 2사분기부터 서서히 상승하기 시작하더니 2019년 3사분기에는 2.99퍼센트 4사분기에는 드디어 3.4퍼센트로 경쟁국 대비 최고 수준으로 올라섰다.

우려했던 대로 중국에 대한 수출은 감소했다. 2019년 10월의 경우 중국에 대한 수출은 −32퍼센트. 즉 거의 3분의 1이 줄었다. 반면 미국과 관계가 좋아지면서 대미 수출이 23퍼센트 늘었다. 결과적으로 수출은 3.4퍼센트 줄어드는데 그쳤다. 또, 중국 관광객은 줄었지만 호주, 뉴질랜드, 동남아 관광객이 증가해 중국 관광객 감소의 충격을 꽤 상쇄했다.

무엇보다도 눈에 띄는 것은 생산 시설에 대한 투자가 늘었다는 점이다. 반도체 기업 TSMC처럼 중국에 나가 있던 기업이 대만으로 다시 돌아왔다. 그러다 보니 대만에서의 투자가 크게 늘어났다.

중국에 대한 수출이 줄었지만 다른 효과들이 그것을 상쇄했기 때문에 GDP 성장률은 오히려 높아질 수 있었다. 물론 대만의 새 정책, 즉 중국과의 결별은 시작된 지 1년 남짓에 불과하니까 그 효과는 더 지켜봐야 하겠지만, 최소한 지금까지는 잘한 선택이다.

경제만 그런 것이 아니다. 정치적으로도 미국과 급격히 가까워지고 있다. 2018년에는 미 의회에서 대만여행법(Taiwan Travel Act)라는 것이 제정돼 미국과 고위급 인사의 상호 방문 교환이 가능해졌다. 지금까지는 중국 때문에 막혀 있던 통로가 열린 것이다. 그리고 2019년에는 대만동맹보호및향상법(Taiwan Allies International Protection and Enhancement Initiative Act of 2019)이 제정돼 대만을 미국의 동맹국 수준으로 격상시켰다. 미국, 일본, 호주, 인도가 참여하는 미국의 인도태평양 전략에 대만이 참여하게 될지도 모른다. 국제적으로 고립되었던 대만에게 새로운 기회가 열리고 있는 것이다.

중국과 미국 사이에서 눈치 보기를 하고 있는 한국으로서는 참조할 만한 좋은 모델이 생긴 셈이다.

대만 청년들,
돈보다 독립 택하다

　대만은 거대한 중국을 상대로 당당하게 싸움을 벌이고 있다. 그 선두에는 차이잉원 총통이 있는데, 1년 전까지만 해도 가능성이 별로 없어 보이던 그가 1월 11일 선거에서 국민당 후보를 누르고 압승을 거뒀다. 대만의 청년이 대만 독립을 내세운 차이 총통을 지지했기 때문이다. 대만의 청년은 편한 복종보다는 두렵지만 당당한 주권을 택했다.

　1월 11일, 총통 선거에서 가장 유력한 후보는 차이잉원과 한궈위였다. 차이잉원의 한자 이름을 우리식으로 읽으면 채영문(蔡英文)이고 한궈위는 한국유(韓國瑜)다. 이름에 한국이 들어가는 것이

재미있다.

두 후보의 결정적 차이는 양안관계, 즉 중국에 대한 태도에서 엿볼 수 있다. 차이잉웬은 대만은 이미 독립국가이고 앞으로도 독립을 유지할 것이라는 입장이다. 그것은 민진당의 입장이기도 하다. 반면 국민당의 한궈위 후보는 대만과 중국 본토는 모두 중국의 일부라는 입장을 내걸었다. 대만이 독립 국가가 아니라는 것이다.

이렇게 된 데에는 역사적 배경이 있다. 민진당은 본성인, 즉 1949년 이전부터 살아온 대만인과 청년의 입장을 대변한다. 이들은 독립을 추구하는 경향이 강하다. 반면 국민당은 1949년에 중국에서 마오쩌둥 군에게 패하고 도망 나온 세력이다. 대만을 점령한 셈이다. 그래서인지 이들은 중국 본토인이라는 생각이 강하다.

경제에서도 민진당은 상대적으로 미국, 일본과의 관계를 중시한다. 미중 무역전쟁을 활용해 중국 의존을 벗어나려는 전략을 추구하고 있다. 반면 국민당은 중국과의 관계를 중시한다. 한궈위 후보의 공약 중에는 '중국 관광객을 많이 데려오겠다', '중국의 투자를 더 많이 받아오겠다'는 내용이 큰 자리를 차지하고 있다.

최종적으로는 차이잉웬이 총통으로 당선됐지만 원래부터 그랬던 것은 아니다. 2019년 5월까지만 해도 두 후보 중에서 한궈위가 압도적 우위를 보였다. 그림은 TBVS라는 여론조사 기관의 8월까지 조사 결과다. 까만색 선이 차이잉웬이고 붉은색 선이 한궈위다.

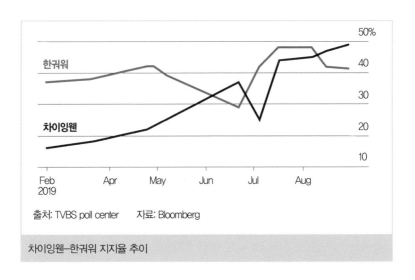

한궈위

차이잉웬

50%

40

30

20

10

Feb
2019

Apr

May

Jun

Jul

Aug

출처: TVBS poll center   자료: Bloomberg

차이잉웬–한궈위 지지율 추이

전체적으로 붉은색이 위에 있다. 한궈위가 우세였음을 말해준다. 특히 5월까지는 한궈위 후보는 40퍼센트 수준, 차이잉웬은 20퍼센트 수준으로 한궈위가 압도적 우위였다. 그런데 5월부터 상황이 달라지기 시작한다. 한궈위에 대한 지지가 추락하고 차이잉웬에 대한 지지가 급등했다. 그 5월은 홍콩 사태가 본격화된 때다.

다음 그래프는 선거 직전까지의 5개 여론조사 기관의 결과를 종합한 것이다. 까만색이 차이잉웬이고 붉은색이 한궈위다. 5월부터 8월까지는 둘이 서로 엎치락뒤치락하다가 9월부터는 한궈위 지지율이 현격이 떨어지기 시작한다. 결국 차이잉웬 총통이 압승을 거뒀다.

상황이 이렇게 된 것은 대만인의 양안관계에 대한 시각이 바뀌

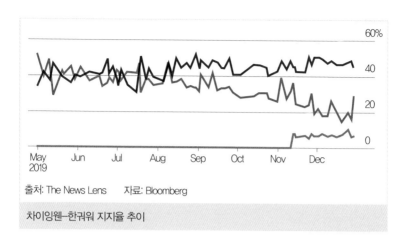

출처: The News Lens   자료: Bloomberg

차이잉웬-한궈워 지지율 추이

었기 때문이다. 5년 전까지만 해도 대만인은 중국으로부터의 독립 보다 경제를 더 중시했다. 그럴 만도 한 것이 한국이나 홍콩, 싱가 포르에 비해 경제성장이 부진했기 때문이다.

한국과 소득수준을 비교해보면 대만 경제의 성과가 바로 드러 난다. 1980년대 한국이 1인당 GDP가 2000달러 수준일 때 대만 은 3000달러대였고 한국이 1만 달러일 때 대만은 1만2000달러로 20퍼센트 더 높았다. 그런데 2000년대 들어와서 상황이 뒤집혔다. 2003년 이후부터 한국이 앞서기 시작해 2019년 현재 한국이 3만 1000달러인데 대만은 2만5000달러 수준에 불과하다. 오히려 대만 이 한국보다 20퍼센트 더 낮은 것이다. 대만인이 경제 때문에 스트 레스를 받을 만하다.

그런 상황에서 중국과 관계가 나빠지면 큰일이었다. 대중국 수

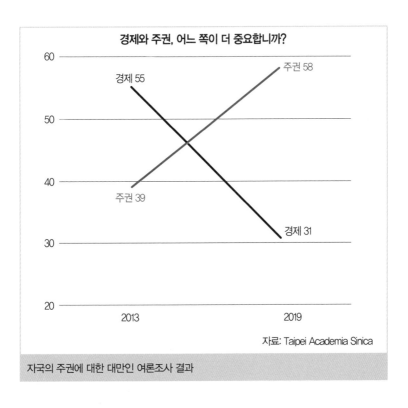

경제와 주권, 어느 쪽이 더 중요합니까?

경제 55

주권 58

주권 39

경제 31

2013

2019

자료: Taipei Academia Sinica

자국의 주권에 대한 대만인 여론조사 결과

출이 전체의 40퍼센트를 차지하고 본토에서 일하는 대만인이 40만 명에 달했다. 그러니 중국과 좋은 관계를 유지할 필요가 있었다. 하지만 시진핑 시대에 들어와서 사정이 달라지기 시작했다. 시진 핑의 고압적 태도를 보면서, 특히 홍콩 사태를 다루는 것을 보면서 생각이 확 달라졌다. '중국과 가까이하면 안 되겠구나' 하는 생각이 강해진 것이다. 게다가 미중 무역전쟁이 진행되면서 중국에서 기 대할 것이 줄어든 탓도 있다.

대만인의 이런 변화는 여론조사 결과에 그대로 드러났다. 양안 관계에서 경제적 이익이 중요한가 아니면 주권이 중요한가를 물어본 조사가 있다. 2013년 조사 결과는 경제적 이익 55퍼센트, 주권 39퍼센트였다. 2019년 조사에서는 경제적 이익 31퍼센트, 주권 58퍼센트로 상황이 뒤집어졌다.

눈앞의 돈보다는 독립과 주권을 택하게 된 것이다. 특히 대만 청년의 태도 변화가 크게 작용했다. 일자리가 없는 것도 힘들지만, 중국에 종속되어 사는 것은 더 고통스럽다는 깨달음이 생겨난 것이다. 결국 대만인, 특히 대만 청년은 차이잉원을 총통으로 선출했고 대만은 반중 투쟁의 선봉에 서 있다.

넥스트 차이나(Next China)를
꿈꾸는 인도, 그러나 한계

 2020년 6월 15일 히말라야의 라다크 국경지역에서 인도·중국 두 나라 군인 사이에 육탄전이 벌어졌다. 인도 군인 20명이 죽고 중국군도 상당수가 사망한 것으로 추정된다.

 국경분쟁은 경제전쟁으로 이어지고 있다. 격분한 인도 국민은 시진핑의 사진을 불태우고 중국산 제품 불매운동에 나섰다. 두 나라 사이의 분쟁은 쉽게 끝나지 않을 듯하다. 우리나라에도 영향을 줄 수 있다.

 인도는 전통적으로 초강대국 사이에서 독자 노선을 표방해 왔다. 인도를 제3세계의 리더라고 불렀는데 제3세계란 1세계인 미국, 2세계인 소련 중 어느 쪽에도 기울지 않는다고 해서 나온 이름이다. 소련의 붕괴 후에도 인도는 그다지 미국 편으로 기울지 않았다. 중국과는 국경분쟁이 계속되고 있었지만 그렇다고 완전히 등을 돌린 것도 아니었다. 2014년 취임한 현 인도 총리인 모디 총리역시 중국과 가까이 지내려고 했다. 2014년과 2015년 시진핑 주석과 모디 총리가 번갈아 가며 국빈방문해서 협력을 다짐한 일은 중국을 대하는 인도의 태도가 어떠했는지 잘 보여 준다.

하지만 2017년 트럼프 대통령의 취임과 함께 인도는 다른 모습을 보이기 시작했다. 가장 눈에 띄는 행보는 중국의 팽창을 견제하기 위해 결성된 쿼드(Quad) 협의체 활동에 적극 나서고 있는 것이다. 쿼드란 4각형 모양의 광장을 뜻하는 단어인데 미국, 일본, 호주, 인도의 4나라 협의체를 이렇게 부른다. 미국이 주도한, 중국을 견제하는 목적의 모임이다. 인도는 2019년에는 미-일-인도 합동 군사 훈련에 참가했고 2020년에는 호주와 전략적 파트너십을 맺었다. 호주는 대표적으로 반중 분위기가 고조되고 있는 나라다.

인도의 이 같은 행보는 미국 등 자유진영의 국가와 손을 잡고 중국의 팽창을 견제하겠다는 의도가 분명해 보인다. 당연히 중국도 눈치를 챘다. 라다크 국경지역에서의 발생한 전투는 인도의 친미적 행보에 대한 중국의 경고라는 해석이 많다.

인도가 미국과 손을 잡고 중국 견제에 나선 데에는 그럴 만한 이

유가 있다. 첫째는 중국의 일대일로 정책에 대한 대응이다. 중국의 일대일로 투자로 포위된 인도가 반중 진영과 손을 잡고 반격을 하는 것이다. 일대일로 정책으로 중국이 가장 많이 투자한 나라는 파키스탄과 스리랑카다. 중국 · 파키스탄 경제 회랑(CPEC: China Pakistan Economic Corridor)이라는 이름이 붙을 정도로 중국은 파키스탄에 많은 투자를 했다. 신장웨이우얼 자치구부터 파키스탄 남부 과다르항까지 도로와 철도, 에너지망 등을 건설해서 중국과 긴밀하게 엮었다.

그런데 파키스탄은 원래부터 인도의 적대국가다. 인도는 파키스탄이 강해지는 것에 상당한 위협을 느낄 수밖에 없다. 파키스탄이 북쪽이라면 남쪽인 스리랑카에도 중국이 항구 건설 등에 크게 투자했다. 네팔, 부탄 등 인도 주변국 대부분에 중국의 투자가 이뤄졌다. 이런 일련의 움직임은 인도 주변국의 힘을 키우는 것인 동시에 중국이 인도를 포위하는 셈이기도 하다. 인도는 자기 방어를 위해서라도 미국, 일본, 호주 등 자유진영의 나라와 손을 잡게 된 것이다.

둘째는 경제적인 이유다. 중국이 누려온 세계의 공장 자리를 차지하려는 의도가 있다. 중국의 인건비가 비싸져서 공장들이 중국의 대체지를 찾기 시작했다. 여기에 미중 무역전쟁까지 터져 대체지를 찾는 기업이 더 늘어났다. 지금까지는 베트남, 멕시코 등이 중국 대체지의 역할을 해왔지만 인구가 적기 때문에 중국을 온전히 대체할 정도의 크기는 되지 못했다. 인도가 그 역할을 하고 싶었던 것이다. 노동력 규모로는 중국에 못지 않은 데다가 인건비도 싸니까 중국의 역할을 대신할 수 있다고 마음을 먹음직하다. 모디 총리가 2014년 메이크 인 인디아(Make in India) 정책을 통해 GDP의 15퍼센트인 제조업 비중을 2020년에 20퍼센트까지 올리겠다고 선언한 것은 그런 야심을 드러낸 것이라 해석된다.

인도는 방향 전환을 해서 무엇을 얻었을까? 정치적으로는 미국, 일본, 호주, 베트남 등 미국의 우방 국가들과 우호가 돈독해졌다. 반면 중국과는 관계가 악화됐다. 국경에서 벌어진 중국군과의 난투극은 악화된 인·중 관계의 단면이다.

경제적 성과는 기대했던 것보다 초라하다. 메이크 인 인디아 정책을 시작한 2014년 제조업 비율이 15퍼센트였는데 2018년 현재 여전히 그 수준을 넘지 못하고 있다. 목표로 내건 2020년 제조업 20퍼센트 달성은 어림없다.

수출 동향을 보면 중국의 자리를 대신하겠다는 목표도 달성이 어려워 보인다. 2019년 1~4월 기간 동안 중국의 대미 수출은 1408억 달러가 줄었다. 같은 기간 동안 대미 수출액수가 가장 많이 증가한 국가는 1170억 달러인 멕시코다. 베트남은 증가액 207억 달러, 증가율 38.4퍼센트 증가율로는 최대 수혜국이다. 인도는 197억 달러,

12.4퍼센트 증가에 그쳤다. 참고로 인도의 GDP는 2조9300억 달러로 2600억 달러인 베트남의 11배에 달한다. 그런데도 수출 증가액은 베트남보다 더 적었다.

미국, 일본, 호주 등 중국 견제에 나선 나라들은 인도가 중국 대신 세계의 공장 역할을 해주길 바랄 것이다. 그러나 가까운 시일 내에 인도가 중국이 해오던 세계의 공장 자리를 대신할 가능성은 커 보이지 않는다.

인도는 미중 분쟁, 디커플링이라는 좋은 기회를 왜 살리지 못하고 있을까? 사업 환경이 열악하기 때문이다. 인도는 사업하기가 매우 어려운 나라다. 규제가 심해서 사업 허가를 받기도 어렵다. 사업을 시작한다고 해도 노동규제가 워낙 심해서 노동자의 생산성을 올리기가 쉽지 않다. 거래 관계에서 계약을 안 지키는 것으로도 유명하다.

수입관세도 매우 높다. WTO에 따르면 평균관세율이 13.8퍼센트 정도인데 최고 관세율(bound rate)은 48.5퍼센트까지 가능하다.[62]

모디 총리는 나름 개혁정책을 시도해 왔다. 규제를 풀어 경제활동의 자유를 늘렸고 그 덕분에 지표상으로는 사업 환경이 좋아진 것으

---

62 https://www.privacyshield.gov/article?id=India-Import-Tariffs

로 평가된다. 월드뱅크 사업환경 지수에서 인도는 2015년 142위였는데[63] 2020년엔 63위로 상승했다. 하지만 체감하는 환경이 정말 그렇게 좋아졌는지는 의문이다.

문제는 지나치게 민족주의적 색채가 강하다는 것이다. 특히 규제 완화는 주로 내국 기업, 영세 소기업을 대상으로 한 것이다. 외국 제품에 대한 수입 장벽을 높이고 국산품 구입을 장려하는 정책을 펼쳤다. 전형적인 보호주의 정책이다. 2016년부터 인도에 투자한 아마존, 페이스북 등이 갑작스러운 해외 기업 규제로 곤란을 겪고 있는 것은 인도의 사업 환경이 어떤지를 단적으로 보여준다.

중국을 이기고 세계 공장의 자리를 차지하려면 메이드인 인디아 제품의 경쟁력이 높아져야 한다. 품질이 좋고 가격은 싸야 하는 것이다. 하지만 인도 정부는 인도 국민과 인도 기업에게 수입품보다 비싸고 품질이 떨어지더라도 인도 제품과 부품을 구입하라고 강요하고 있다. 하나는 알고 둘은 모르는 정책이다. 국산품 강요 정책은 단기에 국내 생산을 늘리는 효과가 있다. 하지만 길게 보면 결국 제품의 수출 경쟁력을 낮춰 국내 산업을 낙후된 상태로 가두어 버린다. 경제원리가 그러한데도 인도 국민 대다수가 경제원리에 어긋나는 정책을 요구하고 있으니 바꾸기 쉽지 않을 것이다. 엄청난 노동

---

63 https://korindia.com/news/54724

력을 가지고도 세계의 공장 역할을 하지 못하는 큰 이유다.

인도는 원래 자국 상품 보호주의가 매우 강한 나라였다. 간디가 독립운동을 이끌 때 주요 수단이 국산품 애용이었다. 영국제 옷감 말고 직접 옷감을 지어 입자는 주장이 독립운동에서 중요한 부분 이었다. 그 전통과 정신이 독립 이후의 정책에 그대로 반영돼 오랜 기간 동안 사회주의 계획경제를 지속했다. 정치는 민주주의였지만 경제는 사회주의였다. 아시아의 네 마리 용이 연평균 7퍼센트의 성장을 기록하는 동안 인도는 3퍼센트 남짓의 성장을 이루는 데에 머문 큰 이유가 거기에 있었다. 그러다가 1991년 외환위기를 맞 아 IMF 구제금융을 받게 되었고 IMF 요구대로 경제 자유화를 하 게 됐다. 그 결과 상당히 높은 경제성장을 이어왔다. 2014년 모디 총리의 집권 이후 나름의 경제 자유화 덕분에 성장률은 7퍼센트를 넘어설 정도로 호황을 구가했다. 하지만 외국에 대해 장벽을 높이 는 보호주의 정책 탓에 발전의 한계에 부닥쳐 있다.

낙후된 인프라 시설도 인도가 중국을 대체하기 어려운 이유 가 운데 하나다. 공장만 있다고 수출이 되는 것이 아니다. 좋은 항구 가 매우 중요하다. 특히 콘테이너 항구가 반드시 필요하다. 그런데 인도는 항구 시설이 형편없다. 세계 50대 컨테이너항에 속하는 항 구가 인도에는 하나뿐이다. 그것도 34위다. 중국은 50위 안에 드

는 컨테이너 항이 무려 15개나 있다. 베트남도 2개나 있다.[64]

이런 상황에서 코로나19와 중국과의 국경 분쟁 사태가 터졌다. 코로나는 1억2200만 명의 일자리를 앗아갔다. 5월달 실업률은 무려 27.1퍼센트까지 치솟았다. 중국과의 국경 분쟁이 터졌고 중국 제품 불매운동도 시작됐다. 중국 제품의 수입도 단절할 가능성이 크다.

이것은 일종의 자해 행위가 될 수 있다. 인도 제조업은 중국산 부품 소재에 상당히 의존하고 있다. 중국에서 수입하는 제품의 60퍼센트는 부품과 소재다. 화가 난다고 중국 제품의 수입을 차단하면 인도 자신의 산업도 돌아가지 않게 된다. 인도는 지금 그런 길로 들어섰다.

인도는 중국 대신 세계의 공장이 되는 꿈을 꾸며 미국에 다가갔다. 그 때문에 중국의 공격을 받았고 인도 국민은 중국 제품 불매로 반격에 나섰다. 하지만 그럴수록 중국의 세계 공장 자리를 빼앗아 오겠다는 인도의 꿈, 넥스트 차이나의 꿈은 더욱 멀어져 갈 것으로 보인다.

---

64 http://www.worldshipping.org/about-the-industry/global-trade/top-50-world-container-ports

7장

돈 풀어 사는 나라,
돈 풀면 죽는 나라

01

쌓여 가는 부채,
그 끝은?

코로나 바이러스 때문에 나라마다 돈들을 엄청나게 풀고 있다. 방역을 하고, 긴급재난구호금을 나눠주고, 부도에 직면한 기업에 대출을 해준다. 5월 10일 현재 일본은 GDP의 21퍼센트, 미국은 13퍼센트, 대한민국은 2.2퍼센트를 쓰겠다고 발표했다.

그 돈들은 십중팔구 빚을 내서 충당하기 마련이다. 코로나는 전혀 예상치 못한 사건이기 때문이다. 정부가 돈을 쓰느라 국채를 발행하면 국가채무가 되고, 기업에 지원하면 기업부채가 불어난다. 급증하는 부채는 우리를 불안하게 한다.

물론 기존 부채가 별로 없는 상태라면 GDP의 몇 십 퍼센트에

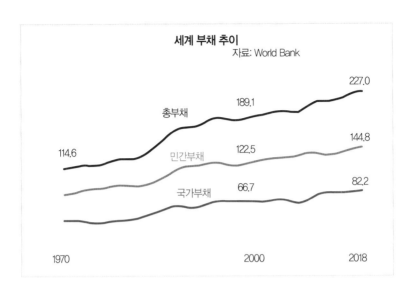

세계 부채 추이
자료: World Bank

총부채
227.0
189.1
114.6

민간부채
144.8
122.5

국가부채
82.2
66.7

1970　　　　2000　　2018

해당하는 새로운 부채가 생기더라도 견딜 만할 것이다. 하지만 이미 기존 부채가 엄청나게 쌓여 있는 나라들이 많다. 그 위에 예상치 않은 코로나 부채가 얹어지니 부도 위험이 매우 높아졌다. 2020년 부채 통계가 아직 나오지 않았지만 올해 말쯤 되면 부채가 엄청나게 불어 있을 것이다.

월드뱅크는 2019년 12월에 〈글로벌 부채의 파도, 원인과 결과〉라는 제목의 특별보고서로 세계의 부채 상황을 발표했다. 코로나 사태 직전에 나온 보고서다. 이 보고서에서 2018년 말까지의 글로벌 부채에 관한 자료들을 볼 수 있는데, 먼저 전 세계의 부채 규모를 보자. 주황색이 민간 부채, 빨간색이 정부 부채, 검정색이 합계인 총부채다. 2018년 말 세계 모든 나라의 부채를 합치면 세계 GDP의 227퍼센트, 그중 각자 돈을 벌어서 갚아야 하는 민간 부채가 144.8퍼센트, 세금으로 갚아야 하는 정부 부채가 82.2퍼센트다. 부채가 계속 불어난 결과다. 총부채를 기준으로 2000년에는 189.1퍼센트였는데 2018년 38퍼센트포인트가 증가했다. 2010년과 비교하면 7퍼센트포인트가 늘었다.

특히 주목해야 하는 것은 브라질, 러시아, 인도 같은 신흥개도국들의 부채다. 한국도 이 범주에 포함된다. 2008년까지 총부채가 GDP의 95.7퍼센트였는데 2008~2009 글로벌 금융위기를 겪으면서 급격히 늘기 시작해서 2018년 말에 165.1퍼센트까지 치솟았다. 중국이 포함돼 있어서 숫자가 커진 측면이 있지만 신흥국의 부채 규모가 급증한 것은 틀림 없다. 이것만으로도 위험한데 코로나 사태까지 겹쳤으니 신흥국들은 코로나 대응에 제대로 돈을 쓰기도 어려운 지경이다.

부채가 이렇게 쌓이면 어떤 결과가 찾아올까? 이미 그 결과를 여러 번 경험했다. 2차 대전 이후 글로벌 차원에서 부채의 파도가 네 번 있었다. 1차 파도는 1970~80년대, 2차 파도는 1990년대, 3차 파도는 2008년 그리고 4차 파도는 2010년 이후부터 지금까지 이어지고 있다. 지금 우리는 네 번째 파도에 올라타고 있는 것이다.

1차, 2차, 3차 파도는 모두 파국으로 끝났다. 1차 파도의 결말

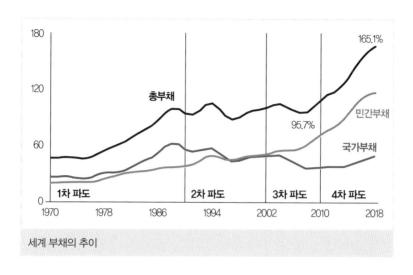

세계 부채의 추이

은 1980년대 중남미 외환위기다. 브라질, 멕시코, 아르헨티나 같은 나라들이 연쇄 국가부도를 겪었다. 2차 파도는 바로 우리가 겪었던 1998년 아시아 외환위기를 불러왔다. 태국에서 시작된 자본 탈출이 인도네시아, 대한민국으로 이어졌고 IMF의 도움으로 겨우 부도를 면했다.이 세 나라 만큼은 아니지만 홍콩, 필리핀, 라오스 같은 나라도 적잖은 타격을 입었다. 세 번째 파국은 2008년 미국의 서브프라임 사태와 리만 브라더스 파산으로 시작된 세계 금융위기다. 처음 두 번이 신흥국에서 터진 반면 세 번째는 선진국인 미국에서 시작됐다. 그리고 선진, 후진국을 기리지 않고 진 세계가 타격을 받았다. 다행히 한국은 가볍게 겪고 넘길 수 있었다. 이처럼 세 번 찾아온 부채의 파도는 쓰나미가 되었고 많은 나라가 국가 부도 또는 그와 비슷한 정도의 엄청난 고통을 겪어야 했다.

지금 인류가 올라탄 네 번째 파도는 어떤 결과를 가져올까? 브라질, 러시아, 인도 등 신흥국들이 특히 위험해 보인다. 자본시장은 서로 밀접히 연관돼 있어서 우리 한국도 안심할 수 없다. 신흥국에서 문제가 생길 경우 경제의 기초 체력이 부족한 나라는 덩달아 위기를 맞을 수 있다. 1998년 우리나라의 IMF 외환위기도 그런 성격이 상당히 강했다.

그러나 빚이 많다고 다 부도가 나는 것은 아니다. 사실 따지고 보면 부채는 신흥국보다 선진국 쪽이 더 많다. 일본의 국가 부채는 GDP의 236퍼센트인데 국가 부도 이야기는 안 나온다. 반면 이미 여덟 번이나 국가 부도를 냈고 지금도 부도 상태에 있는 아르헨티나는 국가 부채 비율이 53퍼센트에 불과하다. 그러니까 부채 액수 그 자체가 문제는 아니라는 것이다.

왜 어떤 나라는 엄청난 부채가 쌓였는데 멀쩡한 반면 어떤 나라는 빚이 그렇게 많은 것도 아닌데도 부도 위기에 처할까? 이런 질문에 대해 올리비에 블랑샤르(Olivier Blanchard) 박사가 흥미로운 판단법을 내놨다. 브랑샤르 박사는 IMF 수석 이코노미스트를 오랜 동안 역임한 경제학자다.

블랑샤르 박사의 기준은 이렇다.

'경제성장률이 조달금리보다 낮으면 국가 부채 위험이 있다. 그

블랑샤르의 부채 위험성 판단 기준

✓ 성장률 〉금리 → 안전
✓ 성장률 〈금리 → 불안

러나 성장률이 금리보다 높다면 부채가 크더라도 파국을 걱정할 필요가 없다.'

블랑샤르 박사는 왜 이런 주장을 했을까. 성장률이 금리보다 높을 경우 시간이 지나면 경제 규모가 성장해서 부채비율이 점점 작아지며 그 덕분에 부채 문제가 자동적으로 해결된다. 그러나 성장률이 조달금리보다 낮으면 경제 규모에 비해 원리금과 이자를 합친 비율이 점점 더 커지게 된다. 그래서 파국으로 치달을 수 있다는 것이다. 현실은 이보다 훨씬 복잡하지만 일차적인 판단법으로는 괜찮은 방법이라고 생각한다.

다음 그래프는 각 나라의 성장률과 이자율 사이의 관계를 보여준다. 선진국 2나라, 신흥국 3나라 그리고 한국을 대상으로 경제성장률에서 국채조달금리를 뺀 것이다. 그 값이 플러스, 즉 성장률이 금리보다 높으면 까만색, 마이너스, 즉 성장률이 금리보다 낮으면 빨간색이다. 성장률은 2019년 GDP 성장률, 금리는 10년 만기 국채금리를 사용했다. 까만색은 일본과 미국, 중국, 한국이다. 블랑샤르의 기준에 의하면 안전한 나라들이다. 반면 러시아와 브라질

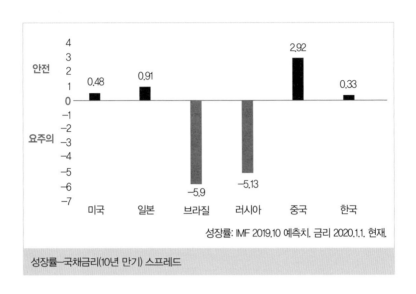

성장률: IMF 2019.10 예측치. 금리 2020.1.1. 현재.

성장률—국채금리(10년 만기) 스프레드

은 빨간색이다. 성장률보다 금리가 더 높으니 요주의 국가들인 것이다. 그러나 금리는 순간에 뛸 수도 있는 것이어서 블랑샤르의 기준만 믿을 수는 없다. 블랑샤르 자신도 이것을 하나의 논쟁 주제로 삼을 만하지 않느냐고 제안한 것이었다.

어떻든 선진국보다 신흥국들의 부도 위험이 높은 것은 사실이다. 〈이코노미스트〉 역시 자기들 나름의 방식으로 신흥국의 부채 상태를 평가했는데, 블랑샤르 박사의 방법으로 평가한 것과 큰 차이는 없어 보인다.

우리나라는 블랑샤르의 기준으로 보나 〈이코노미스트〉의 평가로 보나 현재 상태로는 위험한 나라가 아니다. 하지만 안심할 수만

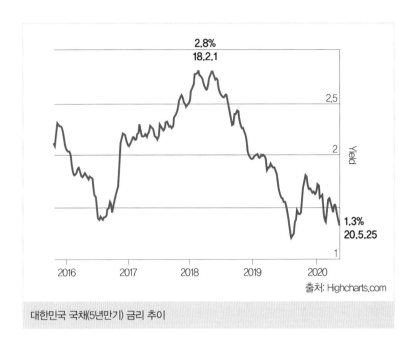

2.8%
18.2.1

2.5

2

Yield

1.3%
20.5.25

1

2016   2017   2018   2019   2020

출처: Highcharts.com

대한민국 국채(5년만기) 금리 추이

은 없다. 신흥국에서 부도 사태가 발생하면 우리나라도 얼마든지 그 유탄을 맞을 수 있다. 게다가 우리의 국채금리는 1.3퍼센트로 낮아져 있지만 안정된 것이 아니다. 2018년 2월 1일에는 두 배도 넘는 2.8퍼센트로 치솟기도 했다. 언제 다시 그렇게 될지 모른다. 지난 3월 19일 한미통화스와프를 체결하기 전까지 자본이 유출되고 환율이 급등하는 현상을 겪었다. 이건 우리가 특별히 잘못해서가 아니라 세계경제의 위기 상황에 유탄을 맞는 것이다. 그래서 부채를 늘리는 것은 매우 조심해야 한다.

우리나라는 문재인 정부 이전까지 국가 부채를 40퍼센트를 마지노선으로 삼아 잘 관리해 왔다. 정부와 국민이 절제를 잘한 덕분이다. 40퍼센트에 특별한 근거가 있는 것은 아니지만 그 마지노선 덕분에 부채를 안전한 수준에서 관리할 수 있었다. 이제 그 선이 무너지고 있다. 문재인 정부 출범 당시 36퍼센트이던 국가채무비율이 급격히 증가해서 올해는 40퍼센트를 넘을 것 같다.

성장을 하려면 창조적 파괴가 필연적이다. 즉, 새로운 것이 낡은 것을 대체할 때 새로운 것이 나올 수 있다는 말이다. 그런데 우리는 낡은 것이 자리를 비켜주지 않는다. 택시 기사들의 저항을 견디지 못하고 사업을 포기하고 만 '타다' 사태는 아주 작은 사례다. 기득권과 부딪히면, 새로운 것은 힘을 쓸 수가 없다. 타다라는 새로운 사업도 기존 택시 기사와 택시 업계라는 기득권의 저항을 넘지 못하고 포기하고 말았다. 새로운 사업을 만드는 데 엄청난 돈을 썼지만 그냥 쓰레기통에 버려야 한다. 그린 뉴딜, 디지털 뉴딜도 성공적일수록 기존 산업, 기득권과의 마찰이 클 것이고 결국 돈만 내버리는 모양이 될 것이다. 그리고 우리 한국인에게 남는 것은 국가 부채, 기업 부채일 것이다.

우리나라가 그리스를 닮아가는 것 같아 불안하다. 그리스는 원래 재정이 건강한 나라였다. 1980년 국가부채비율이 20퍼센트였으니 국가 부도와는 거리가 멀었다. 그런데 1981년 파속(PASOK, 범그리스 사회주의운동)이라는 사회주의 정당이 집권하면서 국가 부채가 급격히 늘어나기 시작했다. 12년 만인 1993년 국가부채비율은 100퍼센트를 넘어간다. 그후 유로존 가입 덕분에 호시절을 맞이했지만 2008년 세계 경제위기를 맞아 국가 부도 사태에 처하고 말았다.

국가 부채가 늘더라도 그 돈이 기업의 활력을 돋우고 노동자의 생산성을 높일 수 있다면 지나치게 걱정할 필요는 없을 것이다. 금리를 낮게 주더라도 투자자가 한국의 국채를 사고 싶어 하는 상황으로 변해 간다면 그 또한 바람직한 방향이다. 그러나 빚내서 돈은 썼는데 성장률은 떨어지고 기업은 좀비가 되어 간다면, 그리고 노동자의 생산성은 떨어져 간다면 국가 부채는 망국의 지름길이 된다. 이렇게 되지 않도록 국민이 잘 감시하고, 정책을 살펴보는 눈을 키워야 한다.

돈 풀어 사는 나라,
돈 풀면 죽는나라

코로나 팬데믹은 가난한 나라에 더 강한 치명타를 가했다. 그들의 어려움은 환율에 드러난다. 다음 그래프는 한국을 포함한 신흥국 12개 나라의 코로나 이후 미국 달러에 대한 통화가치 변화율이다. 조사 대상인 모든 나라가 마이너스다. 브라질이 −30.8퍼센트로 가장 많이 떨어졌고 러시아는 −16퍼센트, 한국은 −5.7퍼센트다. 중국은 −2퍼센트로 비교적 충격이 작다. 사실 중국은 당국이 환율에 개입하기 때문에 믿을 만한 숫자인지 확신할 수는 없지만, 가치가 떨어진 것은 분명해 보인다.

달러에 대한 신흥국의 통화가치가 떨어지는 이유, 즉 환율이 오

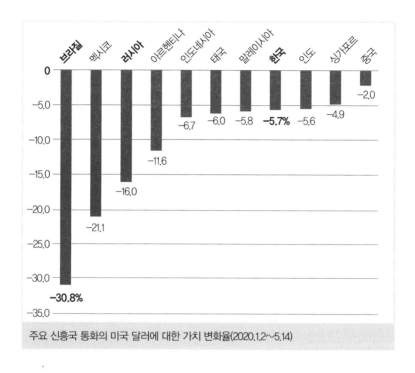

주요 신흥국 통화의 미국 달러에 대한 가치 변화율(2020.1.2~5.14)

르는 이유는 자본 유출 때문이다. 신흥국의 자본유출입 상황은 국제재무연구소(Institute of International Finance)가 계속 추적해왔다. 다음 그래프는 2020년 1월 21일 이후 신흥국의 자본 유출 상황을 보여준다. 회색은 외국인이 신흥국에서 주식을 처분하고 나간 금액, 빨간색은 채권을 처분하고 나간 금액이다. 아래 축의 t는 1월 21일이고 그 뒤의 숫자는 그 후 며칠이 지났는지 나타낸다. t+75이 가장 최근 자료인데, 4월 5일을 뜻한다. 그 75일간의 자본 유출액은 970억 달러에 달한다. 외국 자본이 이렇게 빠져나가기

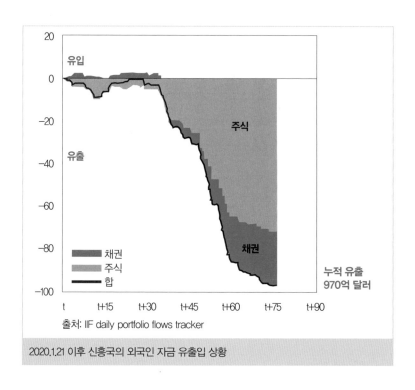

2020.1.21 이후 신흥국의 외국인 자금 유출입 상황

때문에 신흥국의 달러에 대한 환율이 오르고 자국 통화가치가 떨어진 것이다. 사정이 이렇기 때문에 많은 신흥국이 코로나 대책으로 돈을 풀기 어렵다. 그러다가 잘못하면 외환위기로 치달을 수도 있다.

생각하기에 따라 이건 매우 부당한 현상일 수 있다. 돈 풀어내기로 하면 신흥국보다 선진국이 훨씬 심하다. 마구 뿌린다고 할 수 있을 정도다. 아르헨티나, 인도네시아, 인도 등 신흥국 대부분이 코로나 대책으로 쓰는 재정은 대부분 GDP의 4퍼센트 미만인데 선진국은 그것의 몇 배나 많은 돈을 쓴다. 일본은 21퍼센트, 미국은 11퍼센트, 호주는 10퍼센트다. 그리고 이 돈의 상당 부분은 미국 연준을 비롯한 중앙은행이 돈을 찍어서 마련한 것들이다.

돈 풀기는 미국이 특히 심하다. 연준은 양적완화를 통해 미국 정부의 장기 국채를 매입하는 것은 물론이고 일반 기업의 회사채까지 매입하기에 나섰다. 심지어 정크본드, 즉 투자 부적격 등급 기업의 회사채도 사기로 했다. 중앙은행이 뭘 매입한다는 것은 돈을 찍어낸다는 말과 같다. 연준은 통화스왑을 통해 외국 중앙은행에 돈을 대주는데 이것 역시 미국 달러가 풀려나가는 경로다. 이런 실적은 연준의 대차대조표에 자산으로 기록된다. 피치의 4월 보고서에 따르면 2019년 4분기 미연준의 자산 규모는 GDP의 19퍼센트였는데 2020년은 32퍼센트로 증가할 것이라고 한다.[65] 미국 달러의 팽창을 보여주는 숫자다.

돈은 많이 풀릴수록 가치가 떨어지는 것이 상식이다. 그런데 달러는 상식이 통하지 않는다. 달러 인덱스(US Dollar Index)라는 수치는 중요 6개 통화에 대한 미국 달러의 가치를 나타낸다. 1월 1일

---

65 https://www.fitchratings.com/research/sovereigns/economics-dashboard-central-bank-balance-sheets-central-banks-balance-sheets-surge-on-coronavirus-crisis-24-04-2020

달러 인덱스는 96.45였는데, 5월 14일 현재 102.29로 6퍼센트가 올랐다. 가장 많이 풀린 돈이 상식과 반대로 오히려 오른 것이다.

왜 미국은 돈을 마구 풀어내는데 돈의 가치는 더 올라갈까? 반면 미국에 비해 별로 돈도 많이 풀지 않는 신흥국의 돈은 왜 가치가 떨어질까? 자국 통화가 안전자산인지 또는 위험자산인지에 따라 이런 차이가 발생한다. 달러는 국제기축통화(reserve currency)기 때문에 안전자산 중에서도 최고의 안전자산으로 여겨진다. 국제결제은행(BIS)에 따르면 세계 무역의 88퍼센트가 달러로 거래된다. 더욱 중요한 것은 미국 이외 나라가 보유한 부채의 속성이다. 영국은행(Bank of England)에 따르면 신흥국 부채의 3분의 2는 자국 통화가 아니라 달러 표시로 돼 있다.[66] 빚을 갚으려면 달러가 필요한데 코로나 사태로 수출은 안 되니 빚을 갚는 데 문제가 생겼다. 불안을 느낀 투자자가 신흥국에 투자했던 돈들을 빼내 달러로 바꾸려 한다. 위기 때마다 달러에 대한 수요가 폭발하고 신흥국 통화가치는 떨어져 외환위기를 걱정해야 하는 것은 이런 연유 때문이다.

그런 면에서 한국도 아직 신흥국을 벗어나지 못했다. 다음 그래프는 한국의 자본 유출 상황을 보여준다. 자본 유출은 2020년 2월부터 시작해 3월에 폭발적으로 증가했다. 3월 19일 전까지 원-달

---

66 https://asia.nikkei.com/Opinion/China-s-growth-does-not-guarantee-yuan-s-outsize-influence-in-markets

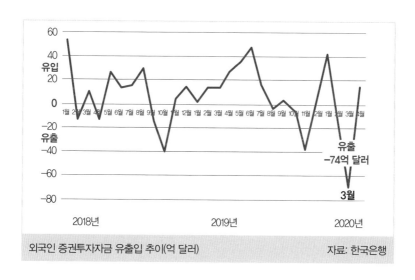

외국인 증권투자자금 유출입 추이(억 달러)　　　　　　　자료: 한국은행

러 환율이 거의 1300원대까지 치솟은 것은 자본 유출의 결과다. 3월 19일 한미 통화스와프 소식이 전해지면서 1220원 선에서 겨우 안정됐다. 미국이 도와주겠다고 하자 비로소 자본 유출이 멈추고 유입으로 전환된 것이다. 한국 원화가 아직 온전한 안전자산의 지위에 오른 것은 아님을 보여주는 증거다.

　사정이 이런데도 문재인 정부는 국가 부채를 늘려 경제를 살리겠다고 한다. 긴급한 상황에 처한 만큼 어느 정도의 부채 증가는 불가피하겠지만 그것에 의지해서 경제를 세우면 큰일을 당할 수 있다. 한국 원화는 아직 국제 통화가 아니다. 3월 15일 이후 며칠간 겪은 환율 급등과 자본 유출 현상이 언제 다시 재발할지 알 수 없다.

한미 통화스와프의 진실

　코로나를 겪으며 우리는 미국의 위력을 확실히 느꼈다. 3월 5일 달러당 1181원이던 환율이 3월 6일부터 치솟기 시작했다. 급등을 거듭하더니 3월 19일에는 1285원을 돌파했다. 이러다가 1300을 넘고 외환위기로 치닫는 것 아닌가 걱정도 커져갔다. 그러던 중 3월 19일 미국과 한미 통화스와프를 체결한다는 발표가 났고 그 다음 날 바로 1245원으로 낮아졌다. 미국의 위력이고 기축통화의 위력이다.

　한국이 다른 나라와 맺는 통화스와프는 우리나라에 금융위기가 닥칠 때 원화를 맡기고 상대방 통화를 받아오는 장치다. 한미 통화스와프는 한국은행이 미국 연준에게 원화를 맡기고 미국 달러를 받아오는 장치다. 이자가 붙지 않는 통화 간 교환이라는 점에서 IMF 구제 금융과는 다르다. 우리나라는 2008년 세계 금융위기 때 미국과 통화스와프를 맺었고, 그후 종료된 상태였는데 이번에 다시 체결하게 되었다.

달러 부족 사태에 대비한 또 다른 장치가 있다. 외환보유고다. 2019년말 우리의 외환보유고는 4088억 달러로 세계 9위다. 1997년에는 89억 달러였는데 1998년 외환위기로 혼이 난 후 거의 50배에 달하는 외환보유고를 쌓아 놓은 것이다. 그런데 외국인 투자가 빠져나가기 시작하니까 막대한 외환보유고도 별 소용이 없었다. 미국이 도와주겠다는 한마디가 외환보유고 4000억 달러를 쌓아 두는 것보다 훨씬 더 효과가 컸다.

한국은 중국과도 560억 달러 규모의 통화스와프를 체결하고 있지만 이번 같은 자본 유출 사태에 아무런 도움을 주지 못했다. 자본 유출은 결국 달러 유출이기 마련인데 중국과의 통화스와프는 달러가 아니라 위안화를 받아오는 장치다. 우리에게 필요한 통화스와프는 미국과의 통화스와프다.

그런데 이 한미 통화스와프를 가지고 자기 공이라고 생색 내는 사람들이 있다. 문재인 대통령은 통화당국과 재정당국의 공조로 이뤄낸 성과라고 치하했다. 이주열 총재가 파월 연준 의장에게 특별히 부탁해서 성사된 것이고, 홍남기 부총리가 미국 므누신 재무장관에게 손편지를 쓴 것이 효과가 있었다는 이야기가 나왔다. 그것만 들으면 마치 이번 정부가 잘해서 한미 통화스와프가 체결된 것처럼 보인다. 내막을 자세히 알 수는 없으나. 최소한 공식적으로 드러난 상황을 보면 문재인 정부가 공을 내세울 만한 일은 아니라는 생각이 든다. 왜냐하면 이번에 미국이 통화스와프 기회를 제공한 나라는 한국만이 아니기 때문이다.

이번 미국과의 통화스와프는 한국을 비롯한 9개국을 대상으로 동시에 발표했다. 한국, 덴마크, 노르웨이, 스웨덴, 호주, 뉴질랜드, 브라질, 멕시코, 싱가포르다. 그런데 이 아홉 개 나라들은 모두 이미 2008년 외환위기 때 미국이 통화스와프 협정을 제공했던 바로 그 나라들이다. 2008년 당시 미국은 14개국과 통화스와프 계약을 맺었다. 위에서 말한 9개국에다 캐나다, 영국, 일본, 유럽, 스위스의 5개국을 합쳐서 14개국이다. 이 중에서 캐나다 등 5개국과는 2013년부터 통화스와프 계약이 상설화되었다. 한국 등 9개국과는 계약이 해제되었다가 이번에 6개월 시한의 잠정적인 통화스와프 계약을 체결했다.

미국 연준이 아홉 개 나라와 동시에 체결한 통화스와프 계약을 한국 정부가 로비를 잘해서 체결하기로 결정했을까? 그럴 가능성은 희박하다. 미국 연방준비위원회 홈페이지에 들어가면 이번 통화 스와프 결정에 대한 보도자료가 떠 있다. 골자는 이번 조치가 코로나 바이러스 사태로 국제금융시장에 생긴 어려움을 해결하기 위한 조치이며 국제적인 금융경색 때문에 미국 시민과 미국 기업이 고통받는 것을 방지하기 위해 이 아홉 개 나라에 잠정적으로 달러를 공급하기로 했다는 내용이다.

통화스와프의 목적이 이러한 데, 한국은행 총재가 미국 연준의 파월 의장과 친하다는 이유로, 또는 한국의 홍남기 경제부총리가 손편지를 써서 보냈기 때문에 미국 므누신 재무장관의 마음이 움직여서 한국에 통화스와프를 제공했다고 말하는 것은 설득력이 없다.

미국의 통화스와프 계약 대상국은 이미 2008년에 결정되었다고 봐야 한다. 그리고 카이스트 이병태 교수, 펜앤마이크의 정규재 주필이 이미 밝혔듯이 2020년 한미 통화스와프의 공은 2008년 세계 경제위기 당시 한미 통화스와프 계약을 이뤄낸 사람들, 즉 이명박 대통령과 경제팀에게 돌아가는 것이 옳다.

당시의 상황을 잠시 복기해 보자. 2008년 9월, 미국의 서브프라임에 이어 리만 브라더스의 파산으로 세계 금융위기가 촉발됐다. 그 여파로 원화 환율이 치솟기 시작했다. 영국의 〈파이낸셜 타임즈〉, 미국의 〈타임〉 같은 외신은 한국의 국가 부도가 예상된다는 식의 보도를 내놓기 시작했다.

한국 정부는 위기에서 벗어나고자 미국에 통화스와프 계약을 맺어달라고 요청했지만 미국은 거부했다. 미국은 신용등급 AAA 급인 나라들하고만 스와프를 하고 있다는 것이다. 캐나다, 영국, 스위스, 덴마크, 호주, 노르웨이, 스웨덴의 9개국이었다. 그래도 한국이 계속 통화스와프 체결을 요구하자 미국은 다른 제안을 내놓는다. 한국이 보유 중인 미국 국채를 담보로 내놓으면 달러를 대출해주겠다는 제안이다. 하지만 한국은 그 제안을 거절한다. 그렇게 되면 한국 사정이 위태롭다는 것을 자인하는 꼴이돼 헤지펀드 등의 공격이 더 심해질 수 있기 때문이다. 그래서 한국은 통화스와프 요구를 끈질기게 계속한다. 결국 10월 29일, 미국 공개시장위원회 FOMC가 한국과의 통화스와프를 승인하게 된다. 그 결과 10월 29일 1427원까지 치솟았던 환율이 다음날 1250원으로 떨어지게 된다.

이명박 대통령 회고록을 보면 뒷 이야기가 나온다. 당시 세계경제 위기 타개책으로 G8의 회원국을 확대하는 방안이 논의 중이었다. 대세는 G14였는데 안타깝게도 그 14에 한국의 자리는 없었다. 유럽과 일본은 모두 이 방안을 지지했다. 그러나 미국의 부시 대통령은 신흥국까지 포함한 G20이 좋다고 생각했다. G20이 된다면 한국도 포함된다. 이명박 대통령도 부시 대통령의 G20으로의 확대 제안에 적극 찬성했다. 2008년 10월 21일, 부시가 이명박 대통령에게 전화해서 G20 확대 방안을 협의했다. 그 일이 있은 지 며칠 만에 한국을 미국의 통화스와프 라인에 포함시키는 결정을 하게 된다.

G20 회원국이라고 해서 미국이 모두 통화스와프를 제공했던 것은 아니다. 아르헨티나, 중국, 인도, 인도네시아, 러시아, 사우디, 남아공, 터키, 이 나라들도 모두 G20 회원국이다. 더구나 외환위기를 자주 겪는 나라들이기도 하다. 하지만 미국은 이 나라들과 통화스와프 계약을 맺지 않았다. 미국이 한국을 통화스와프 라인에 포함시킨 이유는 첫째 한국이 중요한 동맹국이라는 점, 둘째는 이명박 대통령과 그 경제팀의 외교력 덕분이었다고 본다. 그런데 공을 인정받아야 할 사람은 지금 감옥에 들어가 있고 엉뚱한 사람이 생색을 내고 있다.

그러면 미국은 왜 다른 나라들에 통화스와프 계약을 제공할까? 달러가 기축통화이기 때문이라고 보면 된다. 어느 나라든 위기가 닥쳐 현금 수요가 늘면 중앙은행이 금리인하나 양적완화 같은 방법으로 유동성을 추가 공급한다. 그런데 기축통화, 즉 국제 결제통화인 달러는 일반적인 나라의 통화와 다른 면이 있다. 미국 연준이 금리를 낮추거나 양적완화를 하더라도 미국의 은행과 미국의 기업만을 대상으로 한다. 문제는 미국 은행이나 미국 기업만이 아니라 미국 밖의 많은 은행과 기업과 사람들이 달러를 필요로 한다는 것이다.

국제결제은행 BIS의 알다소로(Iñaki Aldasoro)와 엘러스(Torsten Ehlers) 두 연구원이 계산한 바에 의하면 미국 이외 나라의 은행이 보유한 달러 표시 채권은 13조 달러에 달한다. 그중 22퍼센트만이 미국 내 지점이나 미국 내 현지법인의 장부에 올라 있다고 한다. 나머지 78퍼센트는 미국 밖에 있는 것이다. 그러니까 미국의 연준이 양적완화 같은 수단으로 유동성을 공급하더라도 그 효과는 미국에만 한정돼, 전 세계 달러 유동성 확대가 잘 안될 수도 있는 것이다.

이 문제에 대한 해결책으로 미 연준은 중요한 나라의 중앙은행에 통화스와프라는 형태로 유동성을 공급해주는 것이다. 하지만 모든 나라에 주는 것이 아니라 믿을 만한 나라, 동맹을 맺은 나라들의 편의를 봐준다고 이해할 수 있다.

부국은 디플레, 빈국은 인플레

문재인 정부 들어 돈이 많이 풀리고 있다. 재난지원금, 통신비 지원, 뉴딜 펀드니 하는 것이 다 풀리는 돈이다. 새로 늘어나는 지출은 대부분 적자이고 결국 한국은행의 통화 남발로 이어지게 될 것이다.

이 정도 되면 물가가 오르는 것이 지금까지 경제의 작동 방식이었다. 하지만 요즈음의 소비자물가는 거의 변함이 없다. 코로나 때문에 물가가 계속 떨어져서 5월 소비자물가 상승률이 −0.3%를 기록했다. 소비자물가가 오히려 떨어진 것이다. 6월부터는 조금씩 높아져서 8월에는 0.8%가 됐지만 본격적 상승이라고 보기 어렵다.

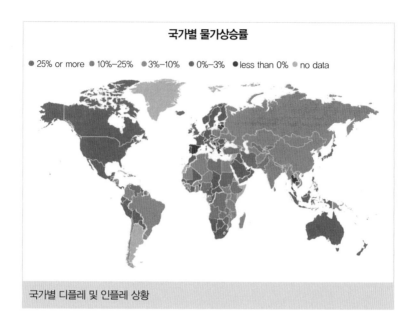

국가별 물가상승률

● 25% or more ● 10%–25% ● 3%–10% ● 0%–3% ● less than 0% ● no data

국가별 디플레 및 인플레 상황

물론 농산물이나 식당의 음식 값 등 일부 오른 것이 없지 않지만 평균적으로는 정부의 물가 통계가 맞는듯하다. 이처럼 정부가 돈을 마구 써 대는데도, 물가는 오르지 않고 있다.

한국만 그런 것이 아니다. 선진국 대부분 디플레를 걱정하는 상황이다. 디플레는 인플레의 반대말이다. 인플레이션이란 물가가 지속적으로 오르는 상황이다. 디플레이션은 그 반대의 상황, 즉 물가가 지속적으로 하락하는 상황을 가리킨다.

위 지도는 IMF가 세계 각국의 물가상승률을 조사한 결과다. 검은색이 짙을수록 디플레적 상황이고 붉은색이 짙을수록 인플레적 상황을 나타낸다. 짙은 회색은 마이너스 물가, 옅은 회색은 0~3퍼센트 상승. 옅은 붉은색은 3~10퍼센트 상승, 그 다음 짙은 붉은색이 10~25퍼센트 상승, 가장 짙은 붉은색은 25퍼센트 이상의 인플레를 나타낸다. 중국, 러시아, 중동, 아프리카 국가들, 브라질 등 개도국 및 저소득 국가들이 인플레이션을 겪고 있다. 특히 심각한 나라로는 이란, 수단, 베네수엘라가 있다. 이란 34퍼센트, 수단 81퍼센트, 베네수엘라는 무려 1만5000퍼센트다. 돌아서면 값이 오르는 상황이라고 보면 된다.

이처럼 개도국 또는 저소득 국가들은 인플레로 고생인 반면, 선진국들은 오히려 디플레적 상황이다. 옅은 회색의 미국, 캐나다는 0.6퍼센트, 일본 0.2퍼센트, 스페인은 −0.3퍼센트이다.

그런데 정작 코로나로 돈을 많이 푼 나라는 선진국들이다. 다음 지도는 나라별로 코로나 대응을 위해 얼마나 많은 돈을 풀었는지를 보여준다. 색이 짙을수록 돈을 많이 푼 나라다. 유럽 나라들과 캐나다, 미국 등의 색이 짙다. 선진국들이 코로나 대응을 위해 돈을 많이 풀었다. 하지만 이 나라들은 오히려 소비자물가 상승률이 낮아서 인플레가 아니라 디플레를 걱정하고들 있다. 반면 개도국, 저소득국가는 돈도 많이 못 썼는데 물가만 올랐다. 물론 베네수엘라 같은 나라들은 예외지만 말이다.

왜 선진국은 돈을 푸는 데도 물가가 오르지 않을까? 크게 세 가

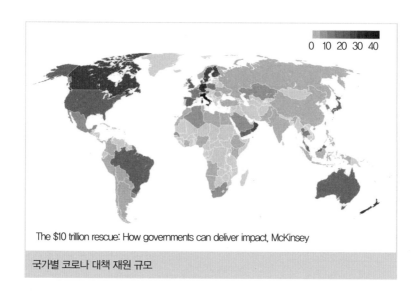

The $10 trillion rescue: How governments can deliver impact, McKinsey

국가별 코로나 대책 재원 규모

지 이유 때문이다. 첫째는 돈이 돌지 않기 때문이다. 사람들이 저축이나 부동산, 금융자산에 돈을 묻어두고 쓰지 않는 것이다. 돈이 돌지 않으면 아무리 정부가 돈을 풀어도 돈이 없는 것과 마찬가지다. 그러니 돈을 풀어도 물가가 오르지 않는다.

돈이 도는 속도는 보통 화폐유통속도로 측정한다. 명목 GDP를 통화량으로 나눈 숫자다. 다음 그래프는 2008년 세계 금융위기 이후 미국과 한국의 화폐유통속도를 보여준다. 두 나라 다 유통속도가 지속적으로 하락하고 있다. 미국은 2020년 들어 하락 속도가 급격하다. 한국도 미국 정도는 아니지만 화폐유통속도가 계속 떨어져 왔고 코로나 이후에도 하락을 지속하고 있다. 다른 선진국들도

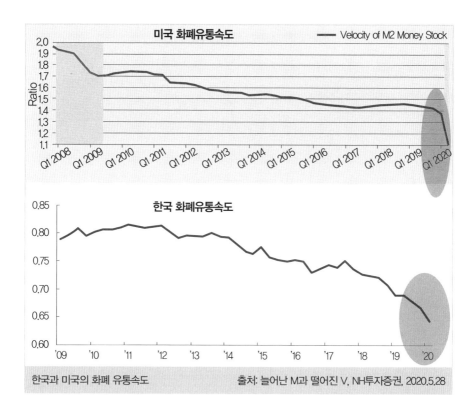

미국 화폐유통속도

Velocity of M2 Money Stock

한국 화폐유통속도

한국과 미국의 화폐 유통속도   출차: 늘어난 M과 떨어진 V, NH투자증권, 2020.5.28

사정이 비슷하다고 보면 된다. 이처럼 돈이 돌지 않으니 돈을 풀어
도 물건 값이 오르지 않는다.

　둘째, 사람들이 소비를 줄이기 때문이다. 다음 그래프는 한국과
미국의 소비자심리 지수다. 붉은색 타원으로 표시한 부분이 2020년
인데, 두 나라 다 소비자심리 지수가 급격히 떨어지는 것을 볼 수
있다. 한국은 그나마 급락했다가 상당히 회복되었지만 그래도 코

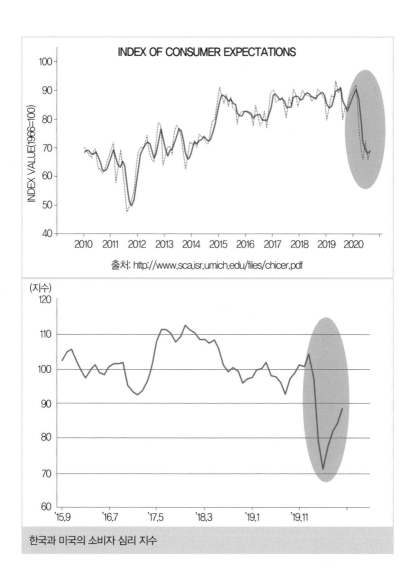

INDEX OF CONSUMER EXPECTATIONS

출처: http://www.sca.isr.umich.edu/files/chicer.pdf

한국과 미국의 소비자 심리 지수

로나 이전에 비하면 여전히 낮다.

셋째는 남아도는 공급 능력 때문이다. 소비는 줄었는데 공급 능

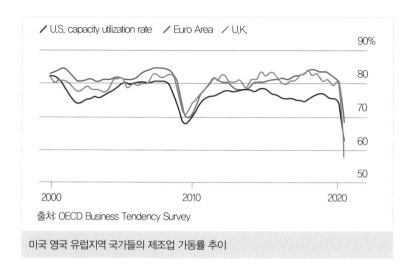

미국 영국 유럽지역 국가들의 제조업 가동률 추이

력은 남아돌고 있다는 말이다. 그러니까 값이 조금만 올라도 생산
이 늘고 값이 오를 여지도 사라진다. 제조업 가동률, 공장 가동률
이 공급 여력의 척도로 사용되곤 한다. 위 그래프는 미국 영국, 유
럽의 제조업 가동률인데 2020년 코로나 이후 급격히 떨어진 걸 볼
수 있다. 가동률이 떨어진다는 것은 그만큼 노는 기계가 많다는 뜻
이다. 미국, 유럽뿐 아니라 세계의 공장이라 불리는 중국, 멕시코
등도 공장 가동률이 낮은 상태에 머물고 있다. 그러니 어느 나라에
소비가 살아나면 세계 어디선가 공장이 돌아가고 공급이 이뤄지게
된다. 가격이 오를 여지도 적어진다.

이런 이유 때문에 부유한 선진국에서는 돈이 풀리는 데도 물가
가 오르지 않는다. 특히 소비자물가가 오르지 않는다. 반면 개도

국, 저소득국은 돈도 많이 풀지 않았는데 물가가 오른다. 왜일까? 가장 큰 이유는 자본 유출이다. 코로나 발생 이후 개도국에서 자본이 대량 유출되었음은 이미 앞에서 살펴본 바 있다. 경제가 불안하니까 투자자들이 개도국에서 돈을 빼 안전한 선진국으로 옮긴 것이다. 그 결과 환율이 치솟고 수입 물가가 오르게 된다. 수입 물가가 오르니 국내 물가도 오른다. 이렇게 되리라는 것을 소비자도 예상하니까 물건을 사재기 하고, 물가는 더 오르게 된다. 이런 상황에서 돈까지 많이 풀면 하이퍼 인플레이션으로 이어질 수 있다. 터키, 아르헨티나, 베네수엘라가 그런 일을 겪고 있는 중이다.

우리나라도 3월 초중순 그럴 뻔한 위기에 처했다가 3월 19일 미 연준이 한국과 통화스와프 체결을 발표하면서 위기에서 벗어날 수 있었다.

이런 이유들 때문에 개도국은 인플레인데 선진국은 디플레를 걱정하는 상황이 벌어지고 있다. 그런데 여기서 주의해서 볼 것이 하나 있다. 선진국이 디플레라고 해서 모든 물가가 안 오르는 것은 아니다. 디플레 상황인 것은 소비자물가다. 선진국에서도 금, 주식, 부동산 같은 자산의 가격은 엄청나게 오르고 있다.

다음 그래프는 국제 금 가격의 움직임인데, 2019년부터 끊임없이 오르고 있다. 돈이 많이 풀릴수록 금 가격은 상승해왔다.

주가도 그렇다. 미국 S&P 500 지수를 보면 코로나 이후 3월

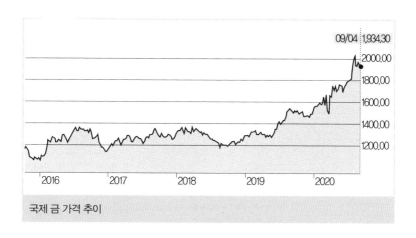

09/04 1,934.30
2000.00
1800.00
1600.00
1400.00
1200.00

2016 2017 2018 2019 2020

국제 금 가격 추이

19일까지 급격히 떨어졌지만 미국 연준의 유동성 공급 방침이 발표된 후 급상승으로 돌아섰다. 이제는 코로나 이전보다 더 높아졌다. 한국의 코스피도 거의 같은 움직임을 보이고 있다. 경기는 최악인데 주가만 오르는 것은 풀린 돈이 자산으로 몰리기 때문이다.

자산에 대한 수요는 먹고 마시고 노는 소비재 수요와는 달리 코로나가 퍼진다고 줄어들지 않는다. 특히 돈 거래는 인터넷뱅킹으로 처리할 수 있으니 코로나가 문제되지 않는다. 돈이 풀리니까 오히려 자산 수요가 늘었다. 그래서 나라마다 주식 가격이 오르고 주택 가격도 상승 압력을 받는다. 그 와중에서 우리나라는 세계에서 유례를 찾기 어려운 다주택규제라는 제도를 실시하는 바람에 소위 똘똘한 한 채에 수요가 폭발해서 안 그래도 비싼 값을 더 올리고 있다.

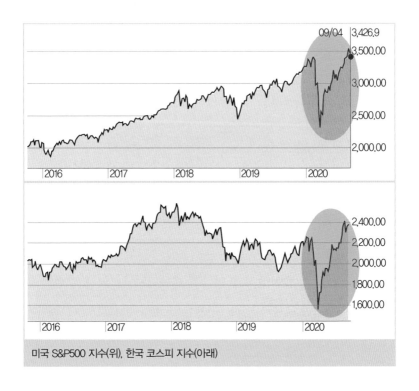

미국 S&P500 지수(위), 한국 코스피 지수(아래)

　중요한 것은 화폐의 유통 속도인데, 일반 소비에 필요한 돈은 잘 안 돌기 때문에 소비자물가는 잘 안 오르고 있다. 그러나 돈은 어느 순간 쏟아져 나올 수 있다. 또 베네수엘라나 이란, 최근의 터키처럼 국가의 수준이 떨어지면 대한민국도 개도국 취급을 받게 되고 자본 유출이 현실화될 수 있다. 그러면 그 나라들처럼 물가 때문에 고통을 받게 될 것이다.

　세상에 공짜는 없다. 돈을 마구 찍어내면 언젠가는 물가가 치솟기 마련이다. 지금 당장은 사람들이 불안감 탓에 돈을 안 쓰다 보니 잠잠한 것이다. 언제가 될지 모르지만 코로나 사태가 가라앉으면 잠자던 돈이 어느 순간 쏟아져 나올 수 있다. 그때는 늦을 것이다. 그러니 정부가 돈 낭비 못 하도록 우리 국민이 잘 감시해야 한다.

일본, 산더미 부채 안고도
안 망하는 비결

일본 경제는 상반된 두 개의 얼굴을 가지고 있다. 한편으로는 늘 시들시들한 모습이다. 성장을 거의 못 한다. 하지만 위기 때만 되면 다른 모습이 나타난다. 투자자들은 주식을 팔고 엔화를 사들인다. 일본의 엔화는 가장 안전한 자산이고 일본은 가장 안전한 투자 도피처가 되곤 한다. 경제가 시들하면 그 나라 통화도 신뢰가 떨어지는 것이 일반적이다. 하지만 일본은 반대다. 왜 그런지 살펴보자.

약한 모습부터 살펴볼자. IMF는 6월 발표된 세계경제전망보고서에서 2020년 일본의 경제성장률을 −5.8퍼센트로 전망했다. 소

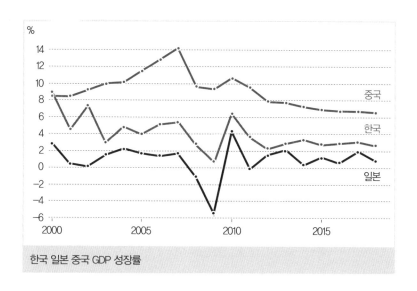

한국 일본 중국 GDP 성장률

득이 6퍼센트나 줄어든다는 말이다. 블룸버그의 예측은 더욱 충격적이다. 2분기, 즉 4월부터 6월까지의 성장률을 −21.5퍼센트로 내다봤다. 20퍼센트 넘게 소득이 줄어든다는 것이다. 여러 해 동안 저성장이 계속되어 온 뒤끝이라 타격이 상당할 것으로 보인다.

위 그래프는 2000년 이후 한국, 일본, 중국 세 나라의 경제성장률이다. 척 봐도 알 수 있듯이 일본의 성장률은 최하다. 대부분 2퍼센트 아래이고 마이너스일 때도 제법 있다.

사정이 이렇다 보니 미국에 이어 세계 2위이던 경제 규모는 중국에게 따라 잡혔고 이제는 중국의 절반도 안 되는 수준이다.

이처럼 일본 경제의 성장률은 낮지만 엔화의 위상은 튼튼하다.

세계의 주가가 급락했을 때 엔화 가치의 변화를 보면 알 수 있다. 2020년에는 6월 8일부터 11일까지 그런 일이 있었다. 미국 주식 가격을 보여주는 다우존스지수가 27,572에서 25,128로 8.9퍼센트 떨어졌다. 코로나 2차 유행에 대한 공포 때문이었다. 그런데 이 기간 미 달러에 대한 환율로 측정한 엔화의 가치는 1.5퍼센트 올랐다. 세상의 위험이 커진 만큼 엔화에 대한 수요가 늘었고 가치도 오른 것이다. 또 다른 안전자산인 금의 가치도 같은 기간 1.7퍼센트 올랐다. 같은 통화라도 멕시코 페소 가치의 변화율은 마이너스 5.6퍼센트, 즉 가치가 떨어졌다. 위험할 때 가치가 떨어지는 멕시코 페소화는 위험자산이다. 반면 일본 엔화와 금은 위험할수록 가치가 높아진다. 상식적으로 생각하면 성장률이 낮은 나라, 미래가 어두운 나라의 통화가치가 높을 수 없다. 그런데 일본 경제의 성장률은 매우 낮은데 통화가치는 가장 높다. 게다가 일본의 GDP에 대한 국가 부채 비율인 230퍼센트라는 수치는[67] 다른 나라의 추종을 불허할 정도로 높다. 이 정도의 국가 부채면 웬만한 나라는 국가 부도 사태에 몰리게 된다. 국가 부도 위기를 겪은 그리스는 181퍼센트, 아르헨티나는 52퍼센트다. 일본의 국가 부채는 세계 최악 수준인데도 그 부채 조달 수단인 일본 국채는 일본 엔화와 마

---

67 2019년말.https://www.fitchratings.com/research/sovereigns/japan–coronavirus–response–increases–public–debt–challenge–15–04–2020

찬가지로 최고의 안전자산이다. 채권은 위험할수록 수익률이 높고 안전할수록 수익률이 낮아진다. 부도 확률이 높은 채권이 수익률까지 낮다면 누구도 인수하려 하지 않기 때문이다. 그런데 일본의 국채는 세계에서 가장 수익률이 낮은 자산 중 하나다. 낮은 수익률에도 투자자가 일본 국채를 기꺼이 인수하기 때문에 벌어지는 현상이다. 그만큼 일본 국채는 안전 자산이다. 국채 부도 확률을 반영하는 CDS 프리미엄도 가장 낮은 수준이다. 5년 만기 국채의 6월 30일 CDS 프리미엄을 보면 일본은 19.0bps인데 그리스는 151, 이탈리아는 170이다. 참고로 미국은 18.1, 대한민국은 28.5다. 투자자들이 일본 국채의 부도 위험이 거의 없다고 여긴다는 증거다.

왜 일본 경제는 이런 상반된 모습을 보일까? 그것은 일본인의 성향에서 비롯됐다는 것이 개인적 견해다. 일본인은 저축을 많이 하는 국민이었다. 최근에는 저축률이 2퍼센트 수준으로 떨어졌지만 일본 경제가 승승장구할 때, 즉 1980년대 일본 가계의 저축률은 30퍼센트 이상으로 다른 나라와 비교가 안 될 정도로 높았다. 생산한 것의 30퍼센트 이상을 저축하니까 소비가 그만큼 적은 것이다. 소비가 적다는 것은 저축이 많은 것이기도 하지만 수출이 많은 것이기도 하다. 일본은 수출을 많이 했고 엄청난 무역 흑자를 누렸다. 그 돈으로 외국에 건물도 사고 회사도 사고 미국 국채도 사들였다.

다음 그래프는 일본인의 해외 자산 규모다. 90년대 이전 일본

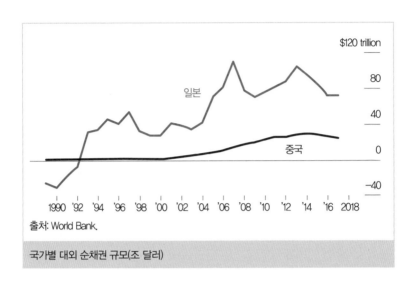

일본

중국

$120 trillion

80

40

0

−40

1990 '92 '94 '96 '98 '00 '02 '04 '06 '08 '10 '12 '14 '16 2018

출처: World Bank.

국가별 대외 순채권 규모(조 달러)

의 해외 자산은 마이너스였다. 빚을 지고 있었단 얘기다. 그러다가 90년부터 급격히 재산이 늘어서 92년부터는 순채권국으로 바뀐다. 2018년 현재 73조 달러의 대외순채권을 보유하고 있다. 경제 규모가 거의 세 배에 달하는 중국은 아직 26조 달러 수준이다.

일본인들은 그 저축으로 해외 자산뿐 아니라 일본 정부가 발행하는 국채도 사들였다. 일본 국채 중 외국인 소유 비중은 12.8퍼센트에 불과하다.[68] 그러니까 막대한 일본 국채는 대부분 일본 국민이 보유하고 있다. 최악의 경우 돈을 찍어서 갚아도 된다는 말이

68 2019년말.https://www.mof.go.jp/english/jgbs/reference/Others/holdings01.pdf

다. 그래서 일본 국채는 GDP의 230퍼센트가 넘지만 부도 날 확률이 매우 낮다.

게다가 지진이나 쓰나미가 나도 구호품을 받으려고 줄서서 기다리는 모습을 보면 국가와 사회를 위해 자신을 희생하는 성향도 상당히 강한 듯하다. 그러니까 일본 정부가 부도를 낼 상황이 된다면 일본 국민이 기꺼이 그 국채를 인수하려 할 것이다. 그런 지경까지 가지 않으리라는 것을 글로벌 투자자도 인정하고 있기 때문에 수익률이 마이너스인 일본 국채가 여전히 팔리고 있는 것이다.

이처럼 무너질 염려가 없는 일본 경제지만 성장률은 형편없다. 재산을 많이 모아 놓은 노인이 새로 사업을 벌이지 못하는 것에 비유할 수 있다.

일본의 전자산업·자동차·철강·화학 등 제조업은 세계 최고였다. 하지만 지금 자동차 전자부품 소재를 제외하고는 세상에 내놓을 만한 제품이 눈에 띄지 않는다. 한때 세계 최고의 제조업을 자랑하던 일본이 왜 그렇게 되었을까?

이 질문에 대한 답은 유노가미 다카시라는 사람이 《일본 전자 반도체 대붕괴의 교훈》이라는 책에서 설득력 있게 밝혔다. 여기서 그는 일본인의 지나친 기술우선주의, 회의 문화가 문제라고 말한다. 아주 쉽게 말하자면 일본인은 기술적으로 완벽한 제품을 만드는 데 너무 많은 시간을 쓴다. 그러는 동안 한국 기업은 일단 제품을 출시하고 고쳐 나간다. 일본 기업이 제품을 출시할 때가 되면 이미 한국 기업이 시장을 장악했고 다음 단계의 제품을 출시한다.

또, 과감한 투자가 필요할 때도 일본인은 실패가 두려워 계속 앞뒤를 재는 데에 시간을 보낸다. 무엇을 어떻게 할지 회의는 열심히 하지만 책임을 지기 싫어 결단을 내리지 못하는 것이다. 히토시바시대학의 요코 이시쿠라 교수가 〈저팬타임스〉에 'Stop talking about innovation and act!(혁신은 그만 말하고 이제 실행하라!)'라는 제목의 칼럼을 게재했다. 유노가미 다카시의 진단과 같은 맥락이다. 회의만 하지 말고 실천에 옮기라는 말이다.

시간이 오래 걸려도 치밀하게 계획을 세우는 일본인의 습성은 1990년대까지는 통했다. 그러나 그 이후는 통하지 않는다. 한국인은 완벽하지는 않더라도 일단 세상에 내놓고 고객의 요구에 따라 고쳐가는 전략을 택했다. 삼성과 LG가 그렇게 성공했다. 중국 기업은 더하다. 그러니 일본인의 습성대로 행동하는 기업은 설 자리가 없어진 것이다.

일본 기업이 한국과 중국 기업에 따라잡히는 것은 이런 이유 때문이다. 물론 아무 데나 투자해서 실패를 거듭하는 것보다는 투자를 안 하는 것이 낫다. 하지만 투자를 잘해서 회사를 키우는 것보다는 못하다.

정리해보면 이렇다. 일본인은 열심히 생산해서 70퍼센트만 소비하고 나머지는 저축했다. 제품의 관점에서 보면 그것은 수출된 것이다. 그런데 저축한 돈이 국내에 투자되지 않았다. 과잉저축, 잉여저축이 쌓이게 된 것이다. 그 탓에 재산은 많아졌는데 성장은 부진해졌다. 재산은 많은데 새로운 사업을 못 벌이는 노인의 모습이다. 아무래도 노인 비중이 높아지는 것이 일본인의 소극성을 심화시키는 것 같다.

일본 정부도 잉여저축 문제를 해결하겠다고 나섰다. 1990년대 중반부터 일본 정부는 계속해서 수입보다 지출을 많이 했다. 재정적자를 발생시킨 것이다. 그 때문에 GDP의 230퍼센트를 넘는 국가 부채가 쌓였다. 하지만 그 성과는 초라하다. 쓸데없이 돈을 썼기 때문이다. 우리로 따지면 지방공항 같은 것을 만드는 데 계속 돈을 쏟아부은 격이다. 일본의 1인당 공공자본가치는 4만6700달러인데, 3만4200달러인 미국보다 40퍼센트가 많고 독일, 한국보다는 거의 두 배가 더 많다.[69] 공공 인프라에 지나치게 많이 투자했을 가능성을 말해주는 것이다. 당장은 뭔가 돌아가는 것 같지만 결국 국민의 저축을 낭비한 꼴이다.

이제는 일본도 안심할 수 없다는 평가가 종종 등장한다. 벌이가 줄어들다 보니 저축률도 많이 낮아졌다. 그러다 보면 쌓아 놓은 재

---

69 https://www.bloomberg.com/opinion/articles/2020-05-23/china-npc-take-any-big-spending-plans-with-a-degree-of-caution?sref=9fHdl3GV

산도 줄어들기 마련이다. 하지만 아직까지는 일본 경제가 위험해지는 조짐은 발견할 수 없다. 잘 벌 때 돈을 쌓아 놓은 데다가 국민이 워낙 조심스러워서 잘 버티고 있는 듯하다.

9번의 국가 부도, 22번의 구제금융. 아르헨티나의 비극

　아르헨티나는 2중의 고통을 겪고 있다. 4월 23일 만기가 도래한 500억 달러 국채를 갚지 못해 한 달 연기를 받았는데 새 만기일인 5월 22일에도 결국 갚지 못해 부도를 냈다. 1816년 독립 이후 9번째 부도다. 앞으로도 갚아야 할 빚의 만기가 줄줄이 다가오는데 갚을 능력은 없으니 암담하다. 여기에 코로나까지 덮쳤다. 사정이 이렇다 보니 아르헨티나 국민은 지옥 같은 세월을 보내고 있을 것이다.

　국가 부도 사태는 이 나라의 고질병이다. 2001년에는 아예 모라토리움을 선언했다. 빚을 갚을 수 없으니 알아서들 하라는 선언이다. 은행은 마비되었고 자본은 대규모 탈출 사태가 빚어졌다. 무역도 거의 중단돼 생필품 부족 사태까지 겹쳤다. 그렇게 고생한 기억이 채 지워지지도 않았는데 또 다시 같은 사태가 반복되고 있다.

우리나라 인터넷에 떠도는 글들을 보면 아르헨티나의 이런 사태가 1970년대 군부정권 때부터 시작되었다는 이야기가 많다. 틀린 말이다. 아르헨티나는 1958년에 이미 빚을 갚지 못해 IMF로부터 1억 달러의 구제금융을 받기 시작했고 그후로 20번 넘게 IMF의 신세를 졌다. 부도를 선언한 횟수도 이번까지 9번이다. 이 정도면 염치가 없어서 얼굴을 들지 못할 만도 한데 아르헨티나 국민은 그렇지 않다. 오히려 IMF와 미국의 신자유주의 반대를 외친다.

구제금융을 여러 번 받았지만 달라진 것이 없다. 국민의 성향이 문제의 근원이기 때문이다. 이 나라의 고질적인 문제는 정부가 수입보다 더 많은 돈을 쓰는 것, 즉 재정 적자다. 2000년 이후 2019년까지 재정 적자를 기록한 해가 12번이다. 2019년에도 재정 적자가 GDP의 5.5퍼센트였다.[70] 우리나라로 따지면 연간 100조 원이 넘는 재정 적자를 내고 있다고 보면 된다. 모자라는 돈은 외국에서 빌려오거나 돈을 찍어서 조달해왔다. 그러다 보니 국가 부도가 반복되고 물가는 천정부지로 올랐다. 2018년, 2019년의 물가상승률

---

70 https://tradingeconomics.com/argentina/government-budget

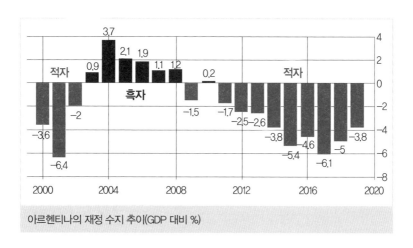

아르헨티나의 재정 수지 추이(GDP 대비 %)

은 각각 48퍼센트, 41퍼센트에 달한다.

2019년 12월 퇴임한 전임 마크리 대통령은 신자유주의라고 비난을 받아 가면서도 방향을 바꿔 보려 했다. 재정 긴축을 해서 적자를 줄이고 물가를 잡아보려 시도했다. 그러나 국민이 반발해서 결국 포기했고 재정 적자는 다시 늘었다. 국민이 정부 돈을 받아 사는 삶을 포기하지 못하는 것이다. 아르헨티나 경제는 포퓰리즘의 악순환에 빠져 있다.

많은 나라가 포퓰리즘의 악순환에 빠져드는 일반적인 과정을 한 번 정리해보자. 발단은 늘 포퓰리즘 정권 또는 사회주의 정권이 노동자와 빈민에게 선심을 베풀면서 출발한다. 덕분에 당장은 경기가 좋아지고 국민의 삶도 질이 높아진다. 하지만 곧 한정된 재원이라는 벽에 부딪힌다. 마구 베풀다 보니 돈이 모자라기 마련이고 돈을 찍어내고 빚을 얻어 충당하게 된다. 그 결과 물가가 오르고 구매력이 떨어지니 임금도 오르는 고리가 형성된다. 이 문제를 해결하겠다며 우파 정권이 등장해 긴축정책을 펼친다. 하지만 정부가 베푸는 공짜 돈에 길들여진 국민은 고통을 견디지 못하고 결국 포퓰리스트 정책을 요구한다. 그리고 다시 포퓰리스트 정권에 표를 몰아주게 된다. 아르헨티나에서 이 같은 악순환이 70여 년을 되풀이해 왔다.

포퓰리즘 → 단기적 호황 → 재정적자/부채증가/통화남발 → 하이퍼인플레이션 → 실질소득 감소/국가부도 위기 → 긴축정책 → 국민의 반발 → 포퓰리즘으로 회귀

1910년대까지만 해도 아르헨티나는 미국, 캐나다, 호주 등과 더불어 세계에서 가장 잘사는 나라 중 하나였다. 프랑스나 이태리보다 부유했다. 부에노스아이레스에 지하철이 개통된 것이 1913년이다. 참고로 동경지하철은 14년이나 더 뒤인 1927년에 개통되었다.

독자 중에 '엄마 찾아 3만리'라는 만화영화를 기억하는 분이 있을 것이다. 주인공인 마르코가 외국에 돈 벌러 간 엄마를 찾아가며 겪는 이야기다. 이 영화에서 마리오가 사는 곳은 이탈리아의 제노아

였고 엄마가 돈 벌러 간 곳은 아르헨티나의 부에노스아이레스였다. 가난한 이탈리아 여성이 선진국인 아르헨티나에 외국인 가정부로 일하러 간 것이다. 그만큼 아르헨티나는 부자 나라였다. 아르헨티나의 비약적 성장은 수출 덕분에 가능했다. 주 수출품은 곡물과 동물의 가죽이었다.

이 나라의 본격적 어려움은 1929년 세계 대공황이 닥치면서부터 시작된다. 1929년 미국에서 시작된 대공황이 찾아왔고 아르헨티나 제품의 수출이 격감했다. 설상가상, 미국의 관세 인상으로 시작된 보호무역주의 물결이 전 세계로 퍼져나갔다. 아르헨티나의 수출은 더욱 줄어들었다. 모든 나라가 힘들었지만 수출 비중이 높았던 아르헨티나는 특히 심하게 타격을 받았다.

대공황에서 비롯된 경제위기는 쿠데타의 기폭제가 되었다. 아르헨티나에는 이탈리아 이민자가 많다. 총인구의 60퍼센트가량이 이탈리아와 어떤 식으로든 혈연관계를 맺고 있었다. 1920년대부터 이탈리아에서는 무솔리니가 이끄는 파시즘이 국민의 절대적 지지를 받고 있었다. 파시즘은 조합주의(Corporatism)를 국가운영의 원리로 삼았다. 사회의 각 직업을 몇 개의 조합으로 조직한 후 그들 간의 타협과 협의를 통해 국가를 운영하고 이익을 나눠 가지자는 개념이다. 요즈음으로 따지자면 노사정위원회 같은 것을 통해 정책을 결정하는 것으로 보면 된다. 그들 사이의 갈등을 조정하고 지도하는 것은 당연히 지도자의 역할이다. 무솔리니의 역할이 바로 그것이었다. 이탈리아 이민자가 많다 보니 이탈리아에서 시작된 파시즘과 조합주의에 대한 열망이 아르헨티나로도 번졌다. 파시즘으로 나라를 재건해야 한다고 생각하는 사람들이 늘어갔다. 대공황에 따른 경제난으로 분노가 극에 이른 1930년 12월, 일단의 군인이 쿠데타를 일으켰고 저항 없이 정권을 잡았다. 쿠데타를 지지하는 대규모 시위가 벌어질 정도로 많은 국민이 환영했다. 아르헨티나는 본격적으로 파시스트 국가로 변해가기 시작했다.

경제 측면에서는 노동조합의 힘이 커졌고 수출 지향적 개방경제는 내수 지향 경제로 재편되기 시작했다. 수출품에 세금을 매겨 그 돈으로 내수 산업을 키워나갔다. 국민들은 이런 정책을 반겼다. 그러나 지속 가능하지 않은 국가 운영 방식이었기 때문에 또 다른 쿠데타의 밑거름이 되었다. 아르헨티나 국민은 1930년을 시작으로 1943년, 1955년, 1962년, 1976년까지 모두 다섯 번의 쿠데타를 겪는다. 평화적 정권 교체가 가능해진 것은 1980년대에 들어와서다.

아르헨티나에는 나치주의자들이 많았고 지금도 많다. 2차대전이 끝나고 독일 나치의 전범들이 아르헨티나로 숨어들었던 것도 아르헨티나에 나치 동조자가 많았기 때문이다. 어떻게 보면 아르헨티나의 상징인 페론주의도 나치즘과 비슷하다. 나치라는 것은 독일어로 국가사회주의독일노동자당(Nationalsozialistische

Deutsche Arbeiterpartei)의 첫음절이다. 국가사회주의, 페론이 추구한 것도 바로 그것이다. 아르헨티나 국민은 그것을 줄기차게 지지해왔다.

페론은 1943년의 쿠데타부터 본격적으로 두각을 나타냈다. 쿠데타가 성공하자 주도 세력의 일원이었던 페론은 새 정권에서 노동부장관이 되었다. 그가 편 정책은 자본가, 수출 기업가의 돈을 빼앗아 노동자에게 나눠 주는 것이었다. 그 덕분에 페론의 인기는 치솟았고 1946년에는 대통령에 당선됐다.

페론이 편 첫 번째 정책 기조는 반기업-친노동이었다. 노동자의 임금을 급격히 올렸고 정부가 나서서 노동조합의 결성을 이끌었다. 민간 기업은 국유화해 나갔다.

두 번째는 반수출-내수 정책이었다. 수출할 물건을 국가가 저가로 수매해서 수출한 후 그 차익을 정부가 챙겼다. 그 돈은 노동자와 빈민에게 나눠주고, 내수 산업을 육성하는 데에 쓰였다. 이런 정책은 페론 이전인 1930년대부터 시작됐는데, 페론은 더욱 적극적으로 펼쳐 나갔다.

노동자들은 페론에게 열광했다. 후안 페론과 그의 부인 에비타 페론은 아르헨티나 서민의 절대적 영웅이 되었다. 하지만 아무리 국민이 열광한다 해도 경제 법칙을 비켜갈 수는 없었다. 선심성 정책이 지속되다 보면 결국 파탄으로 끝이 나기 마련이다. 정부의 수입보다 더 많은 돈을 베풀려다 보니 돈이 모자라기 시작했다. 이를 메우려고 수출 산업을 쥐어짰고 외국에서 빚을 얻어 썼다. 그것도 모자라자 중앙은행을 장악한 후 돈을 찍어내기 시작했다. 윤전기가 부족해서 이탈리아에 맡겨 인쇄한 돈을 수입해 왔을 정도였다고 한다. 당연한 결과로 물가는 폭등했다.

물가가 오르니 실질임금이 떨어졌고 노동자의 생활은 오히려 더 어려워졌다. 기업가도 시장 개척 등 미래에 대한 투자보다 사재기에 열중했다. 국민으로부터 불만이 터져 나왔다. 궁지에 몰리자 페론도 결국 긴축정책을 펼 수밖에 없었다. 물가를 잡으려고 통화 남발을 자제할 수밖에 없었고 그러다 보니 그의 지지자에게 선심을 쓸 수도 없게 되었다.

그런 분위기 속에서 1955년 페론에 반대하는 장교들이 반란을 일으켰다. 해군 폭격기가 부에노스아이레스 시내를 폭격했다. 페론은 분노했다. '우리 편 한 명이 죽임을 당할 때마다 적 다섯 명을 죽이자'며 내전을 독려했지만 결국 반대파 군부가 정권을 장악했다. 페론은 파라과이로 망명했다.

페론이 떠난 아르헨티나는 군부독재 상태에 들어가게 된다. 사회 분위기는 얼어붙었다. 거의 모든 정치 활동이 멈추었다. 그러나 1959년 쿠바의 공산혁명이 성공을 거두자 분위기가 달라졌다. 노조의 저항이 극렬해졌고 무장 단체들이 생겨났다. 페론주의자도 무장 세력의 중요한 구성원이었다. 군부의 지원을 받는 우파 무장 단체도 생겨나 대립했다. 페론주의자 중에서도 좌파와 우파가 서로 대립했다. 나라가 거의 내전 상태에 빠져들었다. 혼란을 감당하지 못한 군부는 결국 정권을 포기하고 페론의 귀국을 요청하게 된다.

대중은 귀국하는 페론에 환호했다. 페론은 1973년의 대통령 선거에서 압승을 거뒀지만 몇 달 지나지 않아 노환과 지병으로 사망했다. 나라는 다시 폭력과 테러가 난무하게 되었다. 부통령직을 맡은 페론의 부인은 군부와 손을 잡고 좌파 무장 단체를 잔혹하게 탄압하기 시작했다. 수많은 사람이 살해되고 사라졌다. 아르헨티나인들은 당시 군부가 벌인 일을 '더러운 전쟁'이라고 부른다. 1976년에는 군부가 정식으로 정권을 잡았고, 좌파에 대한 폭력적 탄압은 계속 됐다.

경제 정책에서 군부 정권은 시장주의에 가까웠다. 수출을 희생해 내수를 키운 페론 정권과는 반대로 군부 정권은 관세를 낮추고 규제를 줄여 나갔다. 하지만 정권이 바뀌었어도 페론 시대와 달라지지 않은 것이 있었다. 재정 적자와 통화 남발이다. 실업 대책이라는 명분으로 재정 적자는 지속되었다. 공기업의 적자도 줄어들지 않았다. 재정 적자는 여전히 외채와 통화 남발로 충당했다. 1975년에 80억 달러이던 대외 채무는 1981년에 360억 달러로 증가했다. 인플레이션율은 통치 기간 내내 연평균 100퍼센트를 웃

돌았다. 1980년 군부 정권은 난국을 타개하려고 영국을 상대로 포클랜드 전쟁을 일으켰지만 패했다. 결국 군부는 정권을 내놓았다. 1983년, 아르헨티나에서도 민주주의가 시작됐다.

민주 선거로 선출된 첫 대통령 알폰신은 페론의 정책으로 복귀했다. 수출 및 기업 규제, 국유화, 재정 확대 및 통화 남발이었다. 그 결과 예외 없이 불황과 하이퍼인플레이션이 이어졌다. 1975년부터 1990년까지 평균 물가상승률이 325퍼센트였고 1989년에는 무려 5000퍼센트에 달했다. 통상 7~8퍼센트 수준이던 도시 빈곤 인구의 비율이 1990년에는 거의 50퍼센트 수준에 육박했다.

1989년 카를로스 메넴이 뒤를 이어 대통령이 되었다. 스스로 페론주의자임을 자처하던 메넴은 대통령으로 취임하자마자 뜻밖에도 페론과는 정반대의 정책을 펴기 시작했다. 수출에 대한 규제를 풀고 많은 정부 기능을 민영화했다. 그러자 외국 자본이 밀려들었다. 그는 통화정책도 바꿔서 달러에 대한 페그제(Peg)를 도입했다. 아르헨티나의 페소를 미국 달러에 고정하는 것이다. 그리고 누구든 원하면 페소를 미국 달러와 교환해주기로 했다(실제로 그렇게 했는지는 논란이 있지만 최소한 원칙은 그랬다). 물가가 잡히기 시작했다. 1992년에는 물가상승률이 25퍼센트로 떨어졌고 1996년부터는 1퍼센트 밑으로 낮아졌다.

그러나 달러화 페그제는 또 다른 재앙의 원인이 되었다. 1999년

브라질 헤알화의 가치가 폭락하자 페그제 때문에 평가절하를 할 수 없었던 아르헨티나 제품은 국제시장에서 경쟁력을 잃었고 아르헨티나의 국제수지는 막대한 적자로 돌아섰다. 달러에 대한 페그제 덕분에 통화 남발의 유혹을 막아 냈고 물가를 잡을 수 있었지만 경상수지 적자라는 새로운 문제를 안게 된 것이다.

아르헨티나는 결국 IMF 구제금융을 다시 받아야 했다. 하지만 그것으로도 해결되지 않아서 2002년 결국 모라토리엄을 선언하고 말았다. 많은 사람들이 이것을 신자유주의 정책의 실패라고 부른다.

분노한 국민은 신자유주의 정책을 편 메넴을 버리고 2003년 다시 페론주의자를 선택했다. 네스토르 키르츠네르를 앞세운 좌파 페론주의 진영이 정권을 잡았다. 자유무역을 거부하고 90년대에 민영화된 기업들을 다시 국유화했다.

페그제를 포기한 결과 30~40퍼센트에 달하는 페소화의 평가절하가 가능했고, 수출 상품의 가격 경쟁력이 높아져서 수출이 급증했다. 아르헨티나의 경제도 좋아지고 실업률도 낮아졌다. 네스토르 키르치네르가 사망했지만 좋아진 경기 덕분에 미망인인 크리스티나 키르치네르가 새로운 대통령이 되었다.

크리스티나 키르치네르 역시 전형적인 포퓰리즘 정책을 폈다. 일자리를 늘린다며 공무원을 증원했고 연금도 너그럽게 베풀었다. 키르치네르 정권 출범 전인 2005년 230만 명이던 공무원은 2014년

390만 명으로 70퍼센트가 늘었다. 연금 수급자는 360만 명에서 800만 명으로 두 배도 넘게 증가했다. 2014년 현재 아르헨티나의 총인구가 4300만 명이니까 인구의 거의 5분의 1이 놀고 먹는 상태가 된 것이다. 부족한 돈은 통화 남발로 메웠고, 통계 조작으로 문제를 은폐했다. 2014년 7월 아르헨티나는 다시 디폴트를 선언했다.

2015년에 우파 정치인인 마우리시오 마크리가 대통령으로 선출됐다. 마크리 정부는 재정 적자를 줄이는 작업에 나섰지만 큰 효과를 거두지 못했고 적자는 외채로 충당했다. 부채 상환 능력을 의심한 외국 자본들이 빠져나갔다. 2019년 5월 아르헨티나는 다시 한번 570억 달러의 IMF 구제금융을 받기에 이른다.

"민중은 생각하지 않는다. 그들은 그저 느낄 뿐이다. 그들은 직관이 이끄는 대로 그 느낌에 반응한다. 누가 그 반응을 이끌어낼 것인가. 그것이 바로 지도자의 역할이다."

1951년 페론이 했던 말이다. 그는 생각은 없이 느끼기만 하는 아르헨티나 민중을 위해 지도자가 되었다. 그가 내세우는 비전은 자주독립, 사회정의, 노동자우대 같은 것들이다. 그것을 위해 돈이 없으면 빌리고 그래도 안 되면 돈을 찍어서 조달했다. 절약, 생산성, 절제 같은 것은 페로니즘에 들어 있지 않다.

아르헨티나의 국민은 페론이 말하는 그 민중이 된 듯하다. 1930년대부터 현재까지 페론당 후보가 입후보할 수 있었던 대통령선거는 13번이 있었다. 군부 통치 기간 중에는 페론주의자의 출마가 금지되었다. 13번의 대통령 선거 중에서 페론주의자는 10번 승리했다. 페론주의자가 아닌 후보가 승리한 민주 선거는 3번에 불과하다. 이는 아르헨티나 국민 자신이 페론주의자임을 말해준다. 그렇기 때문에 비페론주의자가 집권하더라도 결국 국민이 원하는 대로 페론주의로 회귀할 수밖에 없다.

가장 비근한 예가 소위 신자유주의자로 불리는 전임 마우리시오 마크리 대통령이다. 전 정권에서 쌓아놓은 외채를 갚으려고 IMF의 처방을 따랐다. 하지만 그런 마크리도 선거가 다가오자 페로니즘 공약을 받아들일 수밖에 없었다. 급등하는 가격을 통제하고 페론주의자인 미구엘 피케토 상원의원을 부통령 후보로 영입했다.

왜 아르헨티나가 페론주의에서 벗어나지 못하는지는 여러 가지의 견해가 있다. 워낙 이민자가 많다 보니 사람들이 장기적 시각을 가질 수 없게 되었다는 설명도 있고, 대토지 소유자가 많아 빈부격차가 크고 그 때문에 국민이 재분배에 집착한다는 견해도 있다. 하지만 이유가 무엇이든, 국민이 당장의 편안함만 탐닉하고 저축과 절약과 노력을 멀리하는 나라는 포퓰리즘의 악순환에서 벗어나기 어렵다. 그리고 가난과 고물가와 정치적 혼란이라는 대가를 치르게 된다. 아르헨티나의 지난 100년 역사가 우리에게 말해주는 교훈이다.

베네수엘라,
국민이 자살을 선택한 나라

　베네수엘라보다 가난한 나라는 많지만 제법 누리고 살다가 그처럼 빈곤의 나락으로 떨어진 나라는 없다. 세계에서 석유 매장량이 가장 많은 나라다. 객관적 상황을 보면 도저히 가난할 수 없는 나라가 그렇게 망해 버렸다.

　베네수엘라는 왜 망했을까? 많은 사람들이 차베스 때문이라고 생각한다. 물론 차베스가 베네수엘라의 붕괴에 결정타를 날린 것이 사실이다. 하지만 베네수엘라 붕괴의 원인은 국민 자신에게 있다. 그래서 학술지 〈포린 어페어스〉는 베네수엘라 특집을 마련하

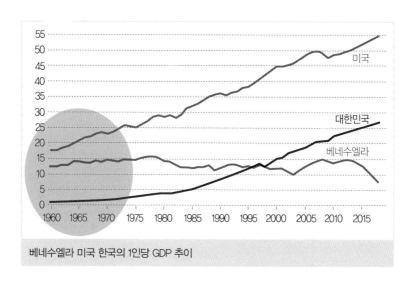

베네수엘라 미국 한국의 1인당 GDP 추이

면서 논문 제목을 '베네수엘라의 자살[71]이라고 붙였다.

　베네수엘라의 자살 과정은 뿌리가 깊다. 1958년부터 시작되었다고 봐야 한다. 스페인 식민지였다가 독립한 이 나라는 1950년대에 미국에 버금갈 정도로 부유한 나라가 되었다. 세계 4위였고 스페인보다 더 부유했다.

　위 그래프는 베네수엘라와 미국, 한국의 1인당 GDP 추이를 비교한 것이다. 1960년, 미국이 1만8000달러 수준인데 베네수엘라는 1만3000달러 수준이다. 그 당시 한국은 베네수엘라에게 비교

71　https://www.foreignaffairs.com/articles/south-america/2018-10-15/venezuelas-suicide

대상도 되지 않았다. 베네수엘라는 정말 잘사는 나라였다.

1950년대에 베네수엘라는 우리나라가 1980년대까지 그랬듯이 급성장을 이뤘다. 불편한 진실은 그때는 민주주의가 아니었다는 것이다. 페레스 지메네스라는 독재자가 군사독재를 했다. 독재 기간 동안 급성장을 할 수 있었던 원인은 시장경제 원리에 기반한 경제정책을 편 덕분이다. 수출입의 자유를 허용했고 이민의 문호를 열었다. 재산권은 보장됐다. 부패가 없는 것은 아니지만 특별히 심한 정도는 아니었다. 그 덕분에 경제가 급성장했다.

경제 사정이 달라진 것은 민주화가 되고 나서부터다. 1958년 쿠데타를 통해 군사독재를 끝내고 선거를 통한 민주정치가 시작됐다. 우리가 1987년에 이룬 것을 그들은 1958년에 이뤘다. 그런데 그 후로 포퓰리즘이 시작됐다. 정치인이 사회주의 이념 때문에, 또 집권을 하고자 퍼주기 정책을 시작했다. 기업에 대해서는 규제가 심해졌다.

이런 추세는 1975년의 석유산업 국유화에서 절정을 이룬다. 정부가 석유 수입을 손에 넣게 되자 국민에게 베풀기 시작했고 국민은 정부에 바라는 게 많아졌다. 석유 값이 떨어진 후에도 국민의 요구는 계속되었고 베네수엘라 정부는 빚을 내고 돈을 찍어서 그 요구들을 들어줬다. 그 결말은 재정 위기였다. 1983년 재정 위기가 닥쳤고 이 문제를 해결하려고 베네수엘라 화폐에 대해 급격한

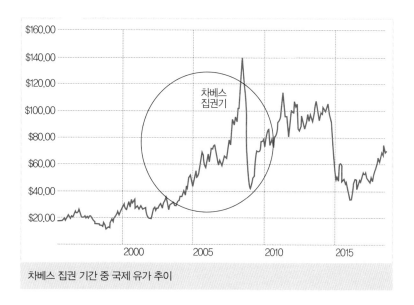

차베스 집권기

차베스 집권 기간 중 국제 유가 추이

평가절하를 단행한다. 돈의 가치를 일부러 떨어뜨린 것이다. '검은 금요일'이라고 불리는 사건이다.

베네수엘라는 그 후로 극심한 인플레이션을 겪게 된다. 물가가 오르니 빈민들은 고통을 받게 되었고 불만이 쌓여갔다. 빈민의 불만을 업고 집권한 사람이 차베스라는 군인이다. 그는 1992년 쿠데타를 일으켰다. 집권에 실패했는데도 차베스는 국민적 영웅으로 떠오르게 된다. 국민이 차베스가 내건 사회주의를 원했던 것이다. 결국 1998년 압도적 지지를 받아 대통령이 된다. 그리고 약속한 대로 급진적인 사회주의국가를 만들어간다.

마침 2000년대 초반 국제 유가가 급등하면서 차베스의 돈주머니는 두둑해졌다. 그것으로 빈민과 노동자에게 베풀었다. 그 기간 동안 베네수엘라 국민은 지상낙원 같은 시절을 누렸다. 하지만 유가는 내려앉았고 베네수엘라는 추락했다. 차베스는 2013년 사망했고 그가 지명한 후계자 마두로가 집권했다. 그 후 이 나라는 군사독재 국가로 변질됐다.

그 사이 차베스와 마두로는 반대자를 무자비하게 탄압했다. 탄압과 경제난으로 많게는 600만 명이 탈출했다고 한다. 전체 인구가 3000만 명인데 말이다. 실력 좀 있는 사람들은 다 나라를 떠났으니 생산이 될 리가 없었다.

그런데 놀라운 것은 최근까지도 죽은 차베스를 지지하는 사람들이 많다는 것이다. 2014년 2월 ICS(International Consulting Services)의 조사에 따르면 조사 대상의 62퍼센트가 차베스의 이념을 지지하거나 추종한다고 답했다. 2017년 4월 힌테를라스(Hinterlaces)의 조사에 따르면 응답자의 35퍼센트가 차베스의 후계자인 마두로를 지지한다고 밝혔다. 36퍼센트는 어떤 전국 단위의 정당도 지지하지 않는다고 답했다.

그나마 최근에는 상황이 조금 달라진 듯해 보인다. 2019년 1월 여론조사 기관 데이틴코프(Datincorp)의 조사에 따르면 현재의 마두로 정부를 지지한다는 응답은 19퍼센트이고 40퍼센트는 반대한다고 응답했다. 반대 응답이 40퍼센트나 되지만 이미 좌파 군사독재가 자리를 잡아버렸으니 후회해봤자 소용 없는 일이다.

요약하자면 이렇다. 베네수엘라 경제의 최고 전성기는 군사독재 시절이었다. 민주화되면서 퍼주기 정책을 펼치다가 경제가 망가졌다. 그것을 바로잡으려 긴축하고 평가절하를 하다가 국민의 불만에 불을 지폈다. 불만을 업고 차베스가 집권했다. 그리고 이 나라는 거의 영구적으로 망가졌다.

1958년 민주화 이후 일어난 대부분의 일은 그 나라 국민이 선택한 것이다. 왜 이런 패턴이 나타날까? 스스로의 힘으로 살아야 하는데 그러기보다는 공짜로 사는 쪽을 택했기 때문이다. 국민이 이런 성향을 가진 상태에서 민주주의를 하면 경제가 망가지고 나라가 망가진다. 민주주의로 성공하려면 국민이 깨어 있어야 한다. 대다수의 국민이 자기 인생은 자기가 책임진다는 생각을 가질 때에만 민주주의가 성공할 수 있다.

8장

위기 속에서 살길 찾기

안전자산을 찾아라

경제위기를 잘 넘기려면 안전자산에 투자를 해둬야 한다. 안그랬다가는 가진 재산이 대부분 사라질 수도 있다. 안전자산이란 경제위기에 더욱 가치가 높아지는 자산을 말한다. 미국 달러나 일본 엔화 등 선진국의 돈은 대개 안전자산이다. 반면 멕시코, 브라질, 러시아 등 신흥국의 돈은 위험자산이다. 경제위기가 닥치면 가치가 떨어진다. 한국 돈은 과연 안전자산일까, 위험자산일까? 2020년 6월 초 코로나 때문에 투자자의 상황 인식이 급변한 시기를 사례로 삼아 무엇이 안전자산이고 무엇이 위험자산인지를 살펴본다.

살펴볼 대상은 5개국의 주가와 4개국의 환율, 그리고 금값이다.

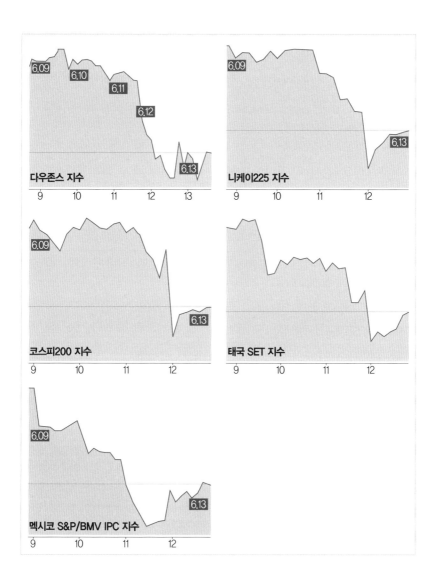

기간은 2020년 6월 8일부터 13일까지다. 이 기간이 흥미로운 것은

투자자 사이에 위험 심리가 확산되었기 때문이다. 위험 심리를 직접

반영해주는 것이 주가다. 미국의 다우존스 지수를 예로 들자면 3월 20일경부터 상승을 계속하던 주가가 6월 8일부터 하락하기 시작한다. 이유는 미국, 유럽 등에서 코로나 2차 유행의 위험이 높아졌기 때문이다. 그러다가 12일에 다시 약한 반등으로 돌아섰다.

주가의 이같은 움직임은 미국만이 아니라 세계 대부분 나라의 주식시장에서 공통으로 나타났다. 일본의 니케이 225 지수, 한국의 코스피 지수, 신흥국인 태국의 SET 지수, 또 다른 신흥국인 멕시코의 지수 모두 8~9일부터 하락하다가 12일 무렵에 약한 반등세로 돌아섰다.

주가지수는 투자자가 느끼는 위험의 정도를 반영한다. 8~9일부터 투자자 사이에 위험 심리가 확산되기 시작했다. 그래서 위험자산인 주식을 팔아 치우기 시작했고 주가도 떨어졌다. 주식은 안전자산이 아니라 위험자산이다. 12일부터 주가가 반등한 것은 어느 정도 위험 심리가 줄었거나 또는 주가가 위험을 반영해 충분히 떨어졌다고 느꼈음을 말해 준다.

여기서 안전자산, 위험자산의 개념을 정리하고 넘어가자. 위험이 커졌을 때 수요가 늘면 안전자산이다. 수요가 느니까 대부분 값도 오른다. 위험자산은 그 반대다. 위험이 커지면 수요가 줄어든다. 값도 대부분 낮아진다.

USD−한국원화 환율

자산의 속성과 가격 변화

	위험할 때	안전할 때
안전자산	가격 상승	가격 하락
위험자산	가격 하락	가격 상승

 이제 이같은 주식시장 상황, 위험 심리의 변화가 통화가치에 어떤 영향을 주는지 알아보자. 한국의 원화가 선진국 통화처럼 안전자산이 되었는지 아니면 아직 위험자산에 머물러 있는지를 알아보기 위함이다.

앞의 차트는 9일부터 13일까지의 원화의 환율 움직임을 보여준다. 모양이 복합해서 특성을 알아보기가 쉽지 않다. 그래서 대표적 안전자산, 대표적 위험자산의 가격이 어떻게 움직였는지 알아보고 그것과 원화 환율을 비교해 보겠다. 안전자산으로는 일본 엔화와 금을 보았고, 위험자산의 사례로는 멕시코 페소화를 살펴봤다.

다음 차트 중 첫 번째는 6월 8일 이후 미국 달러에 대한 일본 엔화의 환율이다. 6월 8일 달러당 108.43이던 환율이 계속 떨어져서 11일에는 106.89로 마감했다. 그러다가 12일부터는 반등해서 107.50 수준이 되었다. 주가가 떨어질 때 엔화 환율도 떨어지고 주가가 반등하니까 엔화 환율도 반등했다.

환율과 통화의 가치는 반대다. 엔화 환율이 떨어졌다는 것은 미국 달러에 대한 엔화의 가치가 올랐다는 뜻이다. 그러니까 위험이 증가한 8일 이후 엔화의 가치는 계속 올랐다. 반면 위험이 해소되었다고 느끼기 시작한 12일 이후에는 환율이 올랐는데 이는 엔화의 가치가 떨어졌다는 말이다. 위험할 때 가치가 오르고 위험이 가시면서 가치가 떨어진 것, 그것이 바로 안전자산의 속성이다. 일본 엔화는 전형적인 안전자산이다.

금값도 엔화와 비슷한 움직임을 보였다. 두 번째 차트가 미국 금선물 시장에서의 온스당 금 가격이다. 6월 8일 종가가 1705.1달러였는데 계속 올라서 11일에 1739.8달러가 된다. 12일부터 약간 떨

USD-일본 엔화 환율

금 선물 가격(미국 온스)

어져서 보합세을 보이고 있다. 일본 엔화처럼 금도 위험이 증가하자 값이 오르고 위험이 해소되자 상승을 멈췄다. 금이 안전자산임을 보여주는 가격 추세다.

이제 위험자산으로 간주되는 멕시코의 페소화를 살펴보자. 6월 8일 종가가 달러당 21.5였는데, 주가가 하락하면서 환율이 치솟아서 6월 11일은 22.8로 마쳤다. 12일 주가가 오르면서 하락으로 돌아서서 12일은 22.3으로 마감했다. 즉, 페소화 환율은 위험이 증가하면 오르고 위험이 감소하면 떨어졌다. 가치는 그 반대다. 즉, 페소화는 위험할 때 가치가 떨어지고 안전할 때 가치가 오른다. 일본 엔화나 금과는 반대로 멕시코의 페소와는 위험자산이다.

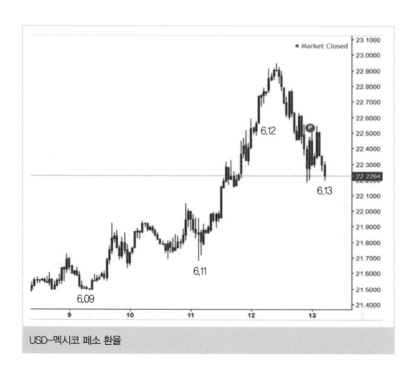

USD—멕시코 페소 환율

USD–한국원화 환율

USD–태국바트화 환율

한국 원화는 어떨까? 환율 그래프로 다시 돌아가보자. 엔화나 금의 가치가 지속적으로 오른 9일부터 12일까지의 기간을 보자. 원화는 9일에 보합세를 보이다가 10일에 환율이 떨어진다. 즉, 10일까지는 가치가 높아진 것이다. 그런데 11일부터 환율이 오른다. 즉, 가치가 떨어진다. 12일부터 가치가 떨어진 엔화 및 금과 다른 움직임이다. 10일과 12일은 안전자산과 같은 패턴인데 9일은 중립적이고 11일은 오히려 위험자산처럼 움직였다. 한국의 원화는 안전자산의 속성과 위험자산의 속성이 섞여 있다.

원화와 비슷한 패턴을 보인 돈은 태국의 바트화다. 원화 환율이 떨어질 때 바트화도 떨어지고 원화가 오를 때 바트화도 올랐다. 종합해 보면, 한국 원화는 멕시코 페소처럼 위험자산은 아니지만 일본 엔화나 금 정도로 안전 자산도 아니다. 태국 바트화와 비슷하게 안전자산과 위험자산의 성격이 섞여 있다.

1인당 소득만을 보면 우리나라는 선진국이 되었다. 소득 3만 달러는 분명 선진국 수준이다. 그리고 코로나 방역 성과도 세계 최고의 수준을 유지하고 있다. 하지만 진정한 선진국이 되려면 그것 말고도 갖춰야 할 것이 많다. 통화의 가치도 중요한 자격 중 하나인데 아직까지 우리 원화는 안전자산이 되지 못했다. 그래서 방심하지 말아야 한다. 특히 빚내서 돈 쓰는 것은 자제해야 한다. 미국이나 일본이 그런다고 우리도 그 흉내를 내다가는 돈의 가치가 떨어져서 언제 외환위기가 닥칠지 모른다.

금, 달러 누가 승자인가?

　금값이 많이 뛰었다. 1년전 온스당 1400달러 수준이던 것이 이 글을 쓰는 2020년 7월 17일 현재 1800달러가 되었다. 1년 사이에 거의 30퍼센트가 뛴 것이다. 투자자들이 금을 찾는 이유는 불안하기 때문이다. '코로나로 불안한 이 세상에서 그나마 가치를 보존해 줄 자산은 금밖에 없다.' 이런 생각에서 금을 찾는다. 금은 대표적 안전자산이다. 하지만 미국 달러 역시 안전자산이다. 세계경제가 불안해지면 달러의 가치가 오를 때가 많다. 그런데 이 둘은 어느 쪽이 더 강자일까? 금값과 달러 가치 사이의 관계를 알아 보겠다.

　달러 가치와 금값은 서로 반대 방향으로 움직이는 경향이 있다.

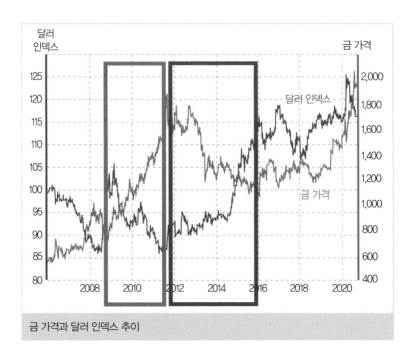

금 가격과 달러 인덱스 추이

달러 가치가 떨어지면 금값이 오르고 반대로 달러 가치가 오를 것
같으면 금값은 떨어진다. 위 그림은 세계 금융위기 이전인 2007년
부터 현재까지 금값과 달러 인덱스의 추이다. 붉은색 선이 금 가
격이고 회색 선이 달러 인덱스다. 금 가격은 1온스당 가격이다. 금
1온스는 31.1그램이다. 달러 인덱스는 미국 달러에 대한 일본 엔
화, 유로, 영국 파운드, 스위스 프랑 환율의 평균 값이다. 달러 인
덱스가 올라가면 미국 달러 가치가 높아짐을, 달러 인덱스가 내려
가면 미국 달러 가치도 떨어짐을 뜻한다.

대표적인 구간을 박스로 표시했다. 빨간색 박스 구간, 즉 2009년부터 2011년까지는 달러 가치가 떨어지고 있다. 즉 붉은색 선이 115에서 95까지 추락한다. 그런데 회색, 즉 금값은 2009년 900달러 수준이던 것이 2011년에는 1900달러 선까지 올랐다. 거의 수직 상승이라고 할 정도로 급상승했다. 달러 가치와 금값이 반대 방향으로 움직인 것이다. 2009년에 금을 샀던 분들은 대박을 쳤을 것이다.

2012년부터, 즉 검은색 박스 구간에서는 오히려 반대 현상이 나타나고 있다. 달러 가치는 상승한다. 반면 금 가격은 하락했다. 한국은행이 2011년부터 12년에 금을 100톤이나 사들였는데 그 후로 금값이 떨어져서 금 트라우마가 생겼다고 한다. 이 검은 박스 구간에서 금을 매입한 것이다.

요약하자면 이렇다. 달러 가치가 오를 것이 예상되면 금값은 떨어진다. 달러 가치가 내릴 것 같으면 금값은 오른다. 미국 연준이 금리를 내리거나 양적완화를 하면 달러 공급이 많은 것이니 달러 가치가 떨어질 가능성이 크다. 그러면 금값은 오를 가능성이 크다. 반면 미국 연준이 금리를 올리는 등 돈 줄을 조일 경우 달러 가치는 오르고 금값은 하락 압력을 받게 된다.

하지만 2018년 이후에는 그 전까지와는 상당히 다른 추세가 나타나고 있다. 달러 가치와 금값이 같은 방향으로 움직이는 것이다. 회색이 상승하는데 붉은색 선도 같이 상승한다. 달러 가치가 오르는데 금값도 같이 올랐다. 자금시장에서 위험 심리가 높아진 때문이 아닌가 추측된다. 달러와 금은 모두 안전자산이다. 따라서 자금 시장에서의 위험 심리가 높아지면 달러와 금 모두 값이 오르게 된다.

둘 중 하나를 택해야 한다면 어느 쪽이 승자일까? 금융위기 이전에 투자한다고 생각해 보자. 서브프라임 사태가 2007년 4월에 일어났는데 당시 금값은 670달러였다. 2020년 7월 19일 현재 금값은 1810달러로 서브프라임 이전보다 170퍼센트 올랐다. 같은 기간 달러 인덱스는 105에서 95로 떨어졌다. 오히려 9.6퍼센트 하락했다. 최소한 서브프라임 사태 직전부터의 기간을 놓고 보면 금의 압승이다.

하지만 금 투자를 싫어하는 사람들도 있다. 대표적 반대론자는 워렌 버핏이다. 버핏은 2019년 2월 주주에게 보내는 서한에서 다음과 같이 금 이야기를 했다.

"내가 투자를 시작한 것이 77년전이다. 그때 114달러로 시작했는데 그 돈으로 금을 샀다면 지금 4200달러가 됐을 것이다. 그 돈을 S&P 500 인덱스 펀드, 즉 주식에 넣어뒀다면 60만 달러가 됐을 것이다. 금 투자는 현명하지 못하다."

워렌 버핏의 주장에 대해 도멘캐피털 리서치의 버트 도멘 회장은 반론을 편다. 워렌 버핏의 비교가 잘못됐다는 것이다. 앞으로 10년간 금 투자는 더욱 빛을 볼 거라는 주장이다.

워렌 버핏의 말처럼 77년 동안 돈을 계속 금에만 묻어 두었다면 그의 말이 맞을 것이다. 하지만 그럴 사람은 거의 없다. 위험할 때는 금에 투자하고 안전할 때는 다른 자산으로 바꾼다면 금은 유용한 투자 수단이 될 수 있다. 물론 언제 위험하고 언제 안전한지 그 시점을 찾는 일은 매우 어렵다. 그래도 77년 동안 가만히 가지고 있는 것보다는 덜 어려울 듯하다.

금값마저 떨어질 때

　금이 안전자산이긴 하지만 상황이 정말 급박해지면 금조차 위험자산이 된다. 당장 기업이 대량 부도가 날 지경이 될 때가 그런 경우다. 당장 부도에 직면해 있으면 현금이 최고다. 그것도 달러 현금이면 더 좋다. 부도를 막으려면 돈을 갚아야 하는데 그러자면 현금이 필요하다. 금이든 채권이든 모두 팔아서 현금을 마련해야 한다. 그리고 많은 부채가 달러 표시로 되어 있으니 달러 현금이 최고의 안전자산으로 등극하게 되는 것이다.

　지난 3월 금 시장에서 그런 상황이 펼쳐졌다. 중국 우한에서 시작된 코로나 바이러스가 2월부터 세계로 퍼져 나가기 시작했다.

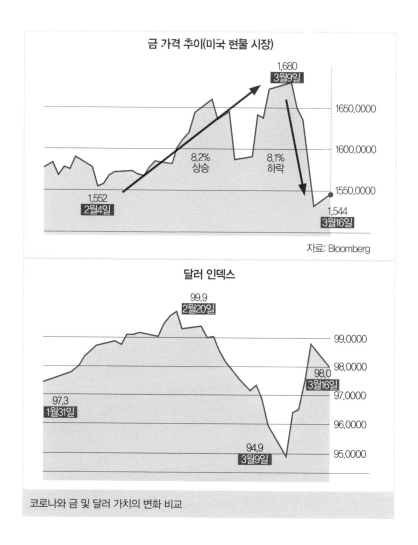

코로나와 금 및 달러 가치의 변화 비교

경제위기가 닥칠 확률도 점점 높아져 갔다고 봐야 한다. 그것을 반영하듯 금 가격은 상승을 시작했다. 2월 4일 온스당 1552달러이던 것이 3월 9일 1680이 되었다. 한 달 남짓 되는 기간에 8.2퍼센트

상승한 것이다. 그러던 금값이 3월 9일부터 곤두박질치기 시작하더니 16일에는 1544달러로 내려앉았다. 일주일 만에 8.1퍼센트가 떨어진 것이다.

그런데 주가는 2월 20일부터 3월 23일까지 한 달 넘게 급락을 계속한다. 위험 심리가 극에 달했다고 봐야 한다. 금은 안전자산이기 때문에 이런 때일수록 값이 오르는 것이 상식에 맞다. 하지만 3월 9일부터 16일까지 1주일 동안 금값은 오히려 폭락했다.

금이 안전자산인데도 불구하고 값이 떨어지는 이유는 기업이 현금 챙기기에 나섰기 때문이다. 안 그래도 벌써 회사채 발행도 어려워지고 있다. 기업이 현금을 구하기가 어려워지고 있는 것이다. 신용경색이라고 할까. 그러니까 금까지도 팔아 치우고 있는 것이다. 또 다른 안전자산인 국채도 사정이 비슷했다. 국채도 팔아치우는 사람들이 늘어 값이 떨어졌다. 그러니까 국채수익률은 오히려 오른다.

당시의 금값 하락이 현금 수요 때문이라는 사실은 두 번째 차트인 달러 인덱스에 고스란히 반영돼 있다. 3월 9일부터 달러 인덱스가 급상승을 시작해 20일까지 계속된다. 그리고 미국 연준의 적극적 개입이 발표되면서 달러 인덱스가 떨어진다. 시장이 안정을 찾았다고 보면 된다.

2008년 세계 금융위기 때도 이런 일이 있었다. 다음 차트의 빨

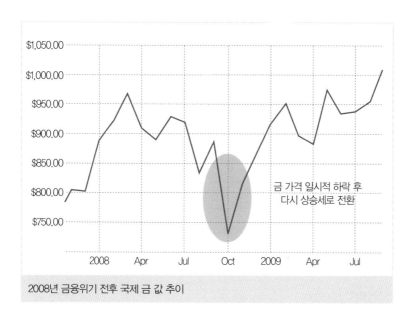

$1,050.00
$1,000.00
$950.00
$900.00
$850.00
$800.00
$750.00

금 가격 일시적 하락 후
다시 상승세로 전환

2008   Apr   Jul   Oct   2009   Apr   Jul

2008년 금융위기 전후 국제 금 값 추이

간 원이 2008년 금융위기 당시의 금값 상황이다. 처음에는 금값이 급상승한다. 그러다가 한 번 크게 추락한다. 그때도 현금 수요가 늘어서 금값이 하락한 것이다. 하지만 곧 다시 오르기 시작한다. 이런 패턴이 이번 코로나 사태 때도 되풀이되었다. 코로나로 인한 경제위기 상황만 놓고 보면 금값은 계속 올라갈 가능성이 높다. 하지만 중앙은행의 금 매각이라는 요인이 복병으로 작용할 수 있다.

왜 미국 달러만 기축통화인가

세계의 기축통화는 미국 달러다. 전 세계 중앙은행이 보유한 외환보유고가 기축통화로서 달러의 위상을 보여 준다. 다음 그래프는 2000년, 2007년, 2019년 중앙은행의 외환보유고 구성이다.[72] 가장 최근인 2019년 달러의 비중은 61.8퍼센트다. 2000년 당시 71.3퍼센트보다는 줄었지만 여전히 미국 달러가 압도적이다.

2위는 20.2퍼센트인 유로화다. 2000년에 18.3퍼센트이던 것이 계속 높아져서 2007년 26.1퍼센트에 도달했으나 그리스발 부도 위

---

72 https://www.brookings.edu/wp-content/uploads/2019/09/DollarInGlobalFinance.
final_.9.20.pdf

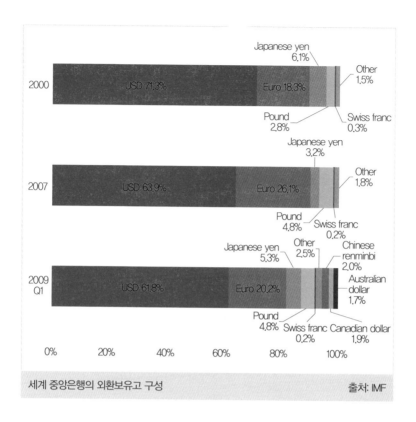

세계 중앙은행의 외환보유고 구성   출처: IMF

기를 겪으면서 떨어져 20.2퍼센트가 되었다. 또 눈여겨봐야 할 통화가 중국의 위안화 또는 인민폐다. 2019년 비중은 2.0퍼센트로 5.3퍼센트의 일본 엔화, 4.5퍼센트인 영국의 파운드보다 못하다.

중국 위안화의 위상은 경제 규모와 어울리지 않는다. 세계 GDP에서 차지하는 비중을 보면 중국이 16퍼센트로 24퍼센트인 미국에 이어 2위다. 그런데 통화 비중은 2퍼센트에 불과하다. 다른 선진국은 GDP 비중과 통화 비중이 비슷하다. 일본은 GDP 비중 5.7퍼센트 대 통화 비중 5.3퍼센트, 영국은 GDP 비중 3.1퍼센트 대 통화 비중 4.5퍼센트, 유로화의 모체인 유럽연합은 GDP 비중 21.8퍼센트 대 통화 비중 20.2퍼센트다. 중국만 유독 통화의 위상이 GDP의 위상에 훨씬 미치지 못한다.

당연히 중국은 억울한 생각이 들 것이다. 그래서 2008년 외환위기 이후 달러 패권에 도전하기 시작했다. 중국의 후진타오 주석은 2009년 G20 정상회의에서 국제통화의 다원화가 필요하다는 주장을 폈다. 러시아의 푸틴 대통령도 같은 취지의 목소리를 냈다. 당시 미국 대통령이던 오바마는 그럴 필요 없다고 강하게 반발했지만 중국의 달러에 대한 도전은 계속됐다. 위안화의 가치를 달러당 6~7위안 수준으로 꾸준히 유지했고, 한국을 비롯한 여러 나라에 위안화 통화스와프도 제공했다. 그렇게 노력한 덕분에 2016년에는 위안화가 드디어 IMF의 특별인출권(Special Drawing Rights)을 정하는 통화바스켓에 편입되기에 이른다. 중국 위안화의 비중은 11퍼센트로서 42퍼센트인 미국 달러의 4분의 1에 불과하지만 일본 엔화의 8퍼센트보다는 높은 위상이다.

하지만 시장에서 중국 돈의 위상이 높아진 것은 아니다. 2019년 외환보유고의 위안화 비율은 2퍼센트다. 0퍼센트이던 그전보다 높아진 것은 맞지만 경제 규모에 비하면 여전히 터무니 없이 낮은 수

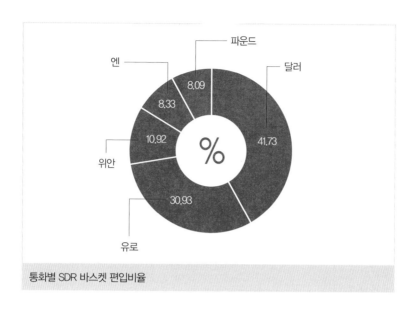

통화별 SDR 바스켓 편입비율

준이다.

달러가 국제 기축통화일 수 있는 첫 번째 이유는 사람들이 달러의 가치를 믿기 때문이다. 조금 허망하게 들리긴 하지만 돈이 돈일 수 있는 가장 큰 이유는 바로 신뢰에 있다. 달러는 물리적으로 보면 그저 종이 또는 계정상의 숫자에 불과하다. 과거 달러가 태환지폐일 때는 달러가 곧 금이라는 안전판이라도 있었다. 하지만 1971년 금태환(교환)이 중지된 이후 달러는 그저 종이이자 숫자일 뿐이다. 그럼에도 불구하고 달러가 돈일 수 있는 이유는 사람들이 모두 그것을 돈이라고 믿기 때문이다.

다음 사진은 남태평양의 얍이라는 섬의 집 모습이다. 집 앞에 큰

얍 섬의 돌 화폐

돌 같은 것이 보인다. 큰 맷돌처럼 보이지만 사실은 돈이다. 이 섬
의 사람들은 이처럼 커다란 둥근 돌을 돈으로 사용했다. 크기가 클
수록 돈 가치도 많이 쳐줬다고 한다. 돌이 워낙 크고 무겁다 보니
돈을 내고 물건을 사고팔아도 돈을 움직이지 못할 때가 많았다. 집
앞에 있다 뿐이지 실제 주인은 다른 사람일 수 있는 것이다. 그러
니까 돈의 주인은 사람들의 기억 속에 존재하는 것이다. 얍섬에 이
런 이야기가 전해 온다. 오래 전에 어떤 사람이 멀리 떨어진 섬에
서 큰 돌을 구했다. 큰 부자가 된 것이다. 하지만 배에 싣고 오던

중 풍랑을 만나 돌이 바다에 빠졌다. 순식간에 엄청난 재산이 사라진 것이다. 그런데도 얍섬 사람은 수대에 걸쳐 그 집을 큰 부자로 인정해 주었다. 돈이 돈일 수 있는 것은 사람들이 그것을 돈이라고 믿기 때문임을 말해 주는 사례다. 미국 달러가 세계 기축통화일 수 있는 이유도 많은 사람들이 그렇게 믿기 때문이다.

돈이라고 믿기 때문에 돈이 된다는 설명은 여전히 허망하다. 왜 많은 사람들이 미국 달러의 가치를 믿는지에 대한 설명이 필요하다. 몇 가지 설명은 제시할 수 있다. 첫째는 미국 연방준비위원회가 통화가치를 제법 잘 관리해왔다는 것이다. 미국의 연준은 물가안정과 완전고용이라는 두 가지의 목표에 따라 움직이다. 그리고 어떤 나라의 중앙은행보다 포퓰리즘 등 정치적인 입김에서 자유롭다. 트럼프가 대통령이 된 이후 기준금리를 마이너스 수준으로 내리라고 공개적으로 요구하는 등 연준의 독립성을 해치는 발언을 했지만 그 이전까지 연준은 행정부와 의회로부터 철저히 독립된 상태에서 물가와 실업을 관리해왔다. 그것이 달러에 대한 믿음의 기반이 되어 왔다.

둘째는 국력이다. 2차대전 이후부터 세계 GDP의 25퍼센트를 담당해왔고 여전히 그 지위를 유지하고 있다. 2019년의 비율은 24퍼센트다. 군사적으로도 압도적이다. 경제적으로도, 군사적으로도 미국은 세계의 최강대국이다. 달러는 그 나라 사람들이 믿는 돈인 만큼 다른 나라 사람들 역시 믿을 만하다고 생각하는 것이다.

유로화는 그런 점에서 상당히 취약하다. 유로를 발행하는 주체는 유럽연합이다. 그런데 살펴봤듯이 유럽연합은 남북 유럽 사이의 갈등, 동서 유럽 사이의 갈등 등의 문제로 앞날이 어둡다. 유럽연합이 해체될 가능성도 배제할 수 없다. 그러니까 유로화에 대한 신뢰도 그만큼 줄어들게 된다.

셋째는 거래와 교환이 가장 자유로운 통화라는 점이다. 미국은 세계 최고 수준의 경제적 자유를 보장한다. 돈의 거래에서도 마찬가지다. 그러니까 달러를 보유하다가 마음에 들지 않으면 언제든지 처분할 수 있다. 이것이 안심하고 미국 달러를 보유할 수 있게 해준다.

종합하자면 미국 중앙은행의 프로 의식과 독립성, 탄탄한 경제, 경제적 자유가 세계 사람들로 하여금 미국 달러를 믿을 수 있게 해준다고 볼 수 있다.

같은 기준을 적용해 보면 중국 돈의 위상이 높아지지 않는 이유도 찾을 수 있다. 우선 중국 돈은 믿을 수 없다. 공산당 고위 간부가 아니라면 중국의 인민은행이 어떤 기준으로 위안화를 발행하는지 알 수 없다. 그러니까 중국 위안화의 미래를 예측하기도 어렵다. 둘째, 거래와 교환이 자유롭지 않다. 위안화 거래에 대한 많은 규제 때문에 일단 위안화를 보유한 다음에 처분하기가 쉽지 않다.

이는 투자자들로 하여금 위안화의 보유 자체를 꺼리게 만드는 요인이다.

이런 이유들 때문에 미국 달러가 오랫동안 기축통화로서의 위치를 유지해 오고 있다. 하지만 달러화의 추락설 또한 끊이지 않아왔다. 특히 코로나 사태 이후 달러의 위상에 대한 의문이 꾸준히 제기되고 있다. 이 문제에 대해서는 다음 섹션에서 다루겠다.

99년 달러 패권,
영국 파운드의 105년 넘길까?

　　요즈음 달러 패권에 대해 의구심을 제기하는 사람들이 많다. 최근에 달러 추락설을 끈질기게 주장하는 사람은 스티븐 로치(Steven Roach)다. 투자회사인 모건 스탠리 아시아의 대표를 지냈고 지금은 예일대 교수로 있다. 그는 머지않아 달러 가치가 35퍼센트 하락할 것이라고 주장한다.[73] 그가 제시하는 근거는 두 가지다. 첫째, 코로나에 대응하느라 달러가 워낙 많이 풀린 데다가 미국인의 저축률이 너무 낮다는 것이다. 둘째는 중국과의 무역전쟁 탓에 달러

---

[73] https://www.bloomberg.com/opinion/articles/2020-06-14/dollar-crash-how-will-it-unfold?sref=9fHdl3GV

사용이 줄어들게 된다는 것이다.

스티븐 로치가 아니더라도 미국의 〈블룸버그〉, 영국의 〈파이낸셜타임즈〉, 일본의 〈니케이아시아리뷰〉, 홍콩의 〈SCMP〉 등에 달러가 기축통화의 위치를 유지할 수 있을지 의구심을 제기하는 기사가 종종 등장한다.

2007년에도 달러 가치의 추락을 예측했다. 그 당시 예측한 사람은 미국 연준 의장을 오랫동안 지낸 그린스펀이었는데, 유로화가 미국 달러를 밀어내고 국제 기축통화가 되리라는 것이다. 그렇게 되면 당연히 달러 가치는 추락하게 된다.

실제로도 코로나 이전에 비해 달러 가치가 상당히 약세인 것이 사실이다. 미국 달러의 가치는 주로 달러 인덱스라는 숫자로 평가한다. 유로화, 일본 엔화, 영국 파운드화, 스웨덴 크로나, 스위스 프랑 등 5개 통화에 대한 미국 달러의 환율을 가중 평균한 값이다.

코로나 이후 8월 3일에 93이었는데 고점이었던 3월 20일의 102.8에 비해 거의 10퍼센트가 떨어졌으니 많이 떨어진 것이 맞다. 하지만 긴 기간을 놓고 봤을 때는 걱정할 정도로 낮아진 것은 아니다. 다음 그래프는 1971년 이후 달러 인덱스 추이다.[74] 1978년 80 수준까지 떨어졌고 2008년에는 리먼브라더스 파산 사태의 여

---

74 https://tradingeconomics.com/united-states/currency

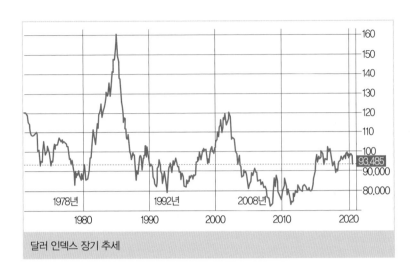

파로 73까지도 곤두박질쳤다. 당시의 상황을 보면 그린스펀의 예언이 맞아 들어가는 듯했다. 실제로 달러 가치는 떨어지고 유로화의 위상은 높아졌다. 그러나 시간이 지나면서 미국 달러의 위상은 다시 높아졌다. 2015년 달러 인덱스는 거의 100으로 뛰어올랐고 줄곧 그 수준을 오르내리고 있다. 미국의 실물 경제가 복원력이 뛰어나듯이 미국 돈인 달러도 상당히 복원력이 뛰어나다.

현재 사용 중인 미국 달러는 1914년에 등장했다. 미합중국이 세워진 것은 1776년이지만 한동안 나라의 돈이 따로 없어 은행마다 따로 돈을 발행했다. 화폐조차 민간의 영역이었던 것이다. 그러다 보니 여러 가지 혼란이 발생했고 결국 1913년에 지금 알고 있는 연방준비위원회, 즉 미국의 중앙은행을 설립했다. 다음해인 1914년 달러를 발행하고 다른 돈의 사용을 금지함으로써 지금의 달러가 생겨났다.

미국 달러가 탄생하던 당시 미국은 떠오르는 태양이었다. 불모지에 세워진 식민지가 엄청난 속도로 성장해서 모국인 영국을 뛰어넘어 세계 1위의 경제 대국이 되었다. 산업혁명은 영국에서 시작되었지만 미국은 그것을 대기업 체제, 대량생산 체제로 키워서 대중 소비가 가능하도록 만들었다. 교역 규모 역시 미국이 1위에 등극했다. 그럼에도 불구하고 국제통화로 통용된 것은 미국 달러가 아니라 영국의 파운드화였다. 미국 달러는 국제통화가 아니라 그저 국내통화에 불과했다. 오늘날 세계 최대의 수출국은 중국이지만 위안화는 국제통화가 되지 못한 것과 비슷한 상황이었다.

상황을 뒤집어 놓은 것은 제1차 세계대전이다. 영국은 전쟁 당사국이 되었고 미국은 그들에게 전쟁 물자를 공급했다. 당시에는 영국을 비롯한 거의 모든 서유럽 선진국이 금본위제를 채택하고 있었는데 돈을 마구 찍어 전쟁 비용을 마련하느라 금본위제를 포기해야 했다. 하지만 미국에는 금으로 물자 구입 대금을 지불했다. 세계 금의 대부분이 미국의 수중에 들어가게 된 것이다. 전쟁이 끝나자 미국 달러만 믿을 수 있는 화폐로 남게 되었고 그래서 1921년경부터 달러가 국제 기축통화로 등장하게 되었다. 올해가 2020년이니까 미국 달러는 99년간 국제통화로 인정받아 왔다.

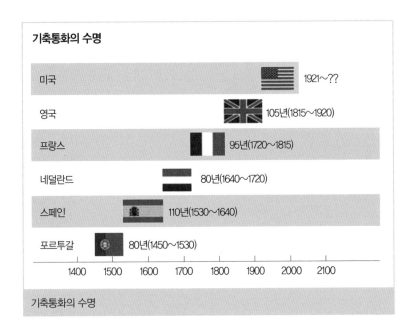

기축통화의 수명

미국	1921~??
영국	105년(1815~1920)
프랑스	95년(1720~1815)
네덜란드	80년(1640~1720)
스페인	110년(1530~1640)
포르투갈	80년(1450~1530)

1400 1500 1600 1700 1800 1900 2000 2100

기축통화의 수명

　기축통화는 누가 정하지 않는다. 기축통화란 국제 거래에서 공통적으로 쓰이는 돈을 말하는데, 거래자 입장에서는 가급적이면 하나의 돈으로 거래하는 것이 편하기 때문에 국제 공통화폐 즉 기축통화가 등장하게 마련이다.

　역사를 보면 당대의 강대국이면서 무역을 많이 하는 나라의 돈이 기축통화로 사용되었다. 신대륙의 광대한 식민지에서 금은을 들여왔던 스페인의 페소는 110년, 프랑스의 프랑은 80년, 네덜란드의 길더는 95년, 영국의 파운드는 105년 동안 기축통화 역할을 했다. 미국 달러가 기축통화가 된 지 99년이 되었는데 영국처럼

105년 또는 그 이상 유지할 수 있을까?

많은 분석가와 투자자의 지적대로 달러의 건전성이 훼손되고 있는 것은 사실이지만, 마땅한 대안이 없다는 것 역시 사실이다. 대안이 될 수 있는 통화 각각에 대해서 살펴보자.

가장 자주 거론되는 대안은 중국 위안이다. 경제 규모가 크기 때문이다. 하지만 경제 규모만으로 국제통화가 되지는 않는다. 관리자인 중국 공산당을 믿을 수 없는 것이 가장 큰 문제다. 기축통화가 되려면 그 돈의 발행과 유통이 투명하게 관리되어야 하고 환전도 자유로워야 한다. 하지만 중국 돈은 어떻게 관리되는지 외부에서 알 방도가 없고 환전도 제약이 많다. 5만 달러까지는 자유롭게 송금이 허용된다고 하지만 실제로는 그것조차 제한을 받고 있다.

디지털 위안화가 나온다고 해도 이런 상황이 달라질 것으로 보이지 않는다. 통화 관리 내역이 비밀에 쌓여 있는 한 디지털 위안이든 지폐 위안이든 거래자의 신뢰를 받기 힘들 것이다. 위안화는 아무리 디지털 화폐로 전환한다 해도 공산당이 현재 같은 방식으로 관리하는 한 기축통화로 인정받기는 어려울 것이다.

달러를 대체할 또 다른 후보는 유로화다. 미국이나 중국처럼 단일 국가가 되지는 못했지만 경제 규모로만 보면 유럽연합의 GDP 총합은 19조 달러로서 24조 달러인 미국의 87퍼센트에 달한다. 14조 달러인 중국에 비해 30퍼센트나 더 크다. 게다가 최근 유로화의 가치는 상승세를 이어가고 있다. 28개 회원국이 유로본드 발행에 합의할 가능성이 높아졌기 때문이다.

유로본드는 유럽연합 공동명의로 채권을 발행해 이탈리아, 스페인 등 남유럽 국가의 코로나 극복 예산을 도와주는 제도다. 4월까지만 해도 이 문제를 두고 이들 수혜국과 독일, 네덜란드, 스웨덴 등 부담국 사이에 갈등이 심각했다. 이탈리아가 유럽연합을 탈퇴할 수도 있는 상황이었다. 그렇게 되면 유럽연합이 발행하는 유로의 미래도 불투명해지는 것이었다. 그런데 최근 그 문제가 해결의 가닥을 잡아가고 있다. 유로화에 대한 신뢰와 함께 가치도 높아지고 있다.

하지만 유로 발행의 주체인 유럽연합의 미래를 아직 그렇게 확신하지는 않는다. 네덜란드, 스웨덴 등 책임감 강한 나라들과 이탈리아, 스페인, 그리스 등 남유럽 국가 사이의 갈등은 앞으로 언제든 재발할 수 있다. 또 헝가리, 폴란드 등 동유럽 국가와 독일, 프랑스 등 서유럽 국가 사이의 갈등 역시 언제 폭발할지 알 수 없는 상황이다. 즉, 유럽연합이 지금처럼 하나의 연합으로 언제까지 존속할지 확실치 않은 것이다. 그들이 발행하는 유로화 역시 달러를 대신해 국제통화가 되기는 아직 시기상조로 보인다.

일본 엔화는 어떨까? 엔화의 최대 강점은 미국 달러만큼이나 안전자산이라는 사실이다. 세계경제의 위기가 고조될수록 엔화의 가치는 높아진다. 국제통화가 될 만한 강점을 갖추고 있는 것이다. 하지만 엔화는 기축통화가 될 가능성이 매우 낮다. 무엇보다 일본인 자신이 엔화가 국제통화로 승격되는 것을 원치 않는다고 한다. 국제통화가 되면 통화가치가 높아져 수출하기도 어렵게 되고 국제수지 적자가 발생하게 된다. 미국이 지속적으로 경상수지 적자를 기록하는 큰 이유 가운데 하나가 바로 달러가 기축통화이기 때문이다. 일본인은 그런 상황을 원치 않는다. 1980년대 미국에 위협이 될 정도로 일본 경제가 강력할 때조차 일본인은 엔화 강세를 원하지 않았다.

달러의 대안으로 거론되는 또 다른 후보는 IMF의 특별인출권(Special Drawing Right)이다. 현재는 회원국 정부끼리 일종의 외환보유고 같은 역할을 할 뿐이지만 회원국들이 동의만 한다면 그것을 기반으로 국제통화를 발행할 수 있다. 그 가치는 미국 달러, 유로, 영국 파운드, 일본 엔화, 중국 위안화의 가치를 가중평균해서 책정될 것이다. 문제는 IMF의 최대 주주인 미국이 달러를 대체할 새로운 통화 발행에 동의할 가능성이 매우 낮다는 사실이다.

이렇게 본다면 당분간 미국 달러를 대체할 다른 기축통화가 등장할 가능성은 상당히 낮다. 가치가 떨어지기는 해도 미국 달러는 앞으로도 상당 기간 기축통화로 인정받을 것으로 보인다. 영국 파운드가 누렸던 105년은 넘기지 않을까?

출렁이는 국제유가

코로나로 큰 타격을 입은 산업 1위는 항공-여행 산업이고 2위는 아마도 석유산업일 것 같다. 석유 수요가 줄어 유가가 곤두박질 쳤고 그에 산유국 및 정유사가 직격탄을 맞았다. 세계 주가도 출렁였다. 연관 산업인 조선산업, 특히 해양플랜트, 유조선 등의 수주도 급격히 줄었다. 유가가 어떻게 되는지는 세계의 정세 및 여러 산업과 치명적 연관성을 가지고 있다. 여기서는 지난 20년간 국제 유가의 움직임과 코로나로 인한 충격, 그리고 전문가들은 유가를 앞날을 어떻게 보는지 등을 알아보려고 한다.

2000년대 초반부터 국제 유가는 급격히 상승했다. 수요는 폭증하는데 공급은 오히려 감소했기 때문이다. 수요 증가의 결정적 원인은 중국을 비롯한 개도국의 폭발적 성장이었다. 특히 중국의 소비 증가가 두드러졌다. 2001년 중국이 WTO 회원국이 되면서 본격적으로 세계의 공장으로 등극하자 원유 소비도 급증했다. 중국자신도 산유국이긴 했지만 소비가 자체 생산을 훨씬 초과한 결과, 대규모 원유 수입국으로 변했다. 인도, 인도네시아, 브라질 등 신흥개도국도 급속한 성장에 동참하면서 석유 수요는 더욱 늘었다.

반면 공급은 오히려 줄었다. 2001년 이라크 전쟁과 2002년의 베네수엘라 석유 파업 때문이다. 공급이 정상화된 후에도 수요 증가는 계속되었고 석유 가격 역시 상승을 계속했다. 2008년 7월에는 배럴당 140달러(서부텍사스중질유 기준)를 넘어가는 기록을 세웠다.

그러던 중 서브프라임 사태와 리먼 브라더스 파산이 세계 금융위기를 불러왔다. 많은 기업이 파산했다. 석유 수요도 급감하면서 2009년 1월엔 배럴당 30달러 선까지 추락했다. 하지만 산유국의 감산 합의와 경기 회복 덕분에 2011년에는 100달러 선을 회복한후 3년 정도 그 수준을 유지했다.

2014년 다시 유가 폭락 사태가 찾아왔다. 직접적인 원인은 사우디의 증산 때문이었지만 그 배경에는 미국의 셰일 혁명이 자리 잡고 있었다. 셰일이란 진흙이 굳어 형성된 바위를 말하는 데 그중에는 석유 성분을 함유하고 있는 것들이 있다. 미국의 조지 미첼이라

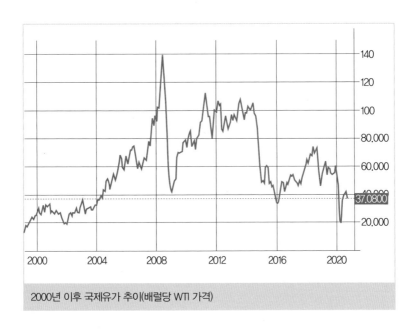

140

120

100

80,000

60,000

40,000

37,0800

20,000

2000   2004   2008   2012   2016   2020

2000년 이후 국제유가 추이(배럴당 WTI 가격)

는 사업가가 셰일에서 석유를 추출하는 방법을 개발했고 상업화하는 데에도 성공했다. 그 방법을 프래킹이라고 부른다. 파쇄 추출이라는 뜻이다. 2008년 무렵부터 대량 시추가 시작되었으며 그 덕분에 미국의 석유 생산량은 폭발적으로 증가했다.

다음 그래프는 세계 1, 2위 생산자였던 러시아와 사우디, 그리고 신흥강자로 등장한 미국의 원유 생산량이다. 2012년 무렵부터 미국의 생산량이 급증해 2018년에는 급기야 세계 최대의 산유국이 되기에 이른다. 셰일 혁명에 의한 원유 공급 증가는 원유 가격에 하락 압력을 가하기 시작했다. 2014년 6월 국제 유가는 70달러

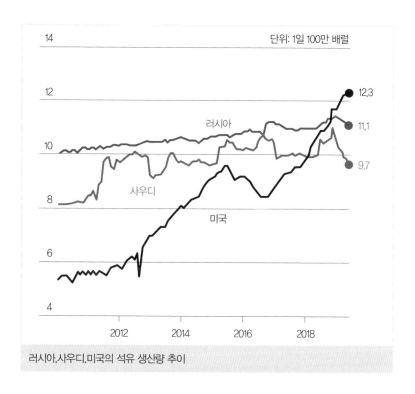

14 　　　　　　　　　　　　　　　단위: 1일 100만 배럴

12 　　　　　　　　　　　　　　　　　　12.3

　　　　　　러시아　　　　　　　　　　　11.1

10

　　　　　　　　　　　　　　　　　　　9.7

　　사우디

8

　　　　　　　미국

6

4

　　　　2012　　　2014　　　2016　　　2018

러시아,사우디,미국의 석유 생산량 추이

로 곤두박질쳤다.

　유가가 급락하면 보통은 사우디 주도로 산유국들이 합의해서 감산하는 것이 지금까지의 관례였지만 이번에는 달랐다. 사우디는 오히려 치킨게임을 선언하면서 증산에 들어갔다. 유가를 떨어트려 미국의 셰일업자들을 파산시키겠다는 속셈이었다. 사우디의 의도대로 유가는 급락해서 2015년 8월 27일 30달러대에 이르렀다. 그 여파로 셰일업자의 상당수가 파산한 것이 사실이다. 하지만 산유

국들도 부도 위기에 몰리기는 마찬가지였다.

2016년 2월 사우디, 러시아, 카타르, 베네수엘라 등이 생산 동결에 합의한다. 유가도 반등했다. 하지만 사우디의 의도는 빗나갔다. 미국의 셰일업자들은 합병과 신기술 개발을 통해 살아남았고 생산은 다시 증가했다. 그 때문에 산유국들이 생산을 동결했는데도 유가 회복은 쉽지 않았다. 2016년 11월 결국 사우디는 치킨게임을 포기하고 다른 산유국들과 동결을 넘어 감산에 합의하게 되었다. 덕분에 가격도 50달러 선으로 회복되었다. 그러나 미국의 셰일업자들은 감산에 동참할 이유가 없었다. 오히려 값이 올라갈수록 생산을 늘렸다. 그 때문에 나머지 산유국들이 감산을 통해 유가를 올리기가 쉽지 않게 되었다.

2020년 1월 3일 중국의 우한에서 코로나 폐렴이 번질 무렵 국제유가는 배럴당 63달러였다. 코로나가 중국 밖으로 퍼져 나가기 시작하면서 유가도 하락하기 시작해 3월 6일에는 41달러로 추락했다. 그날 사우디는 가격 회복을 위해 감산에 합의하자며 OPEC 회원국들과 러시아를 제네바로 불러 모았다. 그런데 뜻밖에도 러시아 대표가 감산에 동참할 수 없다며 회의장을 나가버렸다. 그러자 사우디도 본때를 보이겠다며 감산이 아니라 증산을 선언했다. 석유전쟁이 벌어진 것이다.

코로나로 수요가 줄어드는데 공급 경쟁까지 겹친 결과 유가는 끝

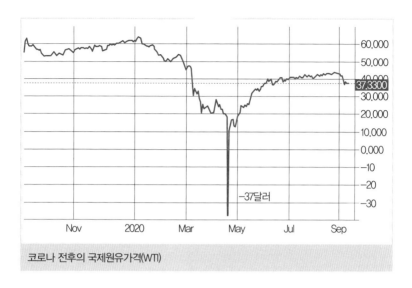

코로나 전후의 국제원유가격(WTI)

을 모르고 추락했다. 4월 12일 트럼프의 주선으로 사우디와 러시아가 겨우 감산에 합의는 했지만 유가가 회복되지는 않았다. 급기야 4월 20일에는 서부텍사스중질유의 5월 인도분 선물 가격이 마이너스 37달러가 되는 초유의 사태가 발생했다. 가격이 마이너스라는 것은 돈을 줄 테니 제발 석유를 가져가 달라고 사정하는 상황을 말한다. 4월 23일, 트럼프가 걸프만의 이란 해군 전함을 격침시키라고 지시하면서 유가는 겨우 최악에서 벗어나게 되었다.[75] 5월 11일에 사우디가 6월부터 일일 생산량 749만 배럴로 100만 배럴 추가 감

---

75 https://www.cnbc.com/2020/04/23/rebound-in-oil-is-temporary-prices-will-turn-negative-again-analysts.html

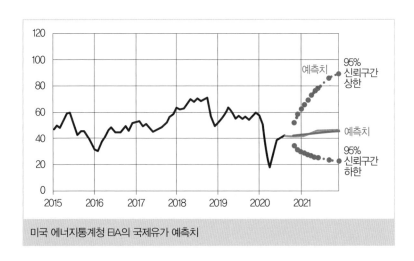

미국 에너지통계청 EIA의 국제유가 예측치

산을 결정했고 그제서야 국제 유가는 40달러 수준을 회복했다. 9월 13일 현재 서부텍사스중질유의 가격은 배럴당 37달러다.

앞으로는 어떻게 될까? 미국 에너지정보청(EIA, Energy Information Administration)은 지금과 비슷한 수준을 계속 유지할 것으로 전망하고 있다.[76] 그래프에서 붉은색으로 표시된 부분이 앞으로의 가격에 대한 예측치다. 평균 42~43달러 정도가 될 것으로 보이지만 20~90달러 사이를 오갈 수도 있음을 말해 준다.

그러나 세계 2위의 석유회사인 BP는 미래를 다르게 내다보고

---

76 https://www.eia.gov/outlooks/steo/

있다.[77] 예전 이름이 영국석유(British Petroleum)이던 영국의 회사다. 석유 수요는 이미 정점을 지났으며 앞으로는 줄어들 일만 남았다는 것이 BP의 예측이다. 최악의 경우 2050년경에는 석유 수요가 현재의 5분의 1 수준으로 수축할 수 있다고 한다. 그러면 국제 유가도 많이 낮아질 것이다. 물론 주류는 에너지정보청의 의견에 동의하고 BP의 예측은 소수 의견이지만 무시할 수만은 없어 보인다.

우리가 쓰는 휘발유도 어느 정도는 국제 유가의 영향을 받는다. 하지만 휘발유 값에는 세금이 워낙 많이 붙기 때문에 국제 유가의 등락만큼 큰 변동이 있지는 않다. 여기에 대해서는 뒤 섹션에서 따로 다루었다.

국제 유가 하락으로 휘발유 값보다 더 큰 영향을 받는 것이 조선업 경기다. 유가가 하락하면 해양 석유 시추 시설 발주도 줄고 유조선, LNG선 등의 주문도 줄어든다. 올해 들어 글로벌 시장의 주문 규모가 60퍼센트나 줄었다고 한다. 그나마 한국의 조선 기업들은 다른 나라보다 선전하고 있기는 하지만 워낙 시장 규모가 줄었으니 조선소 노동자들의 고통이 아주 클 것 같다. 기름값은 올라도 문제, 떨어져도 문제다.

---

77 https://www.bloomberg.com/news/articles/2020-09-13/bp-says-the-era-of-oil-demand-growth-is-over?sref=9fHdl3GV

석유전쟁의 전말

앞에서는 국제 석유 가격의 전반적인 움직임을 살펴보았다. 여기서는 그중에서도 코로나 이후 3월에서 4월까지 벌어졌던 급격한 유가의 추락 현상을 살펴보려고 한다. 이 기간 동안 벌어진 석유 가격 널뛰기 현상은 사우디와 러시아, 미국 사이에 벌어지고 있는 석유전쟁이 큰 원인이다. 여기서 석유전쟁이란 석유 가격 인하 경쟁을 말한다.

발단은 사우디와 러시아의 사생결단식 싸움이다. 3월 6일 비엔나에서 사우디 등 오페크 회원국과 러시아가 회의를 가졌다. 석유 감산에 합의하자고 모인 것이다. 코로나 바이러스 사태로 석유 수

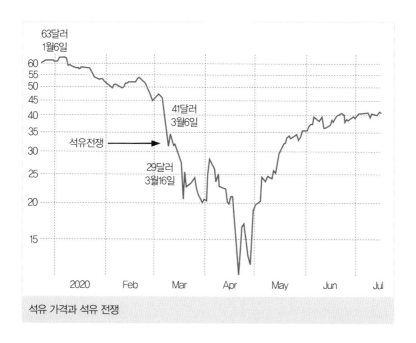

63달러
1월6일

41달러
3월6일

석유전쟁 →

29달러
3월16일

2020　Feb　Mar　Apr　May　Jun　Jul

석유 가격과 석유 전쟁

요가 줄어 가격이 하락하니 생산을 줄여 가격 하락을 막자는 목적으로 모인 것이다. 이럴 때 주도적 역할을 하는 생산자를 스윙 생산자(swing producer)라고 하는데, 솔선수범해서 감산하고 다른 나라들 설득하는 역할이다. 늘 그랬듯이 이번에도 사우디가 스윙 생산자 역할을 맡아 감산 논의를 주도했다. 그런데 러시아 측 참가자였던 노박 장관이 감산에 동의할 수 없다며 퇴장을 해버렸다. '각자 도생하자.' 이렇게 선언한 셈이다.

이 사태는 감산 카르텔을 유지하는 것이 쉽지 않음을 보여준다. 감산, 즉 생산을 줄이면 가격은 높아지는데 그런 상황에서 각 회원국은 몰래 증산하려는 유혹, 즉 치팅(Cheating)의 유혹을 느끼게 된다. 다른 회원국의 눈을 속이고 생산을 늘리면 높아진 가격의 이익을 최대한 누릴 수 있기 때문이다. 하지만 그렇게 회원국이 서로 치팅을 하다 보면 감산 카르텔은 깨지게 된다. 이번 경우도 그렇다. 러시아는 2016년부터 사우디 주도의 감산 카르텔에 동참했는데 수시로 치팅을 했다. 그런데 이번에는 아예 감산 합의 자체를 거부한 것이다.

러시아가 배신하자 사우디는 더 심한 강수를 뒀다. 감산이 아니라 대폭 증산 정책으로 180도 전환한 것이다. 4월 1일부터 일일 260만 배럴씩 증산해 1230만 배럴을 공급하고,[78] 아시아 국가들에 대해서는 가격을 대폭 깎아주겠다고 제안했다.

다음 표는 2019년 국가별 석유 생산량이다. 미국이 1504만 배럴, 사우디가 1200만 배럴, 러시아가 1080만 배럴이다. 이 중에서 남의 나라 눈치 안 보고 마음껏 생산한 나라는 미국뿐이다. 사우디와 러시아는 석유 가격을 유지하고자 생산을 자제한 나라들이다. 그 덕분에 유가가 높은 수준을 유지했는데 정작 가장 큰 혜택은 미국이 봐왔다. 그런데 이제 러시아와 사우디가 감산을 안 하겠다고 선언한 것이다. 그 때문에 석유 공급량은 급증할 것이고 가격도 떨

---

78 https://edition.cnn.com/2020/03/13/business/saudi-arabia-oil-markets/index.
html

322

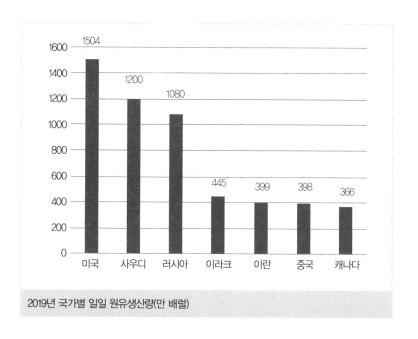

2019년 국가별 일일 원유생산량(만 배럴)

어지는 것이다.

사실 원유의 생산비용으로 따지면 사우디는 비교가 안 되게 저렴하다. 사우디의 배럴당 생산비는 2.8달러인데 러시아는 42달러, 미국은 44달러다. 그러니까 '누가 먼저 죽나 보자' 식의 치킨게임을 하면 사우디가 최강자다. 이번 석유전쟁은 러시아의 배신에 사우디가 실력을 보여주겠다고 나오며 터진 것이다.

이렇게 되자 3월 9일 월요일 시장 개장과 더불어 가격이 폭락했다. 서부텍사스중질유는 금요일인 3월 6일 배럴당 41달러이던 것이 월요일인 3월 9일에는 31달러가 되고 16일에는 29달러로 떨어졌다. 그 며칠 사이에 29퍼센트가 하락한 것이다. 안 그래도 코로나 사태 때문에 원유 가격이 연초에 비해 거의 30퍼센트 떨어졌으니, 엎친 데 덮친 격이다. 16일 가격 29달러는 고점이었던 1월 6일 63달러에 비하면 54퍼센트나 떨어진 것이다.

러시아의 반응은 어땠을까. 카타르대학의 니콜라이 코사코프 교수는 러시아가 깜짝 놀랐다고 한다. 사우디가 이렇게 세게 나올 줄 몰랐던 것이다. 그래서 다시 기존의 감산 협정으로 돌아가자고 제안했지만, 사우디는 6월까지는 만나지도 않겠다고 답했다.[79] 러시아가 난감한 상황에 빠진 것이다.

그러면 러시아는 왜 감산에 반대했던 걸까? 미국 때문이다. 러시아 최대 석유회사 로스네프의 세친 회장은 푸틴의 참모이자 후원자다. 이 사람은 오래 전부터 사우디 주도의 감산 합의에 반대했다. 감산해서 가격을 올려 놓으면 미국의 셰일오일 업자 좋은 일만 시킨다는 것이다. 그 말이 맞기는 하다. 미국의 셰일오일 업자들은 사우디, 러시아 같은 산유국의 모임에 참가하지 않는다. 그들이 감산해서 가격을 올려 놓으면 미국 셰일업자는 높아진 값에 생산량을 더욱 끌어올린다. 미국이 세계 최고의 산유국이 된 데에는 그런 배경이 있다. 러시아의 세친 회장은 그 꼴을 볼 수 없었다. 무슨 수

---

79 https://www.aljazeera.com/indepth/opinion/fall-opec-age-oil-price-wars-200312124946313.html

를 써서라도 미국 셰일오일 업자들의 문을 닫게 하고 싶었다. 결국 세친은 푸틴을 설득하는 데 성공했고, 러시아 대표가 비엔나 회의 장을 박차고 나온 것이다.

러시아와 사우디는 셰일업자의 씨를 말리는 데 성공할 수 있을까? 유가가 낮아지면 셰일오일 생산자들이 어려워지는 건 사실이다. 그들이 모두 사업을 접는다면, 그래서 다시 미국이 석유 수입국이 될 것이고 국제 유가도 사우디와 러시아가 쥐락펴락할 수 있게 될 것이다. 하지만 미국 셰일업자들이 사라질 가능성은 높지 않다. 2014년에도 사우디가 미국 셰일오일 업자를 없애려고 석유전쟁을 벌인적이 있다. 그 때문에 2014년 6월만 해도 114달러이던 국제 유가가 2016년 2월에는 37달러까지 떨어졌다. 당시 셰일오일 업자의 평균 생산비가 90달러 정도였는데, 국제 유가가 30달러대로 떨어지다 보니 많은 셰일오일 업자들이 파산했다. 하지만 일부 셰일업자는 기술혁신에 박차를 가했고, 셰일오일의 생산비는 90달러대에서 40달러대로 낮출 수 있었다. 그러면서 미국의 산유량이 다시 폭발적으로 늘어나게 됐다.

사우디는 미국의 셰일업자들을 다 파산시키고 싶어 하지만 쉽지 않은 일이다. 자신들의 약점 때문이다. 사우디는 정부 예산이 대부분 석유 판매 수입에서 나온다. 국제 유가가 84달러는 돼야 균형 재정이 된다고 한다. 유가가 내리면 당연히 적자가 발생한다. 다음

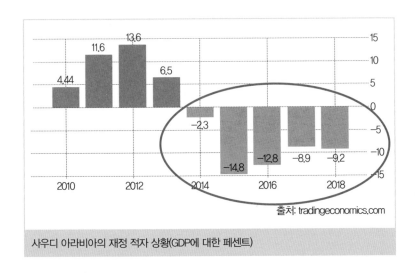

사우디 아라비아의 재정 적자 상황(GDP에 대한 퍼센트)

표를 보면 유가가 떨어진 2014년부터 엄청난 적자가 발생하는 것을 알 수 있다. 2015년에는 재정 적자가 무려 GDP의 14.8퍼센트에 달한다. 그게 다 국가 부채로 쌓인다. 사우디의 생산비가 배럴당 2.8달러이지만 나라 살림을 생각하면 20달러, 30달러 선의 생산을 계속하기 쉽지 않다. 유가가 떨어지면 나라 살림이 직격탄을 맞는 사정은 러시아 역시 다를 바 없다. 사정이 이렇기 때문에 트럼프가 감산에 합의하라며 사우디와 러시아를 설득하고 나서자 결국 못 이기는 척하며 둘은 서로 마주 앉았다. 4월 12일 그들은 감산에 합의했고 얼마 지나지 않아 석유 가격은 40달러 수준으로 회복되었다.

미국산 기름 값만 마이너스인 이유

4월 20일 미국산 석유, 서부텍사스중질유의 가격이 마이너스로 떨어졌다. 이건 보통 일이 아니다. 1983년 유가 선물 가격이 기록된 이래 마이너스 유가는 처음이다.

여기서 우리가 주의해서 봐야 할 부분은 마이너스가 된 기름값이 서부텍사스중질유의 5월 인도분 선물 가격이라는 것이다. 5월 인도분 선물이란 5월 중에 계약자에게 인도될 물건이라는 뜻이다. 선물이란 계약과 동시에 인도되는 거래, 즉 현물 거래에 대응하는 개념이다. 영어로는 Futures라고 부른다. 즉, 5월에 원유를 넘겨받을 권리의 가격이 4월 20일에 배럴당 마이너스 37.63달러로 떨어

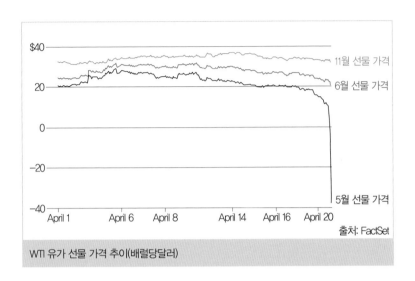

$40

20

0

−20

−40

11월 선물 가격

6월 선물 가격

5월 선물 가격

April 1   April 6   April 8   April 14   April 16   April 20

출처: FactSet

WTI 유가 선물 가격 추이(배럴당달러)

진 것이다. 그 전 날인 19일엔 배럴당 15달러였는데 하루 만에 무
려 53달러가 떨어졌다.

그런데 6월 인도분의 선물 가격은 마이너스가 아니었다. 같은
시각 6월 인도분의 가격은 20.43달러, 12월 인도분은 31.66달러였
다. 또 선물이 아니라 현물 가격은 4월 20일 같은 날에 12.0달러였
다. 5월 인도분 선물 가격만 엄청난 마이너스를 기록했다.

또 한 가지 주목할 것은 미국 기름값만 마이너스를 기록했다
는 사실이다. 국제 유가의 기준이 되는 북해산브렌트유는 마이너
스 가격이 아니었다. 4월 20일까지 북해산브렌트유 가격은 한 번
도 20달러 밑으로 떨어진 적이 없다. 미국의 서부텍사스중질유

5월 인도분의 4월 20일 가격만 마이너스 37.6달러로 떨어진 것이다. 같은 서부텍사스중질유라도 6월 인도분부터는 20달러 이상이고, 북해산브렌트유 역시 20달러 근처에서 형성되고 있었다.

사람들은 미국 텍사스 기름 시장에서 나타난 이 현상을 슈퍼 콘탱고(Contango)라는 이상한 이름으로 부르고 있다. 슈퍼 콘탱고는 선물시장에서만 쓰이는 은어인데 선물 계약 만기가 멀수록 가격이 높아지는 현상을 말한다. 반대로 만기가 가까울수록 가격은 낮아진다. 5월 인도분은 6월 인도분보다 싸고 그것은 다시 7월 인도분의 가격보다 싸게 형성된다. 그러니까 미국 텍사스 기름 시장에서 콘탱고 현상이 나타난 것이고 5월분 가격이 낮아도 엄청나게 낮아졌으니 슈퍼 콘탱고라고 부르게 된 것이다.

왜 미국의 서부텍사스중질유 5월 인도분만 슈퍼 콘탱고 현상이 생겼을까. 이것을 이해하려면 두 가지를 구분해서 생각해 봐야 한다. 왜 세계적으로 기름값이 추락하고 있는가. 이것이 첫 번째고, 두 번째는 왜 미국의 서부텍사스중질유 가격만, 그것도 5월 인도분의 4월 20일 가격만 마이너스를 기록했는가라는 질문이다.

원유 가격이 전 지구적으로 추락하는 원인은 이미 많은 분들이 이해하고 있는 것이다. 수요 측면에서는 코로나 바이러스 때문이고, 공급 측에서는 석유전쟁 때문이었다. 대개 수요가 줄면 공급도 따라서 줄기 마련인데 사우디와 러시아 사이에 서로 시장점유율을 늘리는 증산 치킨게임이 벌어졌다. 수요는 줄고 공급은 급증하다 보니 석유 가격은 급락을 거듭했다.

하지만 미국의 서부텍사스중질유 5월 인도분의 4월 20일 가격이 마이너스로 추락한 것은 세계적인 유가 하락과는 별개의 현상이다. 결론부터 말하자면 미국 원유 저장소의 위치와 용량 한계 때문이다. 미국의 유전들은 대부분 내륙에 위치하고 있다. 그리고 석유 저장소는 오클라호마의 쿠싱이라는 도시에 있다. 미국에서 선물거래로 석유가 인도된다면 다 이곳으로 모인다고 보면 된다. 여기에 모인 석유는 파이프라인을 타고 각 지역의 수요자에게 보내진다. 쿠싱 석유 허브라고 불리는 이곳은 내륙 깊숙이 위치하고 있다. 이것이 문제가 된 것이다.

석유가 팔리지는 않고 생산은 계속되다 보니 이곳 저유 시설의 재고가 급속히 늘었다. 석유 생산자들이 5월이 되면 더 이상 빈 자리가 없을 것이라고 우려하는 지경까지 됐다. 극단적인 경우에는 기름을 배달받은 사람이 기름통을 집에다 쌓아놔야 할 수도 있었다. 물론 그렇게 되기 전에 어딘가 다른 곳을 찾겠지만 아무튼 저장할 곳이 없으면 석유가 큰 짐이 된다. 그래서 5월 인도분의 가격이 마이너스가 된 것이다.

한편 4월 19일까지는 괜찮다가 20일의 가격이 마이너스가 된 것은 그날이 5월 인도분 선물 계약을 변경할 수 있는 마지막 날이기 때문이다. 어떻게든 인도 기일을 5월에서 6월이나 그 후로 바꾸려고 한 것이다.

6월 인도분의 가격이 마이너스가 아닌 것은 왜일까. 투자자들이 그때가 되면 코로나 사태도 어느 정도 진정돼 기름 수요가 살아날 것으로 보고 있는 것이다. 그러면 굳이 저유소에 오래 넣어둘 필요가 없을 테니 말이다.

이제 남은 의문은 북해산브렌트유 값은 20달러 이상인데 미국 기름 값만 마이너스가 된 이유다. 북해산 원유, 즉 브렌트유는 저장 능력에 문제가 없을까? 브렌트유는 북해의 바다에서 생산된다. 여기에도 물론 직접 연결된 저유소가 있고, 거기도 요즈음 아마 가득 차 있을 것이다. 하지만 이곳은 미국의 쿠싱 석유 허브와 달리 비상 수단이 있다. 바다에 떠 다니는 유조선을 저유소로 활용할 수 있다. 코로나 때문에 기름 수요가 쓸 일이 별로 없게 된 유조선이 저유소 역할을 하는 것이다. 그리고 그 숫자는 세계 곳곳에 매우 많이 있다. 그래서 북해산 브렌트유는 미국의 텍사스 기름처럼 저장 능력 부족으로 갑자기 값이 마이너스로 추락할 이유가 없었던 것이다. 결국 미국 텍사스 기름 가격이 마이너스로 추락한 것은 미국의 기름, 그중에서도 5월 인도분에만 국한된 국지적이고 일시적인 현상이었다.

휘발유 가격 여전한데
정유사는 왜 위기?

원유 가격은 마이너스가 될 정도로 떨어졌다는데 휘발유 가격은
왜 찔끔 내리는지 궁금해하는 분들이 많다. 먼저 가격의 움직임부터
알아보자. 4월 20일 국내 휘발유의 주유소 판매 가격 평균값은 리
터당 1330.8원으로 연초인 1월 2일 가격 1558.7원 비해 14.6퍼센
트 내렸다. 원유 가격은 그보다 훨씬 더 많이 떨어졌다. 우리나라
는 주로 중동 원유를 쓰기 때문에 두바이유 가격을 기준 가격으로
사용한다. 같은 기간 두바이유 값은 배럴당 65.69달러에서 20.61
달러로 68.6퍼센트가 내렸다. 원유 가격은 68.6퍼센트 내렸는데
주유소 휘발유 판매 가격은 14.6퍼센트 내리는 데 그쳤다. 그야말

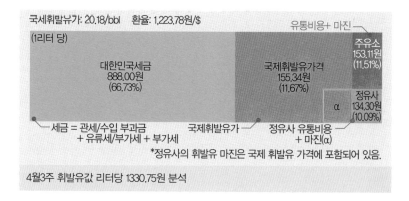

국세휘발뉴가: 20.18/bbl   환율: 1,223.78원/$

유통비용+ 마진

(1리터 당)

대한민국세금
888.00원
(66.73%)

국제휘발유가격
155.34원
(11.67%)

주유소
153.11원
(11.51%)

정유사
134.30원
(10.09%)

α

세금 = 관세/수입 부과금
     + 유류세/부가세 + 부가세

국제휘발유가

정유사 유통비용
     + 마진(α)

*정유사의 휘발유 마진은 국제 휘발유 가격에 포함되어 있음.

4월3주 휘발유값 리터당 1330.75원 분석

국제휘발유가격	세전 공장도 가격	세후 공장도 가격	주유소 판매가
155.34원	313.30원	1162.33원	1130.75원
	• 국제휘발유가 155.34 • 관세/수입부과금 20.66 • 정유사 유통비용 +마진 134.30	• 세전 공장도 가격 310.30 • 유류세+부가가치세 852.30	• 세후 공장도 가격 1162.33 • 주유소 유통비용 153.11 • 부가가치세 15.31

로 찔끔 내렸다는 말이 맞다.

왜 원유 가격 하락이 휘발유 값에 제대로 반영이 안 될까? 정유사와 주유소의 폭리 때문일까? 아니다. 그렇게 되는 가장 큰 이유는 세금 때문이다. 사실 정유사의 정제마진은 1퍼센트 수준이다. 석유 값의 큰 부분을 차지하는 것은 세금이다.

실제 가격을 가지고 따져보자. 4월 3주차, 4월 12일부터 18일까지의 기간에 주유소의 휘발유 평균 판매 가격은 1330.75원이다.

이 가격이 어떻게 나왔는지 이컨슈머라는 시민단체에서 상세히 분석해 놓았다. 휘발유의 리터당 세전(稅前) 공장도 가격은 310.3원이다. 보통 공장 출하 전에 휘발유에 부과되는 세금은 네 가지다. 교통에너지환경세, 주행세, 교육세, 부가가치세다. 이 중에서 부가가치세만 정율세이고, 앞의 세 가지는 정액세다. 교통에너지환경세가 리터당 529원, 주행세가 그것의 26퍼센트인 137.54원, 교육세가 79.35원, 이 세 가지를 합치면 745.89원이다. 이것을 유류세라고 부른다. 유류세는 원유 가격이 0원이 되더라도 내야 한다. 부가가치세는 세전 원가와 유류세를 합친 금액, 즉 1056.19의 10퍼센트가 부과된다. 이것을 다 합치면 세후(稅後) 공장도 가격 1162원이 된다. 주유소는 거기에 134.30원을 붙여 1330.75원에 판다. 그 속에 또 부가가치세 15.31원이 들어 있다. 휘발유 값에 포함된 세금을 다 합치면 888원이다. 휘발유 값 1330.75원의 66.7퍼센트를 차지하고 있다. 그러니까 휘발유가 아니라 세금을 사고 있는 셈이다.

그 세금이 정액세라는 것이 특히 문제다. 만약 그 세금이 가격에 일정 비율로 부과된다면 휘발유 국제 가격과 국내 가격이 비슷한 비율로 움직일 것이다. 하지만 휘발유에 매기는 세금은 대부분 정액세이기 때문에 국내 휘발유 가격은 국제 가격 변화와 따로 논다.

그런데 이 그림을 유심히 보신 분은 의아하게 느껴지는 부분이 있을 것이다. 왜 세전 공장도 가격에 원유 가격이 아니라 휘발

각 유종별 세금의 종류

구분		고급휘발유	보통휘발유	경유	LPG	비고
관세		3%	3%	3%	–	원유가격의 3%
수입부과금		16원/L	16원/L	16원/L	–	리터당 16원
세전 정유사가격						
유류세	교통에너지환경세	529원/L	529원/L	375원/L	–	휘발유: 리터당 529원 경유: 리터당 375원
	개별소비세	–	–	–	160.6원/L	LPG: 리터당 160.6원
	교육세	79.35원/L	79.35원/L	56.25원/L	24.09원/L	교통세, 개별소비세의 15%
	주행세	137.54원/L	137.54원/L	97.50원/L	–	교통세의 26%
판매부과금		36원/L	–	–	36.37원/L	고급휘발유: 리터당 36원 LPG: 리터당 36.37원
품질검사수수료		0.469원/L	0.469원/L	0.469원/L	0.469원/L	석유제품: 리터당 0.469원
부가가치세		(세전 정유가격 + 유류세 + 판매부과금 + 유통마진) × 10%				

출처: 한국납세자연맹, 한국석유공사 페트로넷 홈페이지, 2017년 10월 21일 기준

유 국제 가격이 들어가는지에 대한 궁금증이다. 상식적으로 생각해 보면 원유를 수입해서 가공하는 것이니 '원유 가격 + 관세 + 정제 비용 + 유통 마진' 이런 식으로 가격이 구성되는 것이 맞다. 그런데 원유가 아니라 '휘발유 국제가격 + 관세 + 유통 비용' 이렇게 구성돼 있다.

이렇게 되는 이유는 휘발유 시장이 국제화돼 있기 때문이다. 한

국 정유사의 자체 원가와는 무관하게 판매 가격은 국제 가격대로 할 수밖에 없다. 국내 가격이 국제가보다 높다면 누군가 휘발유를 수입해서 팔 것이다. 반대로 국내 가격이 국제 가격보다 낮다면 국내에 팔지 않고 해외에 수출할 것이다. 그러니까 정유공장이 마치 휘발유 수입상이 된 것처럼 휘발유 국제 가격을 원가로 생각하고 거기에 관세와 유통비용 마진을 붙여 공장도 가격을 책정하는 것이다. 석유 제품 시장의 수출입이 자유롭기 때문에 이럴 수밖에 없다. 자체 원가가 국제 가격보다 낮으면 수익이 커지는 것이고 높으면 손해를 감수해야 한다.

그런데 요즈음 정유사들이 위기에 처했다는 보도가 자주 나온다. 이유가 무엇일까? 휘발유를 만들수록 손해가 나기 때문이다. 정유사의 사업 부문은 정유와 화학이 있는데 휘발유 사업은 정유 부문에 속한다. 2019년 정유 부문 영업이익률이 1.4퍼센트였다. 2019년 3분기 제조업 평균 영업이익률이 4.8퍼센트다. 그것도 위기라고 하는데 1퍼센트대이니 실질적으로 손해가 나는 것이다.

코로나 사태가 지금처럼 계속된다면 2020년 정유사의 손실은 더욱 커질 것이다. 존폐 위기에 몰릴 수도 있다. 휘발유 값이 원료인 원유 가격 밑으로 떨어졌기 때문이다. 다음 그래프는 1월 2일부터 4월 20일까지 원유인 두바이유 가격과 국제 휘발유 가격의 추이를 보여준다. 붉은색은 휘발유 가격이고 검은색은 두바이유 가

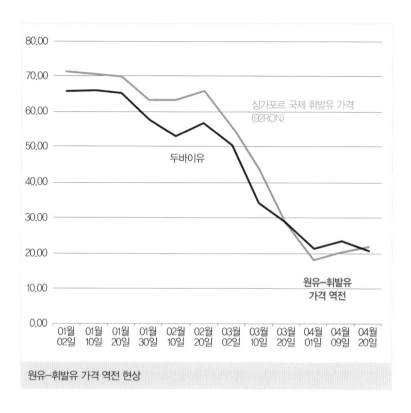

원유-휘발유 가격 역전 현상

격이다. 원유를 구입한 후 정제해서 휘발유를 만드는 것이니까 휘발유 값이 원유 값 위에 있는 것이 정상이다. 3월 중순까지는 그랬다. 그런데 3월 20일부터는 오히려 휘발유 값이 원유 값보다 낮아졌다. 정유공장을 돌릴수록 손해가 난다는 말이다. 이런 현상이 발생하는 것은 원유 시장과 휘발유 시장이 별개이기 때문이다. 즉, 원유 수요보다 휘발유 수요가 더 많이 줄었기 때문이라고 봐야 할 것이다.

원유를 사다가 정제해서 발생하는 이익을 석유 정제 마진이라고 부른다. 블룸버그 통신은 유럽 시장의 최근 휘발유 정제 마진 자료를 발표했다. 2020년 3월은 정제 마진이 배럴당 11.5달러다. 즉 휘발유 가격이 원유 가격보다 배럴당 11.5달러나 낮다는 것이다. 한국의 정유사는 싱가포르 국제 가격을 따르는데, 정제 마진이 유럽 시장과 정확히 같지는 않겠지만 휘발유를 만들수록 큰 손해가 발생하는 상황은 크게 다르지 않을 것으로 본다. 그 가격을 기준으로 휘발유를 만들어 팔아야 하는 한국의 정유사는 손실을 감수하고 있다.

손해가 나는데도 정유공장들은 왜 생산을 멈추지 않을까? 조업 중단 비용이 크기 때문이다. 공장을 멈췄다 재가동하는 과정에서 막대한 비용을 투입해야 한다. 언젠가 다시 공장을 가동해야 할 테니, 손실이 발생하더라도 '울며 겨자 먹기'식으로 정유공장을 계속 가동할 수밖에 없는 이유다. 다른 공장이 먼저 망해서 공급이 줄거나 또는 코로나가 잠잠해져서 수요가 살아나기만 고대하고 있는 것이다.

종합해보자. 휘발유 가격의 3분의 2는 세금이다. 그리고 세금 대부분이 정액세이기 때문에 원유와 휘발유의 국제 가격이 떨어져도 국내 휘발유 가격은 아주 미미하게만 떨어진다. 휘발유 값이 떨어지지 않는다고 비난하려면 국세청과 국회, 또는 정부를 질타하는 것이 맞다. 휘발유 세금은 정유사가 아니라 그들이 결정해서 부과하고 있는 것이니까.

한편 휘발유 값이 여전히 높은 와중에도 정유사들은 올해 최악의 위기를 겪을 것 같다. 국내 정유사의 휘발유 공장 출고 가격이 휘발유 국제 가격에 연동되어 있는 상태에서 휘발유 국제 가격이 원유 가격 밑으로 떨어졌기 때문이다. 정유 산업은 우리나라 주력 산업의 하나였는데, 어쩌면 그 산업의 황혼을 보게 될지도 모르겠다.

9장

3만 달러, 그 후

3만 달러 그후, 4만 혹은 2만?

　우리는 어느새 3만 달러 시대를 살고 있다. 돌이켜보면 꿈 같은 성취다. 2003년 이건희 회장이 제2신경영을 추진하면서 1만 달러를 넘어 2만 달러로 가자고 역설하던 장면이 기억난다. 그런데 2만 달러는 2006년에 넘었고 어느새 3만 달러가 됐다. 2017년에 3만1600달러로 3만 달러를 넘어섰고 2018년은 3만3300달러, 2018년은 조금 떨어져서 3만1800달러가 됐다. 소득이 높아졌다고 행복해진 것은 아니지만 그래도 낮은 것보다는 좋다.

　그나저나 우리의 앞날은 어떻게 될까? 스위스, 싱가포르처럼 6만 달러, 8만 달러를 성취해서 최고의 선진국으로 도약할 수 있을

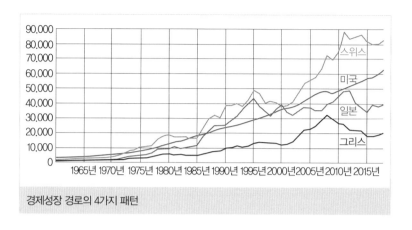

경제성장 경로의 4가지 패턴

까? 아니면 그리스처럼 반짝 3만 달러를 넘었다가 1만 달러 수준으로 회귀하게 될까? 미래를 예측하는 것은 과학보다는 점쟁이의 영역이지만 개략적 패턴 정도는 알아볼 수 있다.

1960년 이후 3만 달러 이상의 소득을 달성한 나라를 관찰해 보니 크게 눈에 띄는 네 가지의 유형이 드러난다. 위 그래프가 바로 그것이다. 첫 번째는 미국형이다. 미국은 성장률이 그렇게 높지 않지만 지속적으로 소득이 증가한다. 2019년 1인당 소득은 6.5만 달러다. 미국과 똑같지는 않지만 비슷한 패턴으로 발전한 나라로는 홍콩이 있다. 미국보다 굴곡이 많기는 하지만 지속적 성장을 유지해 왔다.

두 번째는 스위스다. 급성장과 정체를 반복해 가면서도 성장을 지속해왔다. 2019년 1인당 소득 8.2만 달러로 세계 최고의 부국이 됐다. 스위스와 비슷한 패턴을 보인 나라로는 아일랜드, 싱가포르가 있다.

세 번째는 일본이다. 1995년대까지 급성장해서 세계 최고 수준인 4만 달러에 도달했지만 그 후로 더 올라가지 못한 채 4만 달러 수준에 머물러 있다. 한때 폭발적으로 성장했다 거기에 멈춰 버린 유형이다. 3만 달러 달성 이후 그 수준에 머물러 있다는 면에서 이탈리아와 스페인도 비슷한 양상을 보인다.

마지막은 그리스다. 2002년 유로존 가입 이후 급성장해서 2008년에는 3.2만 달러를 달성했다. 하지만 2008년 후반 국가 부도 위기가 있은 후 소득은 급격히 추락해 2019년은 11년전 소득의 3분의 2인 2만 달러가 됐다. 그리스는 그야말로 반짝 성장을 누렸다가 바로 나락으로 추락한 것이다. 3만 달러까지 가지는 못했지만 소득이 급등했다가 급락으로 반전했다는 점에서 그리스와 가장 비슷한 나라가 베네수엘라다. 다음 그래프에서 보듯이 2004년부터 소득이 급증한다. 2011년, 1만2000달러로 최고점을 찍은 후 급락을 거듭해서 2019년에는 2500달러가 되었다. 최고 시점의 4분의 1로 추락했다.

3만 달러에 도달할 때까지 대한민국의 소득 성장 경로는 미국과 비슷하다. 약간의 굴곡이 있기는 했지만 지속적 성장을 계속해 왔다. 앞으로 대한민국의 경로는 스위스, 미국, 일본, 그리스 중 어느

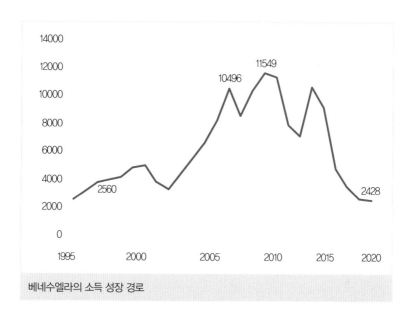

베네수엘라의 소득 성장 경로

쪽일까?

각 나라의 특성과 우리의 특성을 비교해 보면 우리의 미래를 내다보는 데 도움이 될 듯하다. 가장 눈에 띄는 것이 국가의 역할이다. 스위스에서는 기업이 부도가 나도 국가가 보호하지 않는다. 노동자도 특별히 보호하지 않는다. 1개월 전에 통보만 하면 해고할 수 있다. 이 나라에서는 기업가, 노동자를 막론하고 각자 스스로 결정하고 책임도 스스로 진다. 싱가포르, 홍콩, 미국 같은 나라도 분위기가 비슷하다.

물론 코로나로 분위기가 조금 달라져서 스위스조차 중앙은행이

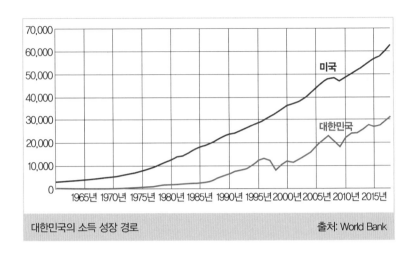

대한민국의 소득 성장 경로 　　　　　　　　　　　　　出처: World Bank

기업 구제에 나서고 있다. 하지만 이건 어디까지나 비상시의 긴급 조치일 뿐, 평소에 개별 기업이나 개별 노동자 차원의 어려움에 정부가 관여하는 일은 드물다. 무엇을 하든 정부가 간섭하지 않지만 그 결과도 각자의 책임인 것이다.

스위스의 이곳저곳을 둘러보며 여러 가지를 깨달을 수 있었는데, 국가와 국민 사이의 관계가 우리와 참 다르다는 것도 그중 하나였다. 호수에서의 수영이라는 사소한 것에서도 그것이 드러난다. 스위스에는 호수가 많은데 사람들은 아무 곳에서나 옷을 벗어 놓고 수영을 한다. 우리 눈으로 보면 아주 위험한 행동인데 수영금지나 주의 표지 하나 없다. 각자 알아서 하는 것이다. 하지만 한편으로는 개인 생활에 대한 간섭이 아주 심하기도 하다. 예를 들어

공동주택에서는 밤 10시 이후에 화장실 물 내리는 것도 금지돼 있다. 물 내리는 소음이 아래층 사람에게 피해를 줄 수 있기 때문이다. 남에게 폐 끼치지 말라, 하지만 타인에게 피해가 안 가는 범위라면 무엇을 하든 자유라는 원칙이 철저히 지켜지는 셈이다. 경제에서는 이것이 유연한 노동시장, 유연한 자본시장으로 나타난다.

이런 나라에서는 각자 알아서 하기 때문에 적응이 빠르고 무엇보다 각 개인이 강해진다. 어려움이 닥쳐도 나라 탓 안 하고 각자 알아서 적응해 나간다. 경제는 성장할 때도 있고 불황이 닥칠 때도 있다. 불황 시에 사양산업을 털어내고 새로운 먹거리 산업을 신속하게 발전시킬 수 있는지가 지속 성장의 관건이다. 노동시장, 자본시장이 유연한 나라일수록 불황을 극복하고 재도약할 확률이 높다.

그리스나 베네수엘라 같은 나라는 그런 면에서 최악이었다. 처음에는 국가가 노동자와 기업을 보호해 주는 것으로 시작한다. 그 덕분에 얼마간 편안함과 행복감을 누린다. 하지만 곧 불황이 닥치고 사람들은 거기서 헤어나지 못한다. 노동자든 기업이든 국가에 의존해서 어찌할 바를 모른다. 닥친 어려움을 해결할 생각보다 남 탓 하기에 바쁘다. 국민 각자가 자신의 길을 개척해나가는 스위스와는 정반대의 분위기가 조성된다. 그 결과 가난의 나락으로 점점 깊이 빠져들게 된다. 일본, 이탈리아, 스페인은 그 중간쯤이다.

이 같은 나라별 분위기의 차이는 경제자유지수(Index of economic Freedom)라는 것에 잘 드러난다. 헤리티지 재단이 매년 세계 180개국을 대상으로 국가별 경제자유지수를 발표한다. 기업활동은 얼마나 자유로운지, 세금 부담이 얼마나 낮은지, 노동시장에서 해고는 얼마나 자유로운지, 수출입은 얼마나 개방돼 있는지 등을 종합적으로 평가한 지수다. 경제자유지수의 순위가 높을수록 기업활동에 대한 규제와 세금 부담이 적고, 해고는 자유로우며 수출입 관세 같은 것도 적음을 뜻한다. 우리나라에서 유행하는 단어를 쓰면 신자유주의 국가다. 앞에서 사례로 든 나라들의 경제자유지수 순위는 다음의 표와 같다.

미국형		스위스형		일본형		그리스형	
미국	17	스위스	5	일본	30	그리스	100
홍콩	2	아일랜드	6	이탈리아	74	베네수엘라	179
		싱가포르	1	스페인	58		

미국형과 스위스형에 속한 나라들은 모두 경제자유지수가 높다. 홍콩이 2위, 스위스 5위, 아일랜드 6위, 싱가포르 1위다. 시장경제의 종주국 격인 미국은 17위로 그중에서 가장 낮다. 그러니까 스위스, 싱가포르, 아일랜드, 홍콩 같은 나라의 경제자유가 어느 수준인

지 짐작이 된다. 물론 홍콩은 중국의 박해로 달라지고 있긴 하다.

3만 또는 4만 달러 정도로 성장하다가 멈춰 버린 일본형 국가는 앞의 두 유형 국가보다 경제자유지수가 낮다. 일본이 30위, 이탈리아 74위, 스페인 58위다. 이 나라들은 특히 노동시장의 경직성이 높아서 불황이 닥쳐도 해고가 거의 일어나지 않는다. 안전해 보이기는 하지만 그 때문에 새로운 산업이 나오기 힘들고 세대교체도 잘 일어나지 않는다. 그 문제를 정부가 돈을 써서 해결하려다 보니 국가 부채도 매우 많아졌다.

그리스는 경제자유지수가 100위다. 이 나라는 규제도 많고 아무리 장사가 안돼도 해고하기 어렵다. 그러니 새로운 산업을 일으킬 수도 없다. 많은 실업자는 공무원으로 흡수했다. 베네수엘라는 179위다. 180개국 중 180등은 북한인데 바로 그 위가 베네수엘라다. 정부가 시민의 것을 뺏어 가는 나라, 권력을 잡거나 권력에 잘 보이는 자는 뭐든 가질 수 있는 나라다. 권력을 가진 자는 자유롭지만 권력이 없는 자는 자유가 없다. 그 때문에 경제도 추락을 거듭하고 있다.

우리나라의 경제자유지수는 25위다. 20여 년 전부터 경제 자유가 상당 수준으로 보장돼 왔고 그 덕분에 미국형으로 상당히 견조한 성장세를 유지해왔다. 앞으로는 어떻게 될까?

각 나라의 국민 성향을 평생 연구한 사람이 있다. 올 초에 세상을 떠난 네덜란드의 사회심리학자 호프스테드 교수다. 이 분은 개인주의-집단주의, 성취동기, 권력에 대한 태도, 탐닉성향 등 다섯 개의 기준으로 세계 각국 국민의 성향을 평가했다. 다섯 개의 성향 중 경제적 자유와 가장 밀접한 관계가 있는 것이 개인주의-전체주의 성향이다. 개인주의가 강한 국민은 경제적 자유를 원하는 성향이 강하다. 반면 전체주의 성향이 강한 국민은 국가의 통제에 수긍하는 경향이 강하다. 미국과 북유럽 및 서유럽 국가의 국민은 개인주의 성향이 강하다. 미국 91, 네덜란드 80, 스위스 68, 아일랜드 70 등이다. 이 수치가 100에 가까울수록 개인주의적이고 0에 가까울수록 전체주의 성향이 강함을 나타낸다. 유럽에 속하는 데도 그리스는 35로 개인주의보다 집단주의 성향이 강하다. 아시아 국가들은 전반적으로 개인주의보다 집단주의 성향이 강하게 나타난다. 한국 18, 홍콩 25, 싱가포르 20, 파키스탄 14, 중국 20이다. 그나마 가장 높은 나라는 일본으로 46이다. 중남미와 아프리카 국가도 집단주의 성향이 강하다. 베네수엘라는 12, 에티오피아 27로 평가되었다.

개인주의가 강한 나라는 대체로 경제자유지수도 높다. 뉴질랜드, 호주, 영국, 아일랜드, 캐나다가 경제자유지수 10위 안에 들어있고, 20위 안에 든 나라 대부분 영미계 또는 북유럽 국가들이다. 즉, 국민의 개인주의 성향이 강할수록 시장경제도 잘할 확률이 높

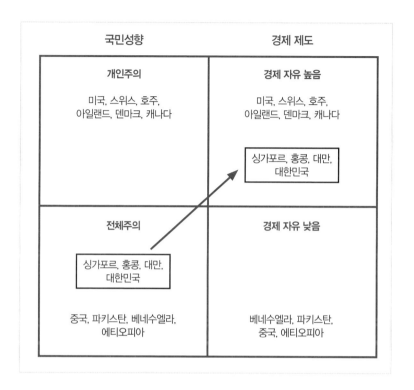

	국민성향		경제 제도
개인주의 미국, 스위스, 호주, 아일랜드, 덴마크, 캐나다		**경제 자유 높음** 미국, 스위스, 호주, 아일랜드, 덴마크, 캐나다 싱가포르, 홍콩, 대만, 대한민국	
전체주의 싱가포르, 홍콩, 대만, 대한민국 중국, 파키스탄, 베네수엘라, 에티오피아		**경제 자유 낮음** 베네수엘라, 파키스탄, 중국, 에티오피아	

다. 마찬가지 원리로 집단주의 성향이 강한 국민은 사회주의적 국
가를 만드는 경향이 있다. 베네수엘라의 경제자유지수는 179위이
다. 파키스탄 131, 중국 110, 에티오피아 142 등이다. 모두 사회주
의 국가들이다.

  그런데 이 관계가 잘 들어맞지 않는 나라들이 있다. 국민성은 집
단주의인데 제도적으로는 경제적 자유를 많이 허용하는 나라다.
아시아의 네 마리 용이라고 불리던 나라들이 대표적이다. 싱가포르와 홍콩은 경제자유지수가 세계 1, 2위이고 대만은 11위, 한국은 25위다. 180개 나라 중에서의 순위니까 모두 경제적 자유에서는 상위를 차지한 것인데 국민의 개인주의 성향은 25점 아래로 집단주의적 성향이 강하다. 몸에 안 맞는 옷을 입고 있는 셈이다.

동아시아 국가들에게는 왜 이런 부조화가 나타나게 됐을까? 두 가지의 힘이 작용했다고 본다. 첫째는 식민지로부터의 독립 직후 얼떨결에 국민의 일반 의사와는 다른 체제를 택하게 되었기 때문이다. 홍콩의 경제체제를 택한 것은 영국 총독이었지 홍콩의 인민이 아니었다. 싱가포르는 이광요 수상이 국민의 의사와는 별 관계없이 지금과 같은 체제를 만들어 냈다. 대만의 체제는 장제스 총통과 국민당 독재의 결과라고 봐야 한다. 대한민국도 비슷하다. 역설적이게도 이 네 나라의 경제적 자유는 선지자 또는 독재자에 의해서 강요된 성격이 짙다.

두 번째의 원인은 미국 또는 영국의 영향을 강하게 받은 나라들이라는 것이다. 홍콩은 영국의 영토였고 싱가포르 역시 영국 문화의 영향이 강하게 남아 있다. 한국과 대만은 미국의 혈맹이었기 때문에 경제 제도에도 미국적 색채가 강하게 반영되었다. 한국은 1954년의 헌법개정에서 사회주의적 경제조항을 희석하게 되는데

미국의 요구가 강하게 작용했다고 한다.[80]

필자의 이 두 가지 진단이 맞는다면, 이 네 나라의 경제적 자유는 국민의 의사와는 반할 가능성이 크다. 그리고 역설적이게도 국민 성향과 다른 시장경제 제도를 택한 덕분에 세계사에 유례없는 경제성장을 구가할 수 있었다.

반면 원래의 집단주의적 성향을 경제제도에 그대로 반영한 남미와 아프리카의 나라, 그래서 민족사회주의와 포퓰리즘에 매몰된 나라는 가난의 질곡을 벗어나지 못했다. 사실 그들은 예전부터 살던 방식대로 전체주의적 삶을 살고 있을 뿐이다.

그런데 이제 한국 국민도 제도를 원래의 성향에 맞춰 가고 있다. 정규직 전환 선언, 급격한 최저임금 인상, 경제민주화, 부동산에 대한 규제 강화, 코로나를 빌미로 한 통제 강화 등은 그 시작인 듯하다. 3만 달러를 달성한 대한민국, 4만 달러로 상승, 2만 달러로 하락. 어느 길로 들어선 것인가.

---

80 박명림, 「헌법, 국가의제, 그리고 대통령 리더십–'건국 헌법'과 '전후 헌법'의 경제조항 비교를 중심으로」, 『국제정치논총』 제48집 1호, 2008, 429–454.

성공해서 불행한 헬조선

봉준호 감독의 영화 〈기생충〉이 한국 영화의 새 장을 열었다. 황금종려상, 골든글러브상만 해도 대단한데 결국 아카데미상까지 받았다. 마땅히 축하할 일이지만 그 여파를 생각하면 기쁘지만은 않다. 이 영화가 성공을 거둘수록 한국인의 불만과 불행이 커질 수 있기 때문이다.

〈기생충〉의 내용은 같은 집에서 동거하는 두 가족의 이야기를 담고 있다. 한 집은 부자이고 다른 집은 가난하다. 두 집안의 갈등을 많은 유머 코드에 실어 실감나고 흡인력 있게 담아내고 있다. 그런데 영화를 보고 크게 공감한 관객일수록 한국 사회의 빈부격차와 계급투쟁 상황을 격렬하게 느낄 가능성이 크다.

물론 상을 준 심사위원들은 영화의 정치적 메시지가 아니라 영화 그 자체만을 평가했다고 말한다. 칸영화제 심사위원 중의 한 명인 엘르 패닝은 이렇게 말했다. "이 영화는 아주 아름다운 우화다. 매우 사적이고 마음을 다치기 쉽다. 많은 감정을 불러일으키며 소중한 영화다." 하지만 심사위원들의 의도가 무엇이었든, 뛰어난 상을 받음으로써 〈기생충〉의 정치적 영향력은 커질 것이다. 그것을 보는 관객, 특히 한국 관객은 한국 사회의 빈부격차를 더욱 심각하게 받아들이게 될 것이다.

흥미롭게도 두 곳의 외신이 이와 관련된 기사를 내놨다. 블룸버그 통신은 1월 12일자 기사에서 한국 사회의 소득불평등이 〈기생충〉에 그려진 것처럼 그렇게 심각한 것은 아니라고 했다.[81]

블룸버그가 제시하는 근거는 지니계수와 소득 5분위 배수, 그리고 최상위 1퍼센트의 소득비율이다. 한국의 지니계수는 0.32인데 이는 아시아에서 동티모르를 제외하면 가장 낮은 수준이다. 지니계수는 작을수록 소득분포가 평등함을 나타낸다. 세계적으로 보더라도 미국, 일본, 독일, 프랑스 같은 선진국보다 한국의 지니계수가 더 낮다. 5분위 배수란 최상위 20퍼센트의 소득을 칙하위 20퍼

---

81 https://www.bloomberg.com/opinion/articles/2020-01-12/what-parasite-misses-about-inequality-in-south-korea?sref=9fHdl3GV

센트의 소득으로 나눈 배수인데 한국은 프랑스, 독일보다 약간 높고 일본보다 낮다. 블룸버그는 국제적으로 비교해보면 한국의 소득분포가 특별히 불평등하다고 볼 수 없다고 결론을 내린다. 물론 남녀의 격차, 노인빈곤, 청년일자리 등의 문제가 심각하긴 하지만 빈부격차가 특별히 문제는 아니라는 것이다. 그런데 〈기생충〉은 빈부격차를 특별히 심각한 것처럼 드러내고 있다.

홍콩에서 발행되는 〈아시아타임즈(Asia Times)〉도 2019년 12월 31일 유사한 기사를 실었다.[82] 한국 청년의 75퍼센트가 한국을 떠나고 싶어 한다는 여성개발원의 조사 결과에 대한 것이다. 기자는 이 결과를 충격적으로 받아들이면서 왜 살 만한 나라인 한국에서 이런 어처구니 없는 현상이 나타나는지를 나름대로 해석했다.

두 외신이 증언하고 있듯이 세계적으로 봤을 때 한국의 소득불평등은 특별히 크다고 볼 수 없다. 그런데도 많은 한국인이 자기 나라를 세상에서 가장 불평등한 나라, 가난한 자에 대한 부자의 착취가 가장 심각한 나라인 양 인식해왔다. 그런 인식은 자연스럽게 세상에 대한 불만과 원망, 질투로 이어지기 마련이다. 봉준호 감독은 한국인의 그 같은 감정을 세계 최고의 수준에서 표현해내는 데에 성공한 공로로 아카데미상까지 받았다.

---

82 https://www.asiatimes.com/2019/12/article/75-of-young-want-to-escape-south-korean-hell/

한국인은 스스로 마음의 가난(주관적 빈곤)을 선택한 듯하다. 중산층 인식을 보면 그렇다. 조금 오래되기는 했지만 2011년 보건사회연구원 조사는 한국인이 얼마나 마음의 가난을 선택했는지 보여준다. OECD는 평균소득의 50~150퍼센트에 속하는 사람들을 중산층으로 정의한다. 50퍼센트 밑이면 저소득층, 150퍼센트보다 높으면 고소득층으로 간주한다. 보건사회연구원은 OECD 기준으로 저소득층, 중산층, 고소득층에 속하는 사람들이 스스로를 어디에 속하는 것으로 인식하는지를 조사했다. 결과는 충격적이다. 객관적으로 고소득층에 속한 사람 중 7.4퍼센트만 스스로를 고소득층이라고 답했다. 82.1퍼센트는 중산층이라 했고 심지어 10.5퍼센트는 저소득층이라고까지 답했다. 객관적으로 중산층으로 분류되는 사람은 65.3퍼센트만 자신을 중산층으로 인식했고 32퍼센트는 저소득층이라 답했다. 한편 저소득층의 경우 70.3퍼센트인 대다수가 저소득층이라 했고 나머지인 29.1퍼센트는 중산층이라고 답했다. 우리나라 사람, 특히 중간 이상 소득을 가진 사람의 상당수가 객관적 위치와는 달리 스스로 가난하다고 여기고 있는 것이다. 이들의 가난은 마음의 가난이다. 이들이 인식하는 소득격차는 객관적 상황이 아니라 마음의 격차인 셈이다.

　한국인의 가난이 상당 부분 마음의 가난이라는 사실은 중산층의 인식이 변화해온 추세를 봐도 알 수 있다. 1988년 경제기획원 조사에 따르면 응답자의 60퍼센트가 스스로를 중산층이라고 답했다. 1989년 갤럽 조사결과에서는 75퍼센트가 그렇게 답했다. 그러나 세월이 지나 2006년, 2013년 한국사회학회의 조사에서는 스스로 중산층으로 인식하는 사람들의 비율이 20퍼센트 수준으로 떨어졌다.[83]

소득분포의 객관적, 통계적 변화로는 설명이 안되는 현상이다. 한국 경제는 세계에서 유례를 찾기 어려울 정도로 큰 성공을 거뒀지만 그 당사자인 한국 사람은 오히려 불만이 많아지고, 더 불행해졌다. 한국인이 마음의 가난에 빠져들었음이 확실하다.

이와 유사한 현상이 미국에서도 나타나고 있다. 소득수준이 같아도 흑인이 백인보다 더 가난하게 느끼는 현상이다. 다음 그래프는 퓨리서치센터가 2015년 3월 미국 백인과 흑인을 대상으로 주관적 계층 의식을 조사한 결과다. 이 조사에서는 계층을 저소득층-노동자층-중산층-고소득층의 4개로 구분했다. 막대 그래프는 흑인은 같은 소득수준이라도 백인에 비해 자신의 처지를 가난하게 인식한다는 것을 보여준다. 예를들어 필자가 빨간 박스로 표시한 2만5000~7만5000달러 소득자의 경우 백인은 43퍼센트가 중산층, 54퍼센트가 노동자층으로 인식했다. 저소득층으로 인식한 경우는

83 강원택 외, 당신은 중산층입니까, 21세기북스, 2014, p. 128.

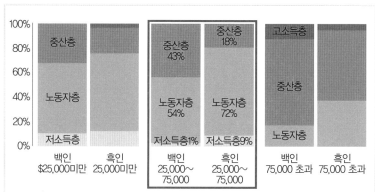

출처: PEW Research Center의 2015년 4월 조사 결과를 Brookings Institutions에서 재인용
https://www.brookings.edu/research/defining-the-middle-class-cash-credentials-or-culture/

인종 별 주관적 소득 계측 인식

1퍼센트에 불과했다. 반면 흑인은 같은 소득수준인데도 스스로를 중산층으로 보는 사람이 18퍼센트, 노동자층으로 보는 사람이 72퍼센트, 심지어 자신을 저소득층으로 인식한 사람도 9퍼센트에 달했다. 흑인들이 백인에 비해 마음이 가난함을 보여주는 증거일 것이다.

왜 한국 경제는 성공했는 데 정작 한국인의 마음은 가난해졌을까? 확실한 답을 내놓기는 쉽지 않다. 하지만 강한 의심이 가는 것은 있다. 일부 정치 세력이 자신의 이이을 위해 다수의 한국인에게 계속 박탈감을 조장해온 결과가 아닐까?

줄줄이 풀리는 돈들…
그 결말은?

　코로나 사태 때문에 돈이 엄청나게 풀리기 시작했다. 긴급재난지원금 9조 원, 지자체의 재난기본소득 약 2조 원, 소비쿠폰 2.8조 원 등이 있다. 기업에 대해서는 중소 중견 기업 58조 원, 회사채 시장 등에 31조 원 등 역시 종류와 액수가 무척 많다.

　지원의 종류는 크게 현금 지급과 대출 확대 두 가지다. 긴급재난지원금 4인가족 100만 원과 소비쿠폰 같은 것은 다 현금성 지원금이다. 기업에 대한 지원금은 대부분 대출 확대다. 한국은행의 기준금리 인하, 또 한국판 양적완화라고 불리는, 금융기관의 환매조건부채권(RP)을 0.85퍼센트 금리로 무제한 매입하는 등의 정책도 대출 확대 정책이다.

이런 조치들을 어떻게 봐야 할까? 먼저 왜 긴급조치가 필요한지 생각해 봐야 한다. 긴급조치는 경제적 조치다. 갑자기 매출이 곤두박질치니까 대출을 갚을 수 없어진 사람들이 생겼다. 영세 자영업자는 매출이 줄어드니 알바생을 내보내야 하고 월세 내기도 어려워졌다. 이들 기업과 자영업소 중 상당수는 코로나가 지나간 후에도 다시 필요한 것들이다. 그것을 당분간 망하지 않게 도와주는 것이 긴급조치가 필요한 이유다. 둘째는 코로나 때문에 갑자기 직장과 소득을 잃은 사람의 생계를 긴급하게 도와주기 위함이다.

긴급재난지원금을 전 국민에게 지급했는데, 이것은 난센스인 정책이다. 정말 긴급한 지원이 필요한 대상은 일자리를 잃은 사람들이다. 출근하거나 재택근무하며 월급 잘 받는 대다수의 직장인에게 긴급재난지원금을 지급할 이유가 없다. 월급은 그대로 나오는데 사회적 거리 두기 때문에 씀씀이는 줄어서 오히려 돈의 여유가 생겼을 사람들이다. 그리고 원래부터 직장이 없이 복지혜택을 받는 사람 역시 긴급재난지원금의 대상일 필요가 없다. 그 사람들은 코로나와 무관하게 일정액을 받는데 추가로 지원금을 지급할 이유가 없다. 이렇게 보면 긴급재난지원금이니 재난기본소득이니 하는 것들은 긴급지원금의 목적에 맞지 않다.

경기 부양 효과는 있을까? 단기적으로는 약간의 수요 증가가 있을 수 있다. 하지만 길게 보면 어차피 사회적 거리 두기 때문에 상점이나 기업의 매출에 큰 영향을 줄 것으로 보이지 않는다.

이럴 때는 돈을 무한정 풀어 경기를 살려야 하는 것 아니냐는 의견이 많다. "미국, 일본, 유럽 등이 모두 그렇게 하고 있지 않느냐." 경제학자 중에서도 이런 말을 하는 사람들이 많다. 하지만 그것은 미국이나 일본처럼 자국 통화가 안전자산인 나라나 할 수 있는 정책이다. 이 나라들은 위기일수록 돈이 자국으로 돌아오니까 당분간 돈을 풀어도 위기가 발생하지 않는다. 하지만 우리나라는 다르다. 원화 가치가 불안해 보이는 순간 외국 투자자가 돈을 빼서 나간다. 지난 3월 18일까지 며칠간 있었던 환율 급등 현상이 한국 경제의 위상을 고스란히 보여주었다. 외국인이 주식을 팔고 원화를 달러로 환전해 나가서 주가는 급락하고 환율은 급등했던 것이다. 미국, 일본, 독일 등과 달리 우리나라는 돈을 함부로 풀면 안된다.

긴급대책의 두 번째 큰 줄기는 대출 확대다. 자영업자·중소기업·중견기업 자금 지원, 한국은행의 금리 인하, 양적완화, 회사채 매입 확대 이런 것들이 대출을 확대하는 조치들이다. 대출 확대를 통해 당장은 부도 나는 기업들을 구출할 수 있다. 하지만 대출이 늘면 그것을 받는 측에서는 빚이 늘게 된다. 돌려 막기를 할 수 있게 편의를 봐주는 꼴이 될 수도 있다. 이 조치 때문에 기업과 가계의 빚이 늘어나고 있다. 코로나 사태가 장기화될 경우 매출과 이익이 줄어 부도가 급증하게 될 텐데, 대출 확대 때문에 부도의 규모가 더욱 커지게 될 것이다.

부도 사태가 닥쳐올 때 결정해야 할 것이 있다. 대우조선처럼 산업은행 등이 그 빚을 인수해 실질적인 국유화로 갈 것인가. 아니면 시장에 맡길 것인가를 결정해야 한다. 시장에 맡긴다는 것은 부도난 기업이나 사업체를 다른 누군가에게 매각하거나 또는 파산시키는 것을 말한다. 어느 쪽일지는 국민이 선택해야 한다.

우리는 해방 직후 그런 선택을 경험했다. 일본인이 남겨 놓은 많은 적산 기업이 있었는데 우리 대한민국은 그것들을 대부분 민영화한 반면 북한은 국영기업으로 운영했다. 결과는 우리 모두 다 알고 있듯이 남한의 성공이었다. 북한의 국영기업은 모두 망했다. 그런데 코로나 탓에 기업의 부채가 늘어나기 때문에 다시 그런 선택의 시기가 다가오고 있다.

정부는 올해 국가 채무 비율이 41.2퍼센트가 된다고 하는데 나는 그것을 훨씬 넘어설 것으로 본다. GDP 성장률 3.4퍼센트를 가정해서 나온 숫자인데 실제로는 성장률 0퍼센트도 달성하기 힘들다.

우리나라는 국가 부채에 관한 불문율이 있었다. 국가 채무 비율 40퍼센트를 마지노선으로 지킨 것이다. 특별히 이론적 근거가 있는 것은 아니지만 그 덕분에 국가 채무를 낮은 수준에서 유지할 수 있었다. 낮은 국가 채무는 한국의 국제 경쟁력을 높이는 가장 중요한 버팀목이 되어 왔다. 이제 이 불문율이 무너졌다.

코로나 바이러스로 인한 경제의 붕괴를 막기 위해 재정지출 확대, 대출확대가 불가피하지만 국가 부채가 급등하지 않도록 최소한도의 범위에서 관리해야 한다. 부도 위기에 처했거나 코로나로 실직한 사람들에게만 선별적으로 지원을 해야 한다. 정부가 현금 나눠주며 인심 쓰는 것을 국민이 감시해야 한다.

위기 맞은 터키,
무섭도록 닮아가는 한국

터키는 형제의 나라라고 불린다. 6·25 때 유엔군으로 참전해서 우리를 도왔기 때문이다. 중동의 회교국 중에 거의 유일하게 자유민주주의를 표방해온 나라다. 미군 기지를 두고 있을 정도로 친서방 색채가 강했다. 그러던 터키가 전혀 다른 나라로 변해가고 있다. 터키 이야기를 하는 이유는 이 나라가 지난 20년간 변해온 과정이 현재의 대한민국이 새로 들어선 길과 무섭도록 닮아 있기 때문이다.

경제부터 살펴보자. 터키 리라화 가치가 폭락 중이다. 이 글을 쓰는 8월 17일 현재 터키 리라화의 달러당 환율은 7.39로 5.95였던 연초에 비해 19퍼센트나 평가절하 되었다. 원화에 빗대자면 달러당 1200원 하던 환율이 1500으로 치솟은 셈이다. 터키 중앙은행이 환율을 방어해 보려고 외환보유고를 다 털어가며 달러로 리라화를 사들였지만 국고만 바닥났을 뿐 환율 급등을 막지 못했다. 그러다 보니 외채를 갚기도 어려워졌다. 터키에 돈을 빌려준 유럽의 은행들도 전전 긍긍하고 있다고 한다. 터키 리라화의 가치가 떨어지기 시작한 것은 2012년부터인데 그때와 비교하면 무려 76퍼센트나 가치가 떨어졌다.

통화가치가 떨어지다 보니 소득도 큰 폭으로 감소했다. 2013년 1만2500달러이던 1인당 GDP가 2019년에는 9000달러로 줄었다. 소득의 30퍼센트가 사라져 버린 것이다.

그 와중에 터키 중앙은행은 금 사재기에 나섰다. 작년까지 최대의 금 매입자였던 러시아가 유가 하락으로 금매입을 중단하자 그 자리를 터키가 메웠다. 미국과 사이가 나빠졌기 때문이다. 미국이 경제 제재로 터키의 달러 거래를 중단시킬 경우 달러 대신 금을 주고 물건을 사기 위함이다.

경제가 이 지경인데, 터키는 주변국들과의 관계에도 불을 지르고 있다. 동지중해에서 석유 및 가스 탐사를 시작함으로써 같은 해역의 권리를 주장해 온 그리스, 키프러스, 프랑스의 연합군과 해상 군사 대치까지 벌이기에 이르렀다.

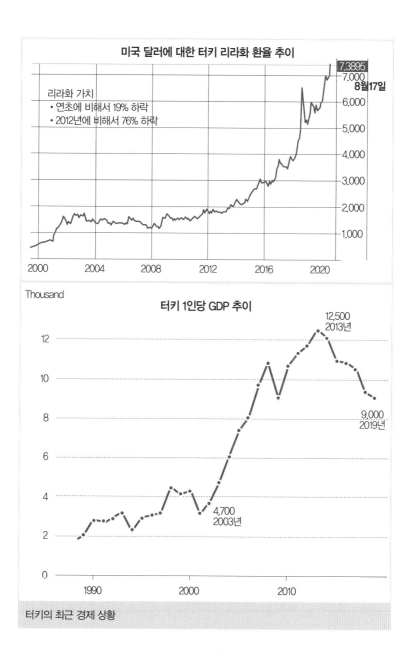

미국 달러에 대한 터키 리라화 환율 추이

7.3895

8월17일

리라화 가치
• 연초에 비해서 19% 하락
• 2012년에 비해서 76% 하락

7,000
6,000
5,000
4,000
3,000
2,000
1,000

2000 2004 2008 2012 2016 2020

Thousand

터키 1인당 GDP 추이

12,500
2013년

9,000
2019년

4,700
2003년

12
10
8
6
4
2
0

1990 2000 2010

터키의 최근 경제 상황

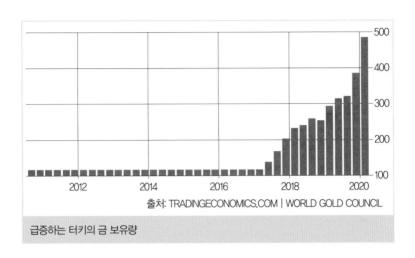

급증하는 터키의 금 보유량

출처: TRADINGECONOMICS.COM | WORLD GOLD COUNCIL

주변국에 대한 터키의 공격적 확장 정책은 이미 심각한 수준에 와 있다. 리비아, 아프가니스탄, 이라크, 카타르 등 이미 많은 나라에 군대를 보낸 전력이 있다. 중동 지역에서는 그나마 가장 현대적이고 안정적이던 터키가 이제 이란, 북한, 베네수엘라처럼 국제적인 문제아로 변해가고 있다.

터키 국민은 이 사태를 어떻게 바라볼까? 이 모든 일을 주도하고 있는 에르도안 대통령에게 터키 국민은 확고한 지지를 보내고 있다. 2018년 대통령 선거에서 에르도안의 지지율은 52.5퍼센트로 경쟁자인 무하렘 인제 의원의 30.7퍼센트보다 무려 21.8퍼센트포인트나 높았다. 2020년 3월 여론 조사에서는 응답자의 55.8퍼센트가 지지한다고 응답했다. 국민의 지지가 이처럼 확고한 만큼 터키는 현재의 정책을 포기하지 않을 것이고, 이란, 북한 같은 나라로 변해갈 가능성이 높다.

걱정인 것은 한국도 터키와 매우 비슷한 길로 들어섰다는 사실이다. 무엇이 그런지 찬찬히 따져 보자. 첫 번째 공통점은 빚을 마구 늘린다는 것이다. 2003년 에르도안은 총리가 되자 경제자유화와 더불어 해외에서 많은 돈을 차입했다. 문제는 그 돈이 쓰인 용도였다. 가장 많이 투자한 것이 쇼핑 센터를 짓는 일이었다. 건설에 주로 투자한 것이다. 전국에 쇼핑센터가 늘어나는 만큼 경제성장률도 치솟았다. 하지만 종말이 정해진 성장이었다. 투자가 지속 가능한 성장으로 이어지려면 그것을 통해 구성원의 생산성이 높아져야 한다. 건설 과정에서 실력 있는 엔지니어들도 길러야 하고 공사를 잘 수주하는 비즈니스맨들도 나와야 한다. 무엇보다 고객, 특히 해외의 고객을 확보해야 한다. 그래야 투자로 끌어들인 빚을 갚고 성장을 지속할 수 있다.

터키는 그렇지 못했다. 투자는 엄청나게 늘었지만 터키인의 생산성은 높아지지 않았다.[84] 그저 돈만 쓴 셈이다. 그러다 보니 수출에 비해 수입이 크게 증가해서 경상수지 적자가 엄청나게 쌓이게

---

84 Why Can't Turkey Stop Its Economic Nose-Dive? By Constantine Courcoulas, Onur Ant, and Tugce Ozsoy, https://www.bloomberg.com/news/articles/2018-08-08/why-can-t-turkey-stop-its-economic-nose-dive-quicktake?sref=9fHdl3GV

됐다.

더 이상 빚을 끌어올 수 없게 되자 터키 경제에 경고음이 켜졌다. 환율이 치솟았고 문제를 해결한다며 돈을 풀다 보니 물가도 천정부지로 올랐다. 지금 터키가 겪고 있는 문제다.

한국도 그런 길로 들어섰다. 문재인 정부는 국가 부채의 둑을 무너뜨렸다. 재난지원금이니 일자리 예산이니 하는 것은 그저 먹어치우는 것일 뿐, 그 돈 쓴다고 한국인의 생산성은 높아질 리 없다. 그린 뉴딜, 디지털 뉴딜 같은 사업에 170조 원을 투입한다는데 돈만 날릴 가능성이 높다. 45조 원을 투자한다는 혁신성장을 생각해 보면 된다. 지난 3년간 도대체 무슨 결과가 있었나. 막대한 투자에도 불구하고 한국인의 생산성이 높아졌다는 징후는 찾을 수 없다. 그린 뉴딜, 디지털 뉴딜, 도시재생 뉴딜 등등 수백조를 쏟아붓는다지만 그 돈 받아 쓰는 사람만 신날 뿐, 결국 국가 부채만 늘려 놓을 것이다. 그리고 머지않아 터키처럼 환율과 인플레 걱정을 하면 살 가능성이 높다. 설마 그렇게까지야 되겠어 하겠지만 터키도 흥청망청 돈 써서 성장률 10퍼센트를 달성하고 있을 때는 지금 같은 위기가 닥치리라고 누구도 상상하지 못했을 것이다.

터키와의 두 번째 공통점은 반미 친중 외교다. 터키는 공화국으로 탄생할 때부터 친미, 친서방을 표방했다. 그래서 한국처럼 미군 기지를 두어 왔고 강력한 군대를 가진 믿음직한 나토 회원국이었다. 그런 터키에 미국이 경제 제재를 가하고 터키 역시 반미 노선을 걷게 된 가장 큰 원인은 쿠르드족 문제에 대한 이견 때문이다. 미국은 시리아 내전에서 테러 단체인 IS에 맞서 싸운 쿠르드족 반군을 지원해왔다. 하지만 터키 입장에서는 쿠르드족의 힘이 강해질 경우 독립할 수도 있기 때문에 쿠르드족 반군을 쳐야만 한다. 그러다 보니 터키는 미국과 충돌하게 되었고 터키에 머물면서 쿠르드족을 도와준 미국인 목사를 구금했다. 미국은 석방을 요구하며 터키에 경제 제재를 가했다.

안 그래도 상승을 거듭하던 환율이 급격히 치솟았고 터키의 경제위기는 심각해졌다. 2018년의 일이다. 터키가 러시아산 미사일 도입을 강행하면서 미국과의 관계는 더욱 악화되었다. 터키는 미국 대신 중국, 러시아의 동맹국인 것처럼 행동했다. 터키는 제2의 이란이 되어 가고 있다.

한국 역시 비슷한 길로 들어섰다. 중국과의 결별을 선택한 미국은 동맹국에게 미국과 중국 중에서 선택할 것을 요구하고 있다. 우한발 코로나는 세계를 더욱 친중과 반중 진영으로 갈라 놓고 있다. 한국은 미국 진영이 아닌 듯한 행보를 보여왔다. 지난 7월 1일 제네바에서 열린 유엔인권위원회에서 영국 등 서방 27개국은 중국의 홍콩국가안전법과 위구르 자치구 인권 탄압 등에 대해 비판 성명을 냈다. 영국, 일본, 독일 등 웬만한 선진국은 모두 여기에 서명했다. 한국은 참가하지 않았다.

또 미국 국무부가 동맹국을 연결해서 경제번영네트워크를 구성하겠다고 제안했는데 여기에 대해서도 한국은 답이 없다. 중국 화웨이를 축출하고 자유민주주의 국가끼리의 5G 통신망을 구성하자며 영국이 제안한 소위 D10(Democracy 10) 연합체에 대해서 문재인 정부가 어떻게 반응할지 모르겠다. 서방이 제안한 연합체 중 문재인 정부가 확실하게 수락한 것 하나는 트럼프 대통령이 제안한 G7+ 모임이다. 기존 G7에 한국, 러시아, 인도를 추가한 모임이다. 중국을 봉쇄하기 위한 의도가 분명히 보이는데 만약 이 회의가 열리면 문재인 대통령이 어떤 태도를 보일지 궁금하고 걱정이다. 자칫하면 한국이 반미—친중 국가임을 선언하는 자리가 될 수도 있다. 벌써 중국은 한국, 러시아 등이 미국 편에 서지 않을 거라며 선수를 쳤다. 미국 편에 가담하면 가만두지 않겠다는 으름장인 셈이다.

세 번째 공통점은 주변국과의 적대 관계 조성이다. 터키는 주변국, 특히 그리스 및 프랑스와의 갈등을 고조시키고 있다. 직접적 발단은 터키가 동지중해에서 석유와 천연가스 탐사를 시작하면서부터다. 터키는 자신들의 정당한 권리라고 주장하지만 그리스와 키프러스가 주장하는 배타적 경제수역과 겹치는 해역에서의 탐사다. 당연히 충돌이 예상된 지역인데도 터키가 도발에 나섰다. 그러다 보니 그리스는 프랑스와 연합해서 전함과 전투기를 파견했고 터키와 대치하는 중이다. 이처럼 터키는 점점 국제사회에서 고립돼 가는데 터키 국민은 오토만제국의 영광이 되살아난다며 응원을 보내고 있다.

터키가 그리스, 프랑스, 키프러스와의 대치를 통해 지지를 얻어내듯이 문재인 정권은 일본을 적으로 삼아 국민을 결속시켜왔다. 일본 기업의 한국 내 자산 몰수, 지소미아 폐기 시도 등을 거치면서 일본을 거의 적국으로 만들었다. 그럴수록 정권에 대한 한국인들의 지지와 결속력은 강해지는 듯하다.

터키와의 공통점 네 번째는 국가의 근본을 바꾸고 있다는 것이다. 터키의 국부라 일컬어지는 케말 아타튀르크는 1923년 건국하면서 신정 정치를 버리고 터키를 서구식 세속 국가로 세웠다. 3권 분립과 법치주의를 확립했고 이슬람 성직자가 정치에 개입하지 못하게 했다. 그 이전까지 터키인이 몸담고 살아온 오토만제국은 일종의 신정국가였다. 터키는 과거를 버리고 종교에서 분리된 공화국이 되었다. 터키 국민은 지도자의 결정에 따랐지만 서구식 세속 국가는 이슬람 신도가 원하는 바가 아니었다. 그런 국민의 마음을 잘 아는 현재의 지도자 에르도안은 터키를 다시 신정국가로 돌려놓고 있다. 박물관으로 전 세계인의 사랑을 받아온 아야 소피아를 모스크로 전환한 것은 그것을 위한 큰 걸음으로 보인다. 서방 국가들은 반대의 목소리를 높였지만 터키 국민은 환호했다.

대한민국이 만들어지는 과정도 터키와 비슷했다. 1948년 8월 15일 대한민국은 미국식 자유민주주의 국가로 출범했다. 보통선거와 법치주의, 시장경제를 선언했다. 임금이나 지도자가 다스리는 나라가 아니라 투표로 선출된 임기제 대표자에게 행정과 입법을 맡기는 제도다. 임금의 보살핌을 받다가 스스로 책임지는 체제로 전환한 것이다. 터키인들이 그랬듯이 대다수의 한국인도 얼떨결에 그 체제를 받아들였다. 이승만과 미국은 한국인에게 자유민주주의와 자본주의를 안겼고, 박정희는 자기 책임주의와 개방경제를 떠안겼다.

하지만 한국인이 그 자유와 책임과 개방을 진심으로 받아들였는지는 의문이다. 자유는 좋지만 책임은 싫었다. 개방보다는 보호가 좋았다. 힘겹게 내 힘만으로 살아가기보다는 나라님이 나를 보살펴 주었으면 하는 바람을 버릴 수 없었다. 문재인 대통령은 그들의 삶을 책임져 주겠다는 구호를 내걸고 대통령이 되었다. 국민은 그 대통령이 자기 삶을 책임져만 준다면 반대파에게 무슨 탄압을 해도 표를 주는 지경이 되었다. 이승만과 박정희의 무덤까지 파내면서 건국의 기초를 파괴하고 있다. 신정체제로 회귀하는 터키의 현재 모습은 머지않아 한국의 것이 될 것 같다. 대통령이 만백성의 어버이로 군림할 날도 머지않아 보인다.

물론 한국인과 터키인이 같기만 한 것은 아니다. 미국을 바라보는 태도는 굉장히 다르다. 터키는 국민 자체가 매우 반미적이다. 미국 여론조사 기관인 퓨리서치가 2014년 터키 성인 1001명 대상으로 조사한 바에 따르면 자신이 미국에 대해 우호적이라 답한 비율은 19퍼센트에 불과했다. 73퍼센트는 우호적이지 않다고 답했다.[85]

반면 한국인은 매우 친미적이다. 2019년 아산재단이 한국인 1000명을 대상으로 조사한 자료에 따르면 미중 관계가 악화될 경우 한국 정부는 어느 쪽을 택해야 하는가라는 질문에 대해 78퍼센트가 미국이라고 답했다.[86] 그만큼 한국인은 미국에 대해 우호적 태도를 가졌다. 문제는 행동이다. 문재인 정권이 반미적 행보를 취할 때 그 78퍼센트가 안 된다며 반대 시위에 나설 수 있을까? 한국이 터키처럼 되지 않았으면 좋겠다. 우리 대한민국이 삼권분립과 법치주의와 자유민주주의를 지켜냈으면 좋겠다.

85 https://www.pewresearch.org/global/2014/07/30/turks-divided-on-erdogan-and-the-countrys-direction/
86 www.thechicagocouncil.org/publication/cooperation-and-hedging-comparing-us-and-south-korean-views-china